LA

LUTTE INDUSTRIELLE

DES PEUPLES

PAR

A. AUDIGANNE

Ore verifico-testimonium.

PARIS

CAPELLE, LIBRAIRE-ÉDITEUR

RUE SOUFFLOT, 18

1868

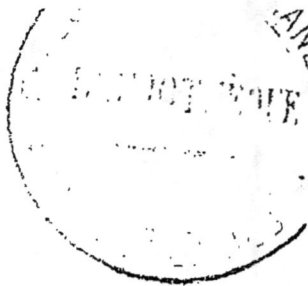

LA

LUTTE INDUSTRIELLE

OUVRAGES DE M. A. AUDIGANNE

Les Populations ouvrières et les Industries de la France. 2ᵉ édition, entièrement refondue, avec des additions considérables. Adopté pour les bibliothèques scolaires. 2 volumes in-8°.

Les Ouvriers en famille, ou *Entretiens sur les devoirs et les droits de l'ouvrier dans les diverses relations de sa vie laborieuse.* Ouvrage couronné par l'Académie française; adopté pour les bibliothèques scolaires. 7ᵉ édition, revue et augmentée d'entretiens sur les sociétés coopératives, sur les coalitions et les *grèves*, etc. 1 volume gr. in-18.

Les Ouvriers d'à présent *et la Nouvelle Économie du Travail.* Adopté pour les bibliothèques scolaires. 1 volume gr. in-8°.

Histoire et économie des Chemins de fer. — Les Chemins de fer aujourd'hui et dans cent ans, chez tous les peuples. Économie financière et industrielle, politique et morale des voies ferrées. 2 volumes in-8°.

L'Économie de la paix et la Richesse des peuples. 1 volume gr. in-18.

L'Industrie contemporaine, *ses caractères et ses progrès chez les différents peuples.* 1 fort volume in-8°.

François Arago, *ses écrits et son influence.* Adopté pour les bibliothèques scolaires. 2ᵉ édition, *sous presse.* 1 volume gr. in-18.

L'Industrie française *après la Révolution de Février, et l'Exposition nationale de l'Industrie en* 1849. 1 volume gr. in-18.

De l'Organisation du travail. Examen des divers systèmes qui se sont produits en 1848. Gr. in-18.

La librairie CAPELLE est spéciale pour les publications d'Économie sociale et politique, de Philosophie, d'Études religieuses, d'Histoire et de Législation.

Paris. — Typographie E. PANCKOUCKE et Cⁱᵉ, quai Voltaire, 13.

LA

LUTTE INDUSTRIELLE

DES PEUPLES

PAR

A. AUDIGANNE

Ore veridico testimonium.

PARIS

CAPELLE, LIBRAIRE-ÉDITEUR

RUE SOUFFLOT, 18

1868

PRÉFACE

Dans la lutte industrielle des peuples, si ardente aujourd'hui, et dont jamais les rivalités belliqueuses du passé n'ont égalé l'importance, vient se résumer en quelque sorte toute l'histoire économique du temps actuel. L'Exposition universelle de 1867, où se pressaient les produits du monde entier, en des proportions encore inconnues, a fourni une occasion précieuse d'en considérer les traits les plus intimes et les résultats les plus significatifs. Nous en avons profité, quant à nous, et en nous aidant des documents officiels publiés dans les différents pays depuis les traités de commerce de 1860, pour continuer une ligne d'études dès longtemps suivie, et où nous avons peut-être pu donner quelques gages. Nous y sommes du moins invariablement resté fidèle à cette idée, émise dans un de nos écrits, que « le dernier mot de l'industrie ne saurait être de matérialiser les âmes, qu'il est, au contraire, d'asservir la matière à l'esprit, et d'élever ainsi le niveau de la dignité morale de l'homme. » Partout, à côté et au-dessus de l'intérêt matériel, nous avons placé cette branche de la science qu'on peut appeler la morale de l'industrie.

Toutefois cet ouvrage fait plus directement suite à celui que nous avons publié, il y a une dizaine d'années, sur l'*Industrie contemporaine* et à des appréciations plus récentes concernant l'Exposition de 1862. Il continue l'histoire économique de l'époque.

J'avais songé d'abord à circonscrire ces nouvelles études dans le cadre des progrès industriels proprement dits, tout en les rattachant à l'observation du progrès social. Mais, une fois l'Exposition ouverte, je dus bien vite reconnaître, devant les envois des différentes nations, que ce thème, pris isolément et tout intéressant qu'il fût, n'aurait pas été au niveau des exigences actuelles. Il n'aurait pu ni donner une idée suffisamment exacte de la phase où nous sommes, ni satisfaire aux préoccupations de l'opinion publique. Il fallait demander en outre à la lutte elle-même quels ont été les effets du régime inauguré en 1860 sur la fortune publique et sur le sort des individus.

Que réclame-t-on de toutes parts, en effet ? N'est-ce pas que le grand jour se fasse sur l'état de nos industries ; comparé à celui des industries étrangères, et sur les nécessités qui en résultent ?

N'est-ce pas que la libre discussion porte son flambeau sur tous les côtés du sujet?

Il est donc éminemment opportun que chacun s'efforce de dégager, des observations qu'il a pu recueillir, les indications propres à mettre en relief et à faciliter les solutions que commande l'intérêt de la France. Dans la masse de faits dont ce livre est rempli, nous nous sommes, d'ailleurs, scrupuleusement attaché à distinguer ceux qui dérivent de passagères influences, de ceux qui tiennent au fond même des choses.

S'il est, à ce point de vue, un trait particulier à signaler dans cet ouvrage, c'est la pensée qu'on n'a pas à sacrifier les droits de la science pour donner satisfaction aux intérêts. L'enseignement scientifique a son domaine, comme la politique a le sien.

Lorsqu'en face de crises aussi prolongées que celles dont tous les regards sont frappés, et des souffrances qui les accompagnent, on s'enquiert des moyens d'information, de lumière et de soulagement, on est sûr d'avance que toutes les recherches correspondent à un besoin général, universellement reconnu. Mais alors, en retraçant les principaux caractères d'une période aussi tourmentée de notre histoire économique, il faut avant tout avoir conscience qu'on dépose un véritable témoignage : *ore veridico testimonium.*

A. A.

Paris, le 1ᵉʳ mai 1868.

LA
LUTTE INDUSTRIELLE
DES PEUPLES

NOTIONS PRÉLIMINAIRES

Objet de cet ouvrage. — Les progrès de l'Industrie; la rivalité commerciale entre les peuples. — Caractères et aspects des questions depuis les traités de commerce. — L'Exposition universelle de 1867 : nombreux et utiles enseignements. — Comment on peut grouper les différents pays pour l'étude de la lutte industrielle.

I — Le mouvement industriel de notre temps, qui offre un si vif intérêt au point de vue du progrès social, ne saurait être séparé, depuis les traités de commerce de 1860, de la lutte existant entre les peuples sur les divers marchés du monde. Ce sont là, pourrait-on dire, deux chapitres d'un même livre, livre immense que l'Exposition universelle de 1867 avait largement déployé sous nos regards, et dont il est impossible de consulter trop attentivement les leçons. On est certain d'avance d'y rencontrer des notions positives sur l'état des ressources industrielles dans les diverses contrées, comme aussi des enseignements précieux pour les intérêts économiques de la France.

Avant de demander ces éclaircissements au grand concours de 1867, rappelons que, depuis le milieu de ce siècle, les progrès industriels sont venus se résumer périodiquement, en quelque sorte, dans les expositions universelles. Ces solennités ont effectivement offert un moyen sûr et attrayant de constater l'état du travail sur la surface du globe. Chacune d'elles a fourni, quoiqu'en une mesure inégale, des matériaux solides pour l'histoire des mouvements accomplis durant un intervalle déterminé. On peut même affirmer en dernière analyse que l'histoire de l'industrie générale se confond avec l'histoire de ces concours quand ils sont vraiment universels, comme ceux de Londres et de Paris en 1851, en 1855, en 1862 et en 1867.

Des perspectives toutes nouvelles se sont ouvertes pour la dernière exposition. La scène empruntait jusque-là son principal intérêt aux manifestations mêmes du génie industriel, aux conquêtes ininterrompues des appareils mécaniques, au merveilleux essor des forces manufacturières. Cette fois-ci on y trouvait encore les moyens nécessaires pour examiner et juger, durant un laps de temps déjà long, la nature et les conséquences de la lutte engagée entre les peuples depuis 1860.

On ne pouvait cependant tirer profit des facilités offertes, qu'à la condition absolue de porter dans l'étude des phénomènes cet esprit impartial sans lequel les observations ne sauraient avoir ni solidité ni crédit. Donc, point de thèse arrêtée, point de parti pris à l'avance, mais une attentive observation des faits, une scrupuleuse recherche de la vérité. Plus la phase où nous transporte la dernière exposition universelle a été cruellement tourmentée par des causes diverses, par les crises financières et commerciales, par la détresse cotonnière, par le renchérissement des choses, par les événements politiques, par les inquiétudes de l'opinion, et plus l'impartialité de l'esprit est nécessaire si l'on veut inspirer quelque confiance aux intérêts encore émus de tant d'épreuves.

II — En dehors du principal objet de cet ouvrage, tel qu'il vient d'être défini, il reste d'autres côtés à considérer dans la dernière exposition, ou plutôt d'autres conséquences à en déduire. Il est d'abord plus d'une des lois de l'économie politique, — lois relatives, par exemple, à l'emploi des machines, aux débouchés, à l'offre et à la demande des marchandises, à la mission du crédit, etc., — qui, au besoin, y puiseraient une nouvelle et positive consécration.

Nulle part, en outre, on ne pourrait constater en traits plus saisissants l'union des principes de l'économie politique et des lois de la morale, union tant de fois signalée, et sur laquelle pourtant il importe de revenir sans cesse. C'est parce que les doctrines morales qui sont la vie de l'humanité et qui relèvent si grandement le caractère de la personnalité humaine, ne résident que dans leur sein, que les nations européennes ont pu s'élever si haut dans la lutte contre la matière inerte, autrement dit dans la sphère industrielle. Devant l'universalité des produits du travail, devant cette suite d'efforts, de luttes, de conquêtes qui constituent l'histoire de l'industrie, on sent revivre en quelque sorte la longue série des.

triomphes de l'esprit. Oui, sans doute; mais pour réussir dans cette rude carrière, il ne suffit pas de dérober ses secrets à la nature, de scruter, à l'aide de la science, les lois qui gouvernent le monde physique. Il est indispensable encore que l'homme apprenne à se maîtriser lui-même et à gouverner sa conduite. Voilà quel est le sens intime de tout progrès industriel un peu solide; voilà comment l'idée de la règle morale forme l'inséparable support de toute doctrine économique.

Point de doute, à nos yeux, que ce ne soit là un des côtés les plus neufs et les plus féconds sous lequel on puisse envisager le rôle des nations civilisées dans la carrière où elles s'étaient réunies. L'avantage, c'est que sur un pareil terrain on ne se présente pas avec des affirmations arbitraires. Les réflexions jaillissent toutes seules, vivantes et persuasives, du témoignage des faits, de l'examen des résultats. Devant ce même tableau, il ne serait plus possible de mettre en doute non plus cette vérité obscurcie durant de longs siècles, à savoir, que dans la sphère des intérêts matériels la cause du progrès, subordonnée aux grands principes qui dominent la vie humaine, est commune à l'humanité tout entière. « Tous les peuples, avons-nous eu l'occasion de dire ailleurs, sont égaux devant les lois du monde physique, que l'homme soumet à sa puissance et fait servir à l'accomplissement de ses desseins. Ce n'est pas pour une nation, c'est pour toutes que s'est opéré dans le monde le grand essor des sciences naturelles qui, depuis le XVIᵉ siècle, a si fortement élargi l'horizon des connaissances humaines (1). » Effectivement, lorsque

(1) *L'Économie de la paix et la richesse des peuples*, p. 146.

l'homme, loin d'agir avec ses propres forces, en vient à pouvoir employer sur une large échelle les forces du monde physique comme auxiliaires de la sienne; quand il peut retourner contre les obstacles matériels des ressources tirées de la matière elle-même, ce n'est point l'unique intérêt d'une nation qui se trouve en jeu. Quelle que soit l'inégalité des ressources, la diversité des applications, la différence des aptitudes, le succès obtenu profite à l'humanité tout entière! Il n'est pas d'homme qui ne puisse s'applaudir de cette croissante domination exercée sur la nature inerte et y puiser un juste sujet de contentement, à la condition de savoir s'en servir suivant les lois suprêmes de sa nature morale.

Autre trait non moins frappant : le lien qui unit le travail scientifique, l'effort de l'esprit, au travail matériel, au résultat de l'application, éclate à chaque pas : on sent tout de suite que, même dans les tâches les plus simples, l'exécution exige cette aptitude, ce coup d'œil, cette habileté qui en appelle à la plus noble partie de notre être. On serait au besoin ramené vers le principe spiritualiste par la contemplation un peu attentive des œuvres du travail matériel. En même temps, les efforts individuels ayant réellement concouru au progrès, loin de disparaître emportés dans le courant de l'action collective, viennent prendre leur rang, et ils conservent leur physionomie originelle sur cette grande scène du travail, toujours mobile, toujours renouvelée, où l'on n'avance guère qu'à la condition de consulter incessamment les leçons de l'expérience. On ne saurait trop s'aider de l'exemple d'autrui. Voilà pourquoi nous joignons de temps en temps à l'étude des phénomènes matériels, le récit des services moraux rendus par certains hommes qui ont plus ou moins marqué dans le progrès industriel contemporain. Expressions d'une idée de justice, ces courtes biographies, si propres à éclaircir les questions techniques, pourront servir à montrer la vraie route des succès honorables et solides.

III — Pour se diriger dans les recherches indiquées, l'ordre à suivre ne nous paraît point difficile à déterminer. Il dérive tout naturellement des idées énoncées tout à l'heure. Nous n'irons pas nous perdre dans des divisions et des subdivisions sans nombre, ou nous égarer dans des détails sans importance. Nous considérerons successivement les résultats les plus significatifs dans les différents pays. L'Exposition de 1867 devient ainsi pour nous comme un point de vue d'où nous explorons l'état industriel et commercial des uns et des autres. Facile aujourd'hui, un tel plan eût été presque impossible avant les expositions universelles ; mais tout s'enchaîne dans la vie des nations aussi bien que dans celle des individus. L'avénement de ces grands concours en 1851 correspondait à une transformation considérable destinée à réagir puissamment sur le caractère général de l'industrie et sur les rapports internationaux. Je veux parler de la transformation résultant des chemins de fer. C'est bien en effet vers le milieu de notre siècle, à la veille de ces concours qu'ils allaient rendre possibles, que les chemins de fer commencent à faire sentir un peu notablement leur rôle.

On sait que les expositions communes à tous les pays avaient été préparées par les expositions nationales dont l'initiative appartient à la France. Je n'ai point à retracer en ce moment le tableau de ces tournois particuliers qui ont été de si efficaces stimulants pour l'activité industrielle (1). Je le reconnais d'ailleurs : les proportions qu'ils avaient prises et qui s'étaient incessamment accrues jusqu'à l'exposition de 1849, — la dernière et la plus complète, la mieux classée et la mieux conduite de toutes, — ont été laissées bien loin par les expositions universelles. L'initiative de l'Angleterre vint à une heure favorable. Les facilités matériellement indispensables existaient dès lors sur une échelle suffisante. Autre avantage au point de vue de l'état politique du monde en 1851 : les promoteurs de la première exposition de Londres avaient pleinement pour eux l'opportunité, condition si nécessaire dans les affaires humaines. La paix régnait entre tous les peuples civilisés.

Quelque fécond en sujets d'étude qu'ait été le concours de 1855 à Paris, il était pourtant attristé par l'absence d'une des grandes puissances de l'Europe, la Russie, que la guerre de Crimée avait mise à l'écart. Lors de la seconde exhibition de Londres en 1862, la situation laissait à désirer dans le même sens. La lutte qui, de l'autre côté de l'Atlantique, arrêtait pour un jour l'essor d'une énergique nation, l'empêchait de paraître au concours, du moins avec des envois assez nombreux pour faire juger de sa puissance. De plus, l'exposition de 1862 venait à une date trop rapprochée du traité de commerce conclu entre la France et l'Angleterre. Cette circonstance devait infailliblement entraîner des abstentions plus ou moins nombreuses de la part des manufacturiers français, au milieu de la transformation d'outillage que nécessitait, de l'aveu de tout le monde, le nouveau

(1) V. notre livre *l'Industrie contemporaine*, p. 9 et suiv.

régime économique. Tant qu'une décision n'avait pas
été prise par le gouvernement français sur la date
proposée, on avait pu espérer que le comité anglais
reviendrait à l'opinion d'un ajournement. C'était le
meilleur parti qu'il pouvait prendre dans l'intérêt de
la vérité du concours. Rien n'était plus conforme aux
exigences de la situation, ni plus utile à faire ressortir. Mais une fois la pensée d'un ajournement mise de
côté par nos voisins, sous l'influence peut-être d'un
intérêt mal entendu de rivalité commerciale, il devenait impossible d'empêcher les vides qui ont si fâcheusement restreint le champ des appréciations
comparatives. Les éléments nécessaires manquaient
surtout pour diverses spécialités importantes. Je cite
la catégorie des industries métallurgiques et celle des
constructions mécaniques. Point d'envois de la vaste
et puissante agglomération du Creuzot; point des ateliers de MM. Petin et Gaudet, les habiles forgerons de
la Loire; point des chantiers de M. Mazeline, du
Havre, qui a fourni tant d'appareils à la grande navigation. S'agit-il des industries textiles, les lacunes
étaient encore plus frappantes. Telle catégorie de nos
produits se montrait à peine; tels districts très-indus-
trieux n'avaient presque rien expédié. Prenez la classe
des fils et des tissus de coton, et vous y voyez que la
vive énergie manufacturière de nos départements de
l'Est était représentée seulement par huit ou neuf
établissements de filature ou d'impressions sur étoffe.
Quant à l'industrie rouennaise, répartie entre tant de
mains, et qui représente l'industrie cotonnière dans
ses rapports avec la grande consommation, elle ne se
montrait que par quelques rares échantillons. Dans
le département du Nord, si industrieux et si actif,

trois filatures figuraient seules au nom de cette même industrie.

Au moment où l'idée de l'universalité du concours était venue se réaliser pour la première fois, on avait également un champ bien plus vaste à considérer qu'en 1855 ou même en 1862. Dès qu'on se trouvait au début d'une nouvelle ère, consacrée par la généralité des envois, et au milieu d'un siècle qui avait vu s'opérer tant de surprenantes transformations, on était tout naturellement invité à se reporter vers la suite même des changements accomplis. Or, cette pensée qui dirigea les travaux de la commission française du jury international de 1851 leur a prêté un incomparable intérêt. Sans doute les rapports des jurys à toutes nos expositions ont une réelle valeur historique, cette signification leur appartenait déjà pour l'industrie française dans la suite de nos expositions nationales. On découvre en effet dans ces documents comme une sorte de bilan périodique de l'industrie de la France; mais leur caractère prenait en ce sens des proportions bien autrement larges avec les expositions universelles. Ce n'est plus l'état économique d'un seul peuple, c'est celui du monde entier, dont il fallait reproduire les traits essentiels. En 1851, le travail du jury français pouvait, en outre, embrasser sans sortir de son cadre normal, et il a effectivement embrassé, l'histoire de chacune des grandes branches du travail depuis le commencement du siècle. La situation permettait, si elle n'imposait pas, cet examen rétrospectif. Ce sera l'honneur de la commission présidée par M. Charles Dupin de l'avoir entrepris avec un dévouement et avec une science auxquels les hommes compétents ont rendu depuis longtemps pleine justice. Plus tard, en 1855, en 1862, les travaux des jurys, quelle qu'en soit d'ailleurs l'importance, ne pouvaient pas offrir le même caractère. Les hommes éminents qui les dirigeaient l'ont compris. Ce n'est qu'à d'assez longs intervalles qu'il peut y avoir place pour des investigations analogues à celles de 1851. Il faut que le cours du temps ait amené une certaine masse de faits nouveaux, plus ou moins notables, plus ou moins diversifiés (1). On peut dire qu'il en était ainsi en 1867, après les seize années écoulées depuis 1851.

Le trait principal n'est pas là cependant. En 1867, on a pu déjà le pressentir, le côté purement industriel, le côté technique passe sur le second plan. Tel est le point capital. Considérez les choses de près et

---

(1) Quelques exemples feront mieux apprécier l'intérêt du travail entrepris en 1851. Le rapport de M. le général Poncelet sur les machines et les outils forme une véritable histoire de la mécanique. Observation analogue sur le rapport de M. le baron Ch. Dupin concernant les arts militaires et l'architecture navale. Les travaux sur les grandes fabrications employant la laine, le coton, le lin, le chanvre, la soie, et sur diverses autres industries, en retracent aussi les développements successifs. Je cite notamment les rapports de MM. Bernoville, Randoing, Félix Aubry, Mimerel de Roubaix, Chevreul, Arlès Dufour, Persoz, G. Goldenberg, Wolowski, etc. Relatons deux grandes et belles monographies, l'une de M. le duc de Luynes sur l'industrie des métaux précieux, l'autre de M. le comte de Laborde sur les beaux-arts considérés dans leurs rapports avec l'industrie. Ce dernier travail a donné lieu devant l'Académie des beaux-arts à un rapport très-remarquable de M. Halévy.
On sait qu'en tête de cette longue suite de recherches le président de la commission française, M. Charles Dupin, a placé une étude sur l'état économique des différents peuples, intitulée : *Force productive des nations*. C'est une introduction qui sert en quelque sorte de lien à l'ensemble du travail, et qui renferme une masse de renseignements curieux, une véritable *forêt de choses*. Cette introduction est conçue dans les proportions les plus vastes : elle forme déjà six gros volumes et elle n'est pas encore achevée, quoique le savant auteur la poursuive avec une rare énergie.

vous serez frappés du changement. —Ainsi, en 1851, le fait saillant à signaler, c'est le triomphe définitif des agents mécaniques dans toutes les grandes fabrications. D'heureuses et récentes tentatives dans des spécialités qui avaient paru jusque-là plus ou moins rebelles aux machines, le peignage et le tissage de la laine par exemple, témoignent que la difficulté est vaincue, et que l'expansion ne sera plus qu'une affaire de temps. L'importance du goût dans les arts industriels est, en outre, attestée par le succès si éclatant et si mérité des exposants français. — A Paris, en 1855, on put remarquer que l'exemple provenant de nos fabriques, en matière de goût, avait profité aux pays étrangers, surtout à l'Angleterre. Ce fut là un trait caractéristique. Il y en avait un autre dans une tendance manifeste à fortifier tous les engins de la production, à élargir de plus en plus la puissance des mécanismes. — Autres indices en 1862. Sans doute, c'est la même scène qu'aux deux premières expositions, mais les situations, les attitudes, de même que les exigences, sont profondément dissemblables. Cette fois ce sont les matières premières et les moyens de les mettre en œuvre, ce ne sont plus les produits, qui méritent le plus d'exciter l'attention publique. Cette prédominance singulière révélait, au point de vue de la concurrence internationale, comme au point de vue de la nécessité d'une production plus économique en face d'un renchérissement général, des besoins qui appartiennent à l'histoire industrielle du temps présent.

En 1867, l'idée de concurrence et de lutte remplit seule le fond du tableau, en ce sens qu'elle préoccupe tous les esprits pour l'étude comparative des résultats. Seulement, dans la période que nous devons parcourir du regard, le progrès comparé des fabrications n'en demeure pas moins un élément essentiel à considérer. Or, loin de manquer en ce sens-là, les indices abondaient au contraire. Au moment où les produits avaient dû être acheminés des différents points du monde vers la capitale de la France, rien dans la situation politique ou économique n'entravait sensiblement la résolution d'aucun peuple. Un élan marqué existait de toutes parts vers les réunions de ce genre. On avait pu compter d'avance sur une immense affluence d'exposants, rien qu'à voir à quel point les expositions particulières s'étaient multipliées dans les derniers temps, soit en France, soit dans les autres pays (1).

C'est grâce surtout à de pareilles dispositions, qui sont un signe à relever sur le tableau des tendances de notre époque, que le nombre des exposants a dépassé si largement en 1867 les chiffres constatés dans les

(1) C'est ainsi, pour ne parler que des seules années 1865 et 1866, et sans mentionner les concours régionaux de l'agriculture, qui sont de véritables expositions, que nous avions eu l'exposition des arts et de l'industrie de Bordeaux, l'exposition des articles de pêche d'Arcachon, les expositions de volailles grasses et de fromages à Paris, l'exposition viticole à Mâcon, l'exposition hippique française à Paris, l'exposition internationale des engins de pêche à Boulogne-sur-Mer, etc. Durant le même intervalle, l'idée des expositions faisait le tour du monde : elle s'est traduite par des faits plus ou moins marquants à Porto, à Stockholm, à Cologne, à Dublin, à Bergen en Norvége, à Jassy, à Amsterdam, à Copenhague, à Riga, à Chemnitz en Saxe, à Stuttgard, à Carlsruhe, à Nuremberg, à Saint-Louis du Sénégal, au cap de Bonne-Esperance, à Melbourne en Australie, à Batavia, à Rio de Janeiro. Encore je ne parle pas de vingt expositions présentant un caractère trop restreint, je ne m'arrête pas aux exhibitions de tout genre ayant eu lieu en Angleterre: exposition internationale de fruits et légumes, exposition nationale de portraits, exposition ouvrière anglo-française de Sydenham, exposition moralisatrice internationale d'Islington, etc., etc.

trois grandes solennités antérieures. Il était en effet d'environ 50,000, tandis qu'il n'avait été que de 17,000 en 1851, de 20,457 en 1855, et de 28,653 en 1862. Les choses allaient ainsi d'elles-mêmes. Sans parler des dispositions signalées, l'affluence des exposants est due à ce fait que l'exposition avait été annoncée très-longtemps à l'avance. Le rapport adressé à l'Empereur par M. Rouher, et qui en fixait l'ouverture au 1er avril 1867, remonte au 22 juin 1863 (1).

Ce délai d'environ quatre ans était de nature à favoriser aussi l'affluence des visiteurs, autre condition indispensable au succès. Chacun aime en pareil cas à prévoir le lendemain, surtout s'il faut se préparer à un voyage plus ou moins long. Tous ceux qui ont eu l'occasion de visiter nos provinces ou les contrées étrangères, durant les années immédiatement antérieures à l'Exposition, n'entendaient parler que de projets d'excursion vers la capitale de la France pour l'année 1867. Le spectacle du Champ-de-Mars avait ainsi son public tout prêt (2).

IV — Après ces observations qui font ressortir tous les avantages que l'Exposition de 1867 offrait pour l'étude de la lutte économique, nous pouvons, ce nous

(1) En 1855, on n'avait guère eu pour se préparer que deux années (décret du 8 mars 1852).

(2) En 1851, le splendide palais de cristal de Hyde-Park,— conçu par M. Joseph Paxton et dont l'illustre sir Robert Peel était allé voir les dessins dans la fatale promenade qui lui coûta la vie,— avait reçu, en cinq mois et demi, 6,039,135 visiteurs, y compris les agents des exposants. En 1855, à Paris, l'exposition des Champs Elysées a été visitée, pendant les six mois qu'elle a duré, par 4,533,464 personnes Celle de Londres en 1862 a compté 6,117,450 visiteurs en six mois. En 1867, on en a eu environ 10 millions, dont 95,000 abonnés, en sept mois. — Sur les 50,000 exposants, la France en comptait 15,026 ; la grande Bretagne, 6,176 ; la Prusse et l'Allemagne du Nord, 2,249 ; l'Autriche, 2,094 ; la Belgique, 1,853 ; la Suisse, 1,080, etc.

semble, diviser en cinq groupes, au point de vue où nous nous plaçons, tous les États présents au Champ-de-Mars. Le premier comprend les pays orientaux. Il se distingue par des pratiques bien des fois séculaires dans le travail industriel. Là viennent se ranger l'empire Ottoman, l'Egypte et les Etats barbaresques, les Indes, la Perse et l'extrême Asie orientale.

Au deuxième groupe, appartiennent les contrées qui comptent surtout dans l'arène par leurs produits naturels. Certes, il peut s'y trouver çà et là, au moins dans quelques-unes, différentes applications véritablement manufacturières; mais elles y apparaissent comme des exceptions, elles ne suffisent pas pour modifier le caractère de l'activité locale. Ici le travail de l'homme cède manifestement la place au travail de la nature. La terre, soit par les richesses qu'elle porte enfouies dans ses entrailles, soit par la végétation dont sa surface est revêtue, se charge de fournir la masse presque unique de la richesse. Si l'homme ne disparaît pas, il est du moins effacé par la nature; son rôle semble devenir plus ou moins secondaire, alors même que son bras intervient soit pour la culture de certaines plantes, soit pour l'exploitation de certains bois croissant tout seuls dans les forêts, soit pour l'extraction des minéraux souterrains. Sans doute il n'est point de pays qui ne fournisse aux usines et aux fabriques diverses matières premières, et ceux-là mêmes qui sont le plus avancés en fait d'industrie sont encore ceux qui en donnent le plus : témoins la Grande-Bretagne, la France, la Belgique, etc. Mais il s'agit, dans cette seconde catégorie, de territoires situés hors d'Europe, dont les matières premières composent presque le seul lot. Tels sont tous les Etats de l'Amérique centrale et méridionale, et toutes les colonies européennes.

De ce même faisceau, il convient de séparer, pour en composer un groupe spécial, la grande confédération de l'Amérique du Nord. Les Etats-Unis se distinguent, en effet, non-seulement par l'étonnante rapidité des progrès accomplis chez eux, mais encore par ce fait qu'ils joignent à une production colossale de matières premières une production industrielle sans cesse grandissante, et soutenue par une confiance illimitée dans l'avenir.

Enfin se présentent les divers pays de l'Europe arrivés à la plénitude de la vie manufacturière, et qu'il est bon de ranger en deux groupes pour rendre plus facile le parallèle des situations : la France, d'un côté, et de l'autre, tous les États étrangers. On pourrait sans doute répartir ces derniers en plusieurs faisceaux, en y consultant le degré du développement industriel; mais cette distinction s'opère assez facilement d'elle-même. Tous se trouvent, du reste, englobés dans un même mouvement, et ceux qui donnent l'exemple et ceux qui doivent s'appliquer à le suivre; tous sont plus ou moins rapprochés les uns des autres. L'essentiel, ce sera de savoir à quoi s'en tenir pour chacun d'eux, quant à son rôle effectif dans la fabrication et dans le mouvement général des échanges.

Durant la phase que traverse l'humanité, c'est la force productive de chaque pays, c'est l'aptitude dont il est doué pour le travail qui caractérisent, par rapport aux intérêts matériels, sa puissance actuelle et ses perspectives d'avenir. Quand on sait ce que produit un Etat et ce qu'il peut produire, on est en me-

sure de se former une idée assez nette de son pouvoir
véritable. La lutte industrielle se trouve donc encore
toucher par ce côté à l'intérêt social et politique.
Je ne prétends pas qu'avec toutes ces données, on
puisse arriver à découvrir le secret de la vie des
peuples et l'explication complète, des phénomènes
qui s'y rattachent; ce serait une illusion trop ma—
nifeste. L'élément moral s'élève ici comme partout
bien au-dessus de l'élément matériel. Les expositions ne peuvent, à ce sujet, nous fournir des indications catégoriques et décisives; toutefois, en nous
ouvrant des jours sur les tendances propres aux socia-
bilités diverses, elles nous mettent mieux à même de
saisir la physionomie complète d'une époque.

PREMIÈRE PARTIE

LES PAYS ORIENTAUX ET L'ANTIQUE MÉTHODE DU TRAVAIL

CHAPITRE PREMIER

Génie traditionnel des pays orientaux. — Leur rôle dans la production
générale. — L'empire Ottoman. — La vice-royauté d'Egypte. — Tunis
et le Maroc.

I — Parmi les groupes entre lesquels nous avons
partagé les peuples, celui des pays orientaux vient le
premier solliciter les regards comme étant le plus
ancien de tous. L'Orient est le berceau du monde, et
il doit à ce rôle dans l'histoire de l'humanité une originalité native qui ne l'a jamais abandonné, et qui
se révèle sous plus d'une forme dans ses moindres
produits. Il a été aussi le foyer du plus abject despotisme, et il doit à cette flétrissure l'état d'immobilité et d'engourdissement où il languit depuis tant de
siècles.

On demeure frappé d'un contraste singulier au sujet des pays orientaux, si l'on compare l'étroit espace qu'occupaient leurs produits dans le Champ-de-Mars et l'immensité des régions qu'ils embrassent sur le globe terrestre. Notons même qu'il n'aurait pas été juste d'attribuer au travail oriental les mosquée, temple, palais ou les autres constructions turques, égyptiennes ou tunisiennes, disséminées dans le parc, pas plus que les arceaux dorés sous lesquels s'étalaient les envois, à l'intérieur de l'édifice. Cette architecture d'imitation si correcte, si fidèle, parfois si élégante et si gracieuse, était l'œuvre des artistes et des ouvriers parisiens. Il fallait y voir comme un groupe à part, comme une sorte de dépendance, comme une annexe de l'exhibition française, dont l'Orient avait seulement fourni les types. Cela dit, nous n'en savons pas moins de gré à la Turquie, à l'Egypte et à Tunis de nous avoir ainsi donné un reflet exact de certaines habitudes orientales.

A ce point de vue, l'Egypte a mérité une mention spéciale. Grâce à la science et aux soins de Mariette-Bey, qui possède véritablement le génie des fouilles, nous avons eu sous les yeux à Paris non-seulement l'Egypte contemporaine, mais encore la vieille terre des Pharaons. Un monument élevé dans le parc, qu'on désignait sous le nom de temple, offrait un résumé chronologique de l'architecture égyptienne antérieure au christianisme. De plus, il renfermait une collection fort curieuse des antiquités envoyées par le musée de Boulak, faubourg et port du Caire sur le Nil (1). Considéré au point de vue industriel, le con-

(1) Voyez la *Description du parc égyptien* par Mariette-Bey, si remarquable par la science archéologique qui s'y révèle, et une autre publication beaucoup plus étendue, *l'Egypte à l'Exposition universelle de* 1867, par M. Charles Edmond, qui ren-

tingent du groupe oriental se réduisait pourtant aux objets qu'il nous avait lui-même expédiés, et qui proviennent des présentes applications de son activité.

Or ces produits, d'ailleurs si somptueux et souvent d'un aspect si attrayant, ne recouvraient à l'intérieur de l'édifice qu'un terrain de 21,000 mètres, sur une superficie totale de plus de 450,000, tandis que les pays d'où ils viennent représentent la moitié de la terre habitable : c'est l'Asie presque entière, puis la Turquie d'Europe, enfin l'Egypte et les Etats barbaresques. Une ligne droite qui partirait des côtes du Maroc pour aboutir à l'extrémité de la Chine ou du Japon ne sortirait pas de cet immense territoire, et cette ligne est la plus longue que l'œil puisse tracer sur la terre ferme ; mais l'espace n'est rien quand il est le vide. Il en est des peuples comme des individus : les seconds comptent surtout par leur caractère, et les premiers par les idées générales qu'ils représentent dans le monde. Or ces idées générales, expression directe de leur initiative et de leur force, se retrouvent nécessairement dans leurs œuvres, dans toutes, celles du travail matériel comme les autres. Ainsi, dans les temps antiques, le petit peuple, petit par le nombre et grand par le génie, qui occupait le territoire si restreint et si peu fécond de la Grèce, pesait cent fois, mille fois plus dans la balance de l'humanité que les immenses empires des régions asiatiques. On ne fait aucun tort aux productions orientales, on ne méconnaît point implicitement les quali-

ferme les plus curieux renseignements sur l'état économique du pays. Un intérêt particulier s'attache au système de l'instruction publique, dont le vieux Mehemet-Ali avait jeté les bases, et que le vice-roi actuel, Ismaël-Pacha, ami des sciences et du progrès, a si largement développé.

tés qui les distinguent, quand on affirme qu'il en est de même aujourd'hui pour leur industrie comparée à celle de l'Europe chrétienne.

Les procédés traditionnels qui constituent la méthode du travail oriental ont toujours eu les mêmes pays pour représentants dans les grands concours de Londres et de Paris. Tel ou tel Etat a pu sans doute faire défaut à l'une ou l'autre de ces expositions; le fond du tableau n'en restait pas moins absolument le même. Jamais, toutefois, la phalange n'avait été plus complète qu'en 1867. L'empire Ottoman, l'Égypte, Tunis et le Maroc, l'Inde, la Chine, le Japon, Siam et la Perse, s'étaient donné rendez-vous au Champ-de-Mars. Il y avait là une manifestation de bonne volonté qui mérite d'être louée, et que nous aimerions à pouvoir prendre pour un indice de rénovation et un germe d'avenir.

Ce n'est pas, du reste, un symptôme peu significatif en ce sens que le voyage à Paris du chef des Croyants. Diverses études dont ce voyage a été l'occasion ne peuvent que tourner à l'amélioration du régime administratif encore si déplorable en Orient. De son côté, le vice-roi d'Egypte, Ismaël-Pacha, a profité de son séjour en France pour des recherches personnelles, ayant trait au côté pratique de nos institutions d'utilité municipale. Quelles que puissent être, sous ce rapport, les perspectives d'avenir, il reste incontestable dans le présent que les gouvernements orientaux avaient fait acte visible de courtoisie envers la France par la splendeur de leurs exhibitions. Le public y a répondu en se pressant dans leurs galeries avec une curiosité persistante. Nos industriels ne pouvaient trop étudier les spécialités diverses qu'elles renfermaient. On trouvait là plus d'un indice utile à recueillir, et plus d'une disposition susceptible d'être imitée. L'Orient a montré une fois de plus qu'il était toujours une incomparable école pour les formes et pour la couleur ; mais toujours aussi son rôle semble être de pourvoir de préférence aux besoins factices, aux caprices, aux fantaisies de quelques-uns, en sacrifiant la masse des populations.

II — Jamais l'empire Ottoman, en particulier, n'avait paru dans les concours de l'Europe, avant 1867, avec des échantillons aussi nombreux et aussi complets de ses diverses productions. Il est probable que l'exposition de Constantinople en 1863, qui a eu un assez notable retentissement et qui a laissé d'utiles souvenirs, n'a pas peu contribué à multiplier les envois faits à Paris.

Chez les industriels de la Turquie, la méthode orientale apparaît principalement dans la fabrication des tapis, des étoffes de soie brochées, des produits de la passementerie et de la sellerie, auxquels on peut joindre encore divers objets d'orfévrerie en filigrane et quelques branches de la céramique. Partout le système du travail repose sur le bas prix de la main-d'œuvre. Demander beaucoup au labeur humain misérablement rétribué, et rien ou presque rien aux forces naturelles : telle en est la condition principale. Cette remarque s'applique à tout l'Orient, et l'on peut dire qu'elle date de loin dans son histoire. Etrange contraste, l'homme, en un certain sens, compte plus dans les produits orientaux par la somme du travail brut qu'il fournit, que l'ouvrier de nos contrées dans les œuvres analogues ; et cependant quelle différence au point de vue de la vie sociale ! Les masses populaires restent là—bas traditionnellement effacées, et les questions concernant le travail demeurent aussi absolument étrangères aux conditions de l'ordre politique qu'au temps des Darius et des Xerxès. C'est que d'une part resplendit l'idée chrétienne avec la doctrine du libre arbitre et de l'égalité morale des hommes, et de l'autre pèse sur les âmes la théorie du fatalisme avec toutes ses dégradantes conséquences.

Au milieu de l'immobilité des pays orientaux, les produits qui en viennent, et notamment ceux de la Turquie, se distinguent par trois qualités depuis longtemps signalées : la patience apportée dans l'exécution, une originalité de formes parfois trop chargée d'ornements, mais non sans grâce et sans élégance, enfin l'éclat et l'harmonie des couleurs. Ces dernières qualités se retrouvent particulièrement dans les tapis turcs, qui restent à la hauteur de leur renommée. On n'avait pu, faute d'espace, en déployer que quelques—uns sur la masse de ceux qu'avaient envoyés les fabricants de Smyrne et d'un assez grand nombre d'autres villes ou villages de l'Asie Mineure. Il en avait été expédié près de 1,200. Dès l'abord on s'est disputé les plus beaux ; les autres ont été vendus avant la fin de l'exposition. Les conditions de cette industrie ont subi un certain changement depuis une vingtaine d'années. Le travail était jadis exclusivement domestique ; c'était dans la famille, sous le misérable toit du fellah de l'Anatolie, sur les gradins du Liban, que se confectionnaient les tapis. Maintenant il existe, aux environs de Smyrne, quelques fabriques en relations, plus ou moins directes, avec des maisons européennes. On y compte parfois plusieurs centaines de métiers confiés à des femmes dont le salaire journalier est extrêmement modique.

Toutefois, point d'appareils mécaniques. En fait de moteurs de ce genre, on ne connaît encore dans toutes ces régions que de rares et grossières roues hydrauliques consacrées à des opérations tout élémentaires. Il se trouve aujourd'hui qu'une innovation bien différente, venant d'Europe, pourrait atteindre le travail des·tapis. Elle concerne l'emploi des couleurs, et on la regarde assez généralement avec inquiétude. Aux couleurs à base végétale, de tout temps employées en Orient, il s'agirait de substituer les couleurs à base minérale, plus économiques sans doute, mais dont l'effet n'a pas été expérimenté dans le pays sur une assez large échelle pour dissiper toutes les craintes. Ces préparations, sur lesquelles nous donnerons plus loin quelques détails en parlant des arts chimiques en France, sont déjà fort offertes sur les marchés de l'Asie Mineure. Jusqu'à plus amples constatations, les intéressés croient sage de résister à cette tentation, dans la crainte d'enlever à leurs produits son cachet le plus attrayant. On ne saurait les blâmer de cette prudence ; le danger est moins de l'outrer que de s'en départir. On doit y regarder à deux fois, quand on pourrait compromettre la renommée acquise sous le rapport de la délicatesse des nuances, comme aussi de la durée des tons. Dans tous les cas, on ne devrait procéder que par des essais restreints. — La valeur des tapis et étoffes d'ameublement annuellement fabriqués monte à 13 ou 14 millions de francs. Les neuf dixièmes sont livrés à l'exportation (1).

(1) La consommation française n'en absorbe qu'une faible partie ; en 1866 : 57,632 francs — Les exportations spéciales de la Turquie pour la France dépassaient, durant cette même année, le chiffre de 129 millions de francs, tandis que nos exportations de marchandises françaises pour la Turquie n'arrivaient pas tout à fait à 58 millions et demi.

Il est un fait assez singulier dans ce pays où la femme manque encore d'un état civil suffisamment accentué, où sa dignité morale est si odieusement outragée par la polygamie : beaucoup de femmes ont exposé des tapis sous leur nom, tout en citant aussi le nom de leur mari. C'est Fatma, femme d'Aali; c'est Aïché, femme de Suleïman; c'est Fatimé, femme d'Omer; c'est Gulfem, femme de Moussa; c'est Eminé, femme d'Osman, etc., etc., toutes de l'éyalet ou pachalik de Koniah. Ces noms si doux des femmes syriennes ont un charme particulier, comme les tapis sortant de leurs mains. Leur présence ici témoigne que la fabrication appartient toujours en partie au travail à domicile. L'industrie, peut-on se demander à leur sujet, l'industrie qui dans notre Europe, où le christianisme a mis les deux sexes sur le même rang, a été accusée, parfois avec justesse, d'amoindrir le rôle naturel de la femme dans la famille, en la retenant tout le jour dans les fabriques, serait-elle donc destinée à rehausser sa dignité dans les contrées où la religion même la traite avec une si révoltante inégalité?

Les étoffes de soie brochées se distinguent par la vivacité de leurs couleurs, comme les tapis, et plus encore par une somptuosité trop souvent excesive. Cette production compte aussi plusieurs grandes fabriques livrant chacune au commerce de 40 à 50 mille pièces par année. Son siège est à Brousse, à Damas, dans le mont Liban, etc., et aussi pour certains genres à Constantinople. On voyait à l'Exposition des étoffes d'une richesse susceptible d'épouvanter même nos luxueuses habitudes actuelles. Quels tissus! quelles broderies! La broderie est la spécialité

de l'Orient : on brode tout, les vêtements, les tentures d'ameublement, les harnais, les sandales, etc.
Quant aux tapis de table, aux robes, aux burnous,
aux tuniques, aux caftans, ils ne forment parfois
qu'un tissu surchargé de broderies en or, en argent
ou en soie.

La réforme de ces goûts dispendieux vaudrait mieux,
soit dit en passant, pour les finances de la Turquie,
que tous les édits économiques du sultan; mais
l'exemple devrait provenir d'en haut, et c'est ici que
réside la véritable difficulté. Que la fabrique turque
garde la spécialité des broderies qui occupent tant de
femmes, nous n'y trouvons rien à reprendre. Il y a là
un travail qu'on ne pourrait faire exécuter dans les
pays occidentaux de l'Europe aux mêmes conditions.
On n'en saurait dire autant de la fabrication des tissus
mêmes sur lesquels s'exerce l'art délicat des brodeuses.
Peut-être n'y a-t-il aucun avantage réel à développer
beaucoup ce genre d'occupation, qui ne vaudra
jamais pour le pays certaines cultures auxquelles son
territoire convient à merveille. On peut affirmer d'une
manière générale qu'en fait d'étoffes, à l'exception des
tapis et de quelques spécialités très-restreintes, l'intérêt des populations de la Turquie serait de s'en
approvisionner dans l'Europe occidentale, sauf à con-
tre-balancer ces achats par des envois de matières
premières.

Puisque nous venons de parler de certaines spécialités justement réservées à l'Orient dans la catégorie
des tissus, citons-en deux fort séduisantes de l'exhibition ottomane. C'est d'une part un tissu de soie très-
léger pour chemises de femmes, c'est encore un tissu
de coton blanc velouté un peu spongieux et qui

convient merveilleusement comme linge de bain et de
toilette. Dans nos stations de bains de mer ou d'eaux
minérales, aujourd'hui si nombreuses, ce dernier article remplacerait avantageusement les tissus ras et
secs en fil de lin ou de coton (1).

La passementerie et la sellerie étalaient, comme les
étoffes brochées, une richesse sans rapport avec nos
habitudes et nos besoins. Quant aux articles d'orfévrerie en filigrane, il faudrait bien peu d'efforts pour
leur créer une clientèle parmi nous, tant ils ont d'élégance et de délicatesse. — La céramique turque est
certes bien loin de pouvoir supporter la comparaison
avec les articles analogues de France, d'Angleterre ou
d'Allemagne ; on s'étonne pourtant du degré où elle
est parvenue, quand on songe à l'insuffisance des
moyens de fabrication et à l'état tout à fait arriéré,
même pour la Turquie, de certains districts producteurs. Je cite sous ce dernier rapport des vases de
grès tendre, envoyés de la Mecque par Mehmed Lidki.
Je cite, pour leurs qualités intrinsèques, les poteries
de Hadji Mehmed Effendi, de Constantinople. Il y avait
là des articles de formes originales, dont l'aspect rappelle les traditions bibliques, et qui venaient de Roustchouk, de Kutahia, de Kars, de Manissa, etc. C'est
à Roustchouk que l'art est poussé le plus loin dans la
fabrication.

L'armurerie turque mérite aussi une mention particulière. Elle a son caractère bien connu. On fabrique
les armes portatives dans tout l'empire Ottoman. Les
lames de Damas ont perdu leur vieille réputation.
Aussi, peu d'envois de cette cité syrienne toujours

(1) On s'est mis récemment à fabriquer ce dernier article
en France.

morne et languissante, en dépit de la nouvelle route qui l'unit à la Méditerranée. Le plus grand nombre des échantillons d'armes avait été fourni par des armuriers de Constantinople et du district d'Andrinople (1).

L'industrie la plus avancée de l'empire Ottoman, je veux dire celle qui suit le plus des procédés analogues à ceux de l'Europe, c'est à coup sûr la production de la soie. Cette matière est traitée à Brousse aussi bien qu'en aucun pays du monde; il est très-rare d'atteindre ailleurs à une blancheur aussi éclatante, même en France, dans l'Ardèche et les Cévennes. Quoique vivement affectée depuis quelque temps par la maladie des vers à soie, cette application demeure toujours l'industrie locale par excellence, celle que les turcs de l'Asie Mineure devraient s'ingénier à développer de préférence à toutes fabrications proprement dites.

En fait de produits agricoles qui exigent une préparation industrielle plus ou moins notable, on remarquait dans la galerie turque des genres très-diversifiés d'opium et de tabac. Il n'y avait pas moins de quatre-vingt-douze échantillons d'opium, et ceux des tabacs ne se comptaient pas. On ne peut que mentionner les nombreux envois des exploitations forestières, des industries extractives, les produits chimiques et pharmaceutiques, comme tous ceux qui tiennent à l'agriculture. Ici pas de signes bien saillants, pas de progrès bien sérieux à signaler. Cependant il est juste de citer une exhibition singulière due au docteur Abdallah-Bey, et qui consistait en plu-

---

(1) Le trophée artistement dressé au milieu des tapis était dû au commissaire général de la Turquie, M. le baron de Bonnemains, qui en avait tracé le plan.

sieurs collections, patiemment et laborieusement formées, d'objets d'histoire naturelle. C'est une collection des pétrifications du Bosphore et du mont Liban ; c'est une collection des insectes coléoptères de la Syrie, des mollusques de la mer Rouge, du golfe Persique, de la mer Noire et de la Méditerranée, et d'autres collections du même genre.

La méthode suivie pour l'exposition turque est assez curieuse à connaître. On y avait combiné l'action du gouvernement et celle de l'industrie privée sous une forme particulière. Non-seulement les fabricants, les producteurs avaient fourni les articles exposés, ils conservaient encore leur individualité, soit sur les étiquettes, soit dans les catalogues. Mais le gouvernement turc s'était rendu acquéreur de tous les objets, et il avait fait lui-même toutes les dépenses, montant de 300,000 à 400,000 fr. Il a dû retrouver une somme probablement supérieure à ses déboursés, le prix d'achat y compris, dans la vente qui s'est opérée en grand pour son compte. La valeur des marchandises entassées dans les étroites galeries ottomanes dépassait un million de francs. Or, ce n'est pas seulement pour les tapis que se manifestait l'empressement signalé plus haut chez les acheteurs. Toutefois, ceux qui ne s'étaient pas pressés ont pu, du moins pour la masse des articles secondaires, traiter aux conditions les plus avantageuses. Comme on ne voulait rien remporter en Orient, nombre de menus articles étaient destinés d'avance à être vendus à vil prix.

III — Les exhibitions de l'Egypte et des États barbaresques motivaient en général des observations analogues à celles qui viennent d'être présentées sur les envois de la Turquie. Il n'y a donc pas lieu d'entrer à ce sujet dans de bien longs commentaires. Nous avons insisté déjà sur le soin particulier qui avait présidé à l'exhibition du vice-roi d'Egypte ; même observation pour celle du bey de Tunis. Ces deux gouvernements, qui sont désormais connus l'un et l'autre sur les places financières de l'Europe par des emprunts contractés sous des formes diverses, auront tenu sans doute à montrer qu'ils pouvaient au besoin faire figure dans le grand caravansérail industriel des nations (1).

L'Egypte et la régence de Tunis ne comptaient d'ailleurs chacune qu'un seul exposant pour toutes les catégories où les deux pays étaient représentés : le vice-roi et le bey. Les tissus égyptiens ont des rapports frappants avec ceux de la Turquie. L'assortiment des tissus d'un usage commun offre néanmoins quelques traits à noter. Il y avait là certains signes d'amélioration. Ces traces de l'influence européenne s'expliquent aisément par le fait que l'Egypte est devenue la route de l'Inde. Les tapis de laine et de poil de chameau fabriqués par les Bédouins de la basse Egypte ne supportent pas de comparaison avec les tapis de Smyrne. Cette industrie est, du reste, de celles qui se conservent à travers les temps, sans éprouver la moindre modification. N'omettons pas de mentionner les produits naturels du sol. La vallée du Nil a fourni de beaux échantillons en fait de produits agricoles soit alimentaires, soit industriels. Des blés magnifiques artistement rangés rappellent que ce territoire reste fidèle à une tradition remontant aux

(1) Il est fâcheux pour la Tunisie qu'un incident financier trop connu ait compromis si vite l'impression favorable.

patriarches et au voyage des fils de Jacob, mais c'est
surtout le coton qu'il convient de nommer, le coton
égyptien qui a eu son rôle dans l'Europe occidentale
pendant la crise américaine et dont la culture n'a pas
encore dit son dernier mot.

Dans le Maroc, l'empereur était aussi l'exposant
suprême. On voyait seulement figurer au-dessous de
lui, et par son ordre, un certain nombre d'*amins*
ou califes. Les trois Etats de l'Afrique septentrionale subissaient la nécessité de ne pouvoir paraître
à l'Exposition que par l'intermédiaire de leur gouvernement. Quoique ce soit en Egypte que le monopole ait été le plus largement constitué depuis
Mehemet-Ali, les manifestations individuelles restaient
également impossibles dans les trois pays : les initiatives privées qui peuvent s'y rencontrer sont ou trop
effacées, ou trop impuissantes, ou trop étrangères à
l'idée de nos expositions internationales. La Turquie,
on l'a vu, se présentait sous ce rapport avec un notable avantage. Si le gouvernement y était le véritable
organisateur de l'opération, il ne figurait pas seul sur
la scène ; on y rencontrait par centaines des producteurs particuliers. Il s'y trouvait même des expositions collectives de villes, de villages, et de diverses
corporations locales. On dirait un reflet de l'idée
d'association. Ce n'est pas, du reste, le seul indice
auquel on puisse reconnaître, dans l'empire Ottoman,
le souffle de l'esprit européen. Si faible, si étouffé
qu'il y puisse être, il existe cependant : en dehors
de son influence, point de rénovation, point d'élargissement du rôle industriel.

Il est une observation d'un intérêt tout à la fois
économique et moral, et qui ressortait pleinement

d'un examen un peu attentif soit de l'exposition ottomane, soit de celle de tout le groupe des pays orientaux. Partout, en effet, on était conduit, par l'étude
des applications locales, à une même distinction essentielle. D'un côté, dans ces régions, figure la production des matières premières qui s'écoulent au
dehors et parviennent sur les marchés européens; de
l'autre, les articles manufacturés destinés à la consommation du pays. Eh bien, dans cette dernière
catégorie, l'Orient peut avoir pour mission de conserver des types soit ous le rapport des formes, soit
sous le rapport de la couleur; mais il semble avoir
absolument abdiqué toute idée d'amélioration et de
progrès. Ce qu'il y a d'ailleurs de misères et de souffrances derrière les plus éblouissants de ces produits,
nous le savons, pour l'époque actuelle, par les récits
contemporains; et pour les temps antérieurs, l'histoire en témoigne en traits trop douloureux pour être
jamais oubliés. Voyez au contraire ce qui se passe pour
les matières premières, dont l'Europe a de plus en
plus besoin. Là s'effectuent des transformations progressives. Le mouvement procède visiblement alors
du génie européen. Ce sont les besoins de nos fabriques, ce sont les demandes de notre commerce
qui stimulent quelques efforts, ménagent quelques
innovations, et préparent ainsi un meilleur lot au
travail local. L'avenir industriel, comme l'émancipation politique et sociale de l'Orient, est donc, en
dernière analyse, intimement lié à l'essor de ses relations avec les régions occidentales (1). La sociabilité
mahométane a depuis longtemps déjà épuisé son prin-

(1) Un ouvrage contemporain qui marquera dans les
annales des constructions grandioses, même dans le pays des
Pyramides, le canal de Suez, dont les travaux étaient si exac-

cipe; les germes de rénovation, elle est obligée de les recevoir du dehors. Partant d'une idée fausse et énervante dans son dogmatisme religieux, l'idée du fatalisme, elle ne peut aboutir par elle-même à une idée fortifiante et juste en économie politique. L'Exposition de 1867 aura singulièrement contribué à mettre en relief, dans la sphère des intérêts matériels, ces traits caractéristiques qui intéressent les relations de deux grandes branches de la famille humaine. Plus les efforts ont été sérieux en vue du concours, et mieux ils feront toucher du doigt les causes intimes de l'impuissance. Ces causes se présenteront d'elles-mêmes à la pensée, dans la suite de cette étude sur la seconde section du travail oriental, celle que représentent les pays du centre, de l'est et du sud du continent asiatique, où l'on rencontre encore au sein de religions différant de celle du Prophète, le poids écrasant du fatalisme.

tement figurés au Champ-de-Mars, peut être cité comme un des plus significatifs symptômes de l'alliance qu'ambitionnent tous les esprits généreux.

CHAPITRE II

Les Indes orientales. — Le travail indigène. — Les cachemires indiens et les cachemires français. — La part de l'industrie européenne aux Indes. = La Perse, la Chine, le Japon, Siam. — L'intérêt économique de l'Europe en Orient. — Influences morales et progrès matériels.

I — Depuis l'Exposition universelle de Londres, en 1851, l'Europe est devenue familière avec les produits de l'industrie des Indes orientales, dont elle ne connaissait auparavant que certaines spécialités assez restreintes, les cachemires exceptés. On retrouvait, du reste, dans les bâtiments du Champ-de-Mars, en 1867, de curieux échantillons des éléments si diversifiés que ce pays peut fournir au commerce du monde. Quoique ses exhibitions fussent moins nombreuses qu'à Londres, surtout dans telle ou telle catégorie, elles suffisaient néanmoins pour nous donner une idée complète des principales applications industrielles et des productions du sol.

Il n'y a plus rien à dire des sculptures sur bois et sur ivoire témoignant tant de patience et d'art chez les individus qui les exécutent. Le compartiment de l'Inde nous montrait des meubles de larges dimensions, des fauteuils, des chaises, des étagères, des buffets, etc., et de menus articles de fantaisie, où le bois est fouillé avec une hardiesse de main et une justesse de coup d'œil que dans notre Europe occidentale les plus beaux ouvrages analogues, ceux, par exemple, qui sont une des gloires des édifices religieux de la Belgique, n'égalent peut-être point. L'ivoire, qui reçoit là-bas des applications si multiples, n'est pas traité avec moins de finesse et de goût. Certains jeux d'échecs, par exemple, ont dans l'exécution une délicatesse à désespérer nos sculpteurs les plus habiles de Dieppe ou de Méru. L'orfévrerie et la céramique indiennes offrent des qualités pareilles.

Il convient de s'arrêter un moment devant les cachemires de l'Inde, qui faisaient songer assez naturellement à nos cachemires français. On connaît désormais les conditions élémentaires du travail indien, sur lequel nous avons eu nous-même l'occasion de nous expliquer (1). On sait, par exemple, que la matière première entrant dans un châle fabriqué dans l'Inde, ne représente qu'environ le dixième du prix de revient. Les neuf autres dixièmes correspondent à la main-d'œuvre, d'ailleurs très-misérablement rétribuée, car l'ouvrier cachemirien ne reçoit pas même par jour le cinquième du salaire des tisserands français. Cette énorme différence proclame assez haut l'impossibilité absolue d'introduire chez nous le système du travail à la main pratiqué dans la province de Cachemire. Aussi la question concernant l'imitation du système indien n'a-t-elle jamais été posée, pour la fabrique parisienne si renommée dans la confection des châles de cachemire, en de semblables termes. Quand on a songé à imiter le travail de l'Inde, c'est à l'aide de mécanismes perfectionnés qui réduisaient l'interven-

(1) Voy. notre livre : *l'Industrie contemporaine*, p. 375 et suiv.

tion du bras de l'homme dans des proportions considérables. Nous avons eu notamment, en ce genre,
les ingénieux essais de M. Frédéric Hébert, qui ont
fait faire un pas à cette application, sans avoir pourtant donné des résultats commerciaux suffisants pour
alimenter et soutenir l'entreprise. En 1867, on pouvait voir, dans la galerie des fabricants français, une
reproduction très-remarquable du travail indien, due
à MM. Lecoq, Gruyer et Cᵉ. Le problème cependant
est-il résolu au point de vue commercial? C'est une
question qu'un avenir très-prochain doit éclaircir. Il
suffira de savoir le prix de vente de cet article. La
différence doit être assez forte pour compenser la faveur qui s'attache au châle fabriqué dans l'Inde,
même quand l'aspect est tellement identique qu'il
devient impossible, sans un examen minutieux de la
part d'hommes très-expérimentés, de constater l'origine du produit.

On conçoit, du reste, que la comparaison ne doit
jamais s'établir entre les châles de l'Inde et les cachemires ordinaires des fabricants parisiens. Le système ne se ressemble plus : ce n'est point comme
dans l'imitation du travail indien dont je parlais tout
à l'heure; une comparaison est impossible, et les
prix varient considérablement. Les deux produits ont
chacun sa clientèle distincte. La fabrique parisienne
peut déployer des annales qui ne sont pas sans gloire,
et où se lisent les noms de MM. Ternaux, Bellanger,
Hindelang, Hébert père, Gaussen, Deneirouse, etc., etc.
A l'Exposition de 1867, où elle comptait 28 représentants, elle soutenait sa renommée dans toutes ses
vitrines, quoique avec des mérites inégaux; seulement
il ne fallait pas visiter la fabrique parisienne en sor-

tant des possessions britanniques de l'Inde, dont les
envois étaient des plus remarquables. Je n'oserais
pas affirmer, toutefois, qu'aucun article y égalât le
fameux cachemire envoyé à Londres en 1851 par le
Maharajad Kouleb Sig; mais l'ensemble de l'exhibition satisfaisait aux exigences les plus délicates sous
le rapport de la beauté du tissu et de l'éclat douce-
ment tempéré des nuances.

Lorsque, quittant les cachemires indiens, on tour-
nait les yeux sur les voisins étalages des étoffes de soie
et d'or fabriquées dans le pays, on restait confondu
d'une magnificence dépassant encore celle des plus
riches exhibitions turques. Le cœur s'attriste si l'on
songe que ces somptueux ouvrages sont surtout destinés à ces esclaves plus ou moins couronnés que la
politique anglaise laisse vivre sous sa domination
altière, et qui l'assistent dans l'exploitation des ressources locales. Ah! combien de ces princes, soup-
çonnés à tort ou à raison de tiédeur pour leurs maîtres suprêmes, ou dont le domaine excitait la concu-
piscence de ces derniers, sont tombés tout couverts
encore de ces magnifiques tissus! Il est une occasion, notable dans l'histoire de l'Inde, où l'on a vu
briller au soleil tout ce que la fabrication indigène
avait pu réunir en ce genre de richesse et de splendeur. Le vice-roi des Indes, le souverain maître du
pays au nom de l'Angleterre, sir John Lawrence, dans
un voyage triomphal, avait eu l'idée, non par vanité,
mais par politique, de tenir à Lahore, dans l'Asie
centrale, ce qu'on appelle là-bas un *Durbar*, et ce
qu'à Londres la reine nomme un *Lever*. C'était le
18 octobre 1864. Six cents princes indigènes pa-
rurent à cette assemblée pour y prêter hommage.

Ils venaient des régions les plus éloignées. Ils représentaient de 140 à 150 millions d'êtres humains. C'était un véritable camp du Drap-d'Or. Quelle exposition des tissus de l'Inde! On n'en reverra peut-être jamais aucune autre qui lui soit comparable. La description en fut reproduite par les journaux de Londres, émerveillés de tant d'éclat. Hélas! oui; mais sous cet éclat d'emprunt, que d'avilissement, que de basses convoitises, que de perfidies, que d'oppressions, que d'exactions, que de folies et de misères! Mieux vaut encore considérer les produits de l'Inde à notre exposition du Champ-de-Mars, sauf à n'y voir que ce qui grandit l'homme et le fortifie : le travail!

Tous les chefs-d'œuvre de patience étalés dans tel ou tel compartiment de l'exhibition des Indes ne tiennent, en général, à l'industrie moderne que par des liens très-indirects. Ce n'est plus son esprit, ce ne sont plus ses procédés, ce n'est plus sa fin. Tandis que l'industrie européenne se préoccupe surtout de la grande consommation, de la consommation des masses populaires, l'industrie indienne ne semble guère y songer. Ses produits, qu'il convient de consulter avec attention et qui peuvent suggérer les inspirations les plus heureuses à nos fabricants, représentent ce qu'on peut appeler le passé de l'Inde. C'est l'héritage traditionnel d'une population qui reste enfermée dans les mêmes industries comme elle l'est dans ses castes sociales, et qui semble n'avancer ni ne reculer depuis le temps d'Alexandre. L'avenir de la production locale n'est pas là. Sans doute de ce côté on peut saisir la sociabilité indoue en elle-même, sous ses aspects intimes si divers et si curieux, et dans les singulières manifestations de son génie tant de fois séculaire. On n'y découvre rien du rôle que le pays peut avoir dans l'industrie moderne et des progrès qu'il peut soit accomplir lui-même, soit faciliter au travail européen. Cette influence résulte exclusivement, plus exclusivement encore qu'en Turquie et en Egypte, de la production des matières premières auxquelles les Anglais ont donné et auxquelles ils donnent encore une extension de plus en plus considérable.

En tête des produits agricoles pouvant servir à l'industrie, se place le coton. On connaît l'immense développement qu'a pris la culture du cotonnier dans l'Indoustan durant la guerre civile des Etats-Unis. Aujourd'hui que l'impulsion est donnée, on peut être sûr que, sans continuer à s'accroître dans d'égales proportions, le contingent des Indes orientales ne manquera plus de figurer largement dans les approvisionnements européens. Au coton se joignent d'autres matières textiles, telles que les soies et la jute. Dans la même catégorie des produits végétaux utiles aux arts viennent se placer les substances tinctoriales : l'indigo, le safran, la garance; puis aussi les gommes, les huiles, les bois d'espèces les plus diverses, etc. — En fait de produits alimentaires, chacun a déjà nommé le riz, le thé, l'*arrow-root*, et bien d'autres.

Depuis près de trois quarts de siècle que les Anglais sont installés dans l'Inde, d'abord sur un territoire assez limité et puis sur la meilleure partie du pays dont ils ont successivement dépossédé les anciens maîtres, ils ont imprimé un élan considérable aux productions du sol indien. Ils en importent maintenant chaque année en Europe des quantités énormes, qu'ils soldent en objets manufacturés. Ce sont eux, par exemple, ce sont les fabricants de Manchester qui habillent, avec leurs tissus de coton légers et à bas prix, la masse de la population indigène, excellente et docile clientèle qui ne connaît point les fluctuations de la mode, et n'impose point aux manufacturiers britanniques la tâche de chercher et de créer sans cesse des combinaisons nouvelles. Ce n'est pas seulement par leurs achats de matières premières ainsi payées au grand profit de la métropole, ce n'est pas seulement par l'action commerciale que nos voisins se mêlent à la vie économique de leur empire dans l'extrême Asie méridionale. On leur doit des créations hardies et rapides, qui contrastent singulièrement avec les applications traditionnelles et lentes de l'industrie indigène. Si l'on n'en connaissait pas les traits essentiels, on ne comprendrait point le rôle que les produits élémentaires assurent à l'Inde dans le mouvement industriel de l'Europe. Les exhibitions du travail indigène, séparées de la connaissance des créations anglaises, nous exposeraient à nous tromper sur le fond des choses. A côté des œuvres mêmes du génie local, il est donc indispensable de se figurer celles du génie européen.

II — Sur la terre de l'immobilité, au milieu de populations dont l'attitude et les mœurs sont depuis tant de siècles incrustées dans des moules invariables, voilà que se dressent devant nous les dernières conquêtes de l'esprit industriel moderne, si infatigable et si progressif. Les maîtres actuels de l'Inde y ont introduit et ils y développent avec calcul les applications les plus perfectionnées de l'industrie. C'est, d'ailleurs, le rôle des Anglais de représenter avec une réelle puissance le côté matériel de la civilisation. Ils sèment peu d'idées. Ils n'élèvent pas d'ordinaire le niveau moral des populations. En revanche, partout dans leurs colonies, quand ils se sont rencontrés en présence d'une race indigène, ils ont été les heureux propagateurs des intérêts du commerce; partout ils ont su stimuler la production, trouver de nouveaux éléments d'échange et ouvrir à leur industrie de nou-velles issues. Tel est bien le trait le plus saillant de leur influence, celui qui marque le plus dans l'his-toire économique du monde. Nulle part, cependant, le caractère intime et la portée politique de ces audacieuses opérations ne s'étaient dessinés sous des formes aussi accentuées, dans des proportions aussi colossales qu'au sein des populations de l'Hin-doustan.

C'est surtout depuis la terrible insurrection des Cipayes, en 1857, que les grandes entreprises en fait de travaux publics ont pris une extension vraiment systématique. Elles ont eu pour but tout à la fois d'assurer le pouvoir des dominateurs du pays et de féconder le champ de l'exploitation commerciale. On ne saurait s'y méprendre : voilà le double caractère de la politique anglaise. Il ne s'agit pas de coloni-sation suivant le sens ordinaire du mot, même chez nos voisins. Ils ne colonisent pas l'Inde comme ils ont colonisé telle ou telle contrée de l'Amérique ou de la Nouvelle-Hollande. Non; de ce côté-là, point d'émi-gration sans esprit de retour, point d'établissement à demeure, nul mélange avec la population brahmi-nique ou musulmane.

Conquête et domination, ces deux mots résument,

du reste, toute l'histoire de l'Inde, à partir des temps les plus lointains jusqu'à cette exposition de 1867, où elle apparaissait avec sa dernière expression. Et pourtant, c'est un nombre imperceptible d'individus qui tient des millions d'hommes asservis et tranquilles. Dans le vaste bassin du Gange, par exemple, la population comprend 60 millions d'Hindous, sectateurs de Brahma ; 8 millions de mahométans asiatiques, et seulement 80,000 chrétiens nés en Europe. « Les 8 millions de musulmans, dit M. le baron Charles Dupin, ont été les conquérants des 60 millions d'aborigènes. Les 80,000 chrétiens, armés ou non, sont les maîtres absolus de ces Hindous et de ces musulmans ; ils les commandent en exerçant sur eux un empire irrésistible. » Tel est l'état politique du pays, et c'est bien cet état que les Anglais veulent consolider. Étonnons-nous après cela de retrouver toujours l'Angleterre, même à travers les produits du sol hindou. Plus que jamais aujourd'hui elle occupe toute la scène.

On l'a dit de l'autre côté du détroit : la révolte des Cipayes a été comme un immense coup de fouet pour l'activité britannique. On a compris qu'il fallait multiplier les moyens de défense, de concentration, de sécurité. L'attention publique a été puissamment éveillée chez nos voisins sur ce grave sujet, auquel se rattachent tant d'intérêts de l'ordre économique. On devine que les conditions nécessaires pour l'exécution des ouvrages projetés ne se pouvaient pas présenter sur les lieux mêmes ; sans doute on y pouvait obtenir certains produits matériels nécessaires au travail ; les bras pour les mettre en œuvre ne faisaient pas défaut non plus. Mais le capital, mais l'esprit d'entreprise et l'énergie morale, mais les engins mécaniques, ce n'était que de l'Europe qu'ils pouvaient être amenés. Heureusement cette fois, plus de ces expéditions sanglantes, plus de ces lugubres envahissements dont est remplie l'histoire de la conquête. L'Inde ne résiste point à l'exploitation qui l'enveloppe.

Les grands travaux effectués avec une persévérance et une rapidité dont s'étonne l'imagination concernent les chemins de fer, les canaux et les télégraphes électriques. Les canaux viennent les premiers en date. La construction des principales artères avait précédé l'insurrection de 1857 : elle s'achevait au moment de ce soulèvement inattendu. Certains ouvrages de ce genre avaient même été entrepris longtemps avant l'arrivée des Anglais, au 14e et au 16e siècle, sous l'impulsion d'un ou deux monarques de Delhi ; mais, laissés dans un état complet d'abandon, ils étaient bientôt devenus inutiles. Toutefois, les nouveaux maîtres de la contrée avaient pu en étudier le système, et leurs ngénieurs se sont plus d'une fois servis, en y ajoutant certains perfectionnements, des moyens d'abord mis en œuvre par les indigènes.

L'irrigation et la navigation, tels étaient les deux intérêts qu'on avait eus en vue dans la construction des canaux. Le premier, l'irrigation, avait été le but des empereurs mogols ; c'était aussi le plus urgent, et on peut dire le plus vital. La détresse agricole la plus complète, la misère la plus effrayante suivaient le fréquent manque d'eau dans les campagnes du bassin du Gange et de celui de la Jumma. Dès le commencement de ce siècle, de 1808 à 1822, les Anglais avaient entrepris la restauration des canaux mogols. Qu'on juge de l'importance de leurs travaux : un seul canal, l'*Eastern Jumma*, arrose 160,000 acres de terres (environ 72,000 hectares); un autre canal, le *Western Jumma canal*, plus de 216,000 acres (environ 90,000 hectares). Le canal du Gange sert à féconder 1,471,500 acres (environ 680,000 hectares). Le système de cette dernière construction mérite d'être noté. A l'endroit où le Gange débouche dans les plaines du Nord, en sortant des monts Himalayas, on a détourné les sept huitièmes des plus basses eaux du fleuve pour les reporter jusque sur la crête des plateaux voisins; on les fait couler sur un lit artificiel et navigable qui rejoint, cent lieues plus bas vers l'Orient, le lit du Gange, et vers l'Occident, celui de la Jumma. Ainsi l'irrigation des campagnes environnantes devient des plus faciles (1).

Quant à la navigation, elle s'opère de la façon la plus pittoresque, non point au fond des vallées, mais sur la crête même des coteaux. Certes, il n'eût pas été sans intérêt de voir la photographie de quelques parties de ces ouvrages rangée au Champ-de-Mars parmi les reproductions de l'ancienne architecture bouddhiste, hindoue ou mahométane envoyées par le bureau de la science et des arts en Angleterre. Quoique les canaux forment déjà, sur divers points des possessions britanniques, plusieurs groupes importants, il reste d'immenses lacunes à combler. On ne saurait trop le répéter pour donner une idée des besoins du pays : point de prospérité agricole dans l'Inde sans canaux d'irrigation. A mesure que, durant la première moitié du XVIIIe siècle, les canaux construits

_____

(1) V., dans l'*Edinburgh Review*, un remarquable article sur les travaux publics dans l'Inde, et le sixième volume de la *Force productive des nations*, par M. le baron Charles Dupin.

par les souverains mogols étaient mis hors d'usage, le
sol devenait de plus en plus stérile. La famine et la
désolation prenaient la place de l'eau qui se retirait.

Les chemins de fer ne datent guère que d'une
dizaine d'années. Ils sont tous, ou presque tous, postérieurs à l'insurrection. Disons, néanmoins, qu'il étai t
question, même auparavant, d'un système de *railways*
unissant l'une avec l'autre les trois présidences de
Calcutta, de Madras et de Bombay, et mettant les
principaux centres de la production locale en communication avec les marchés de l'intérieur et les ports
du littoral. On avait déjà entrepris les travaux sur
quelques points autour des trois plus grandes cités
de chaque province. Les plans qui ont été adoptés
depuis lors sont ceux d'un des derniers gouverneurs
généraux de l'Inde, lord Dalhousie.

Est-il vrai, s'est-on demandé en Angleterre, que
ces voies ferrées n'aient qu'un but militaire et politique? Rien ne serait moins exact qu'une réponse
affirmative. Sans doute, ce sont là des chemins stra-
tégiques qui favorisent l'exercice du pouvoir et la
défense de l'établissement européen; mais il suffit de
jeter un coup d'œil sur les tracés, il suffit de les suivre depuis les bords de la mer jusqu'au sein des
régions agricoles, jusqu'aux districts où la culture du
thé, et surtout celle du coton, ont pris tant de développement, pour reconnaître qu'ils sont aussi bien adaptés
aux intérêts commerciaux qu'aux intérêts militaires.
L'opinion que les chemins de fer dans l'Inde ont
un rôle économique concurremment avec leur rôle stra-
tégique est aujourd'hui décidément établie de l'autre
côté de la Manche. On cite des faits qui parlent d'eux-
mêmes. Voyez, dit-on, cette ligne qui vient obvier

aux principales difficultés de la navigation du bas
Indus. Voyez cette autre qui s'élance de Calcutta vers
le Penjaub, desservant sur son parcours toutes les
grandes cités commerciales du Bengale et des provinces occidentales, y compris les cités d'Agra et de
Delhy. Enfin une troisième qui unit les districts de
l'Inde centrale, où le coton se propage de plus en
plus, avec Bombay d'une part, et de l'autre avec Mirzapour, le Gange et Calcutta.

L'importance économique de ces grandes artères
n'est-elle pas manifeste? N'est-il pas certain qu'en
assurant aux produits des moyens d'écoulement, elles
doivent stimuler le travail dans les régions du centre, du nord et de l'ouest? Bien d'autres *railways* ont
une destination analogue non moins évidente. Les
services rendus au commerce laissent d'ailleurs sa
place à la prévoyance politique. Ce dernier caractère
des chemins de fer éclate parfois au dehors en traits
tout matériels : ainsi quelques stations, celle de
Lahore notamment, sont entourées de fortifications
suffisantes pour parer à des coups de main.

La longueur des chemins exploités dépassait 3,000
milles anglais en 1867 (près de 5,000 kilomètres).
Nous pouvons bien ajouter qu'ils sont construits par
l'industrie privée, soutenue par le système de la garantie d'intérêts. Ce mode d'encouragement s'appliquait
naguère à un réseau total de 4,700 milles ou 7,563
kilomètres, y compris les chemins encore à l'état de
projet. Quoiqu'il ait produit des résultats favorables, on ne voudrait pas, paraît-il, le pratiquer indéfiniment; il est question de groupes nouveaux plus ou
moins importants qui seraient construits sans garantie
d'un minimum d'intérêts par le trésor indien. On ne

sera pas fâché d'apprendre chez nous que l'exploitation semble être dans des conditions assez satisfaisantes, si l'on en juge par les derniers documents publiés
en Europe, et si l'on tient compte, d'ailleurs, des circonstances locales. Le trafic est, en général, en voie
de se développer. La prospérité future dépend surtout
de la construction des routes aboutissant aux stations.
Ce qui manque dans l'Inde, ce sont les voies de communication ordinaires, les chemins praticables pour
le transport des produits. Tant que des routes gagnant les lignes ferrées ne sillonneront pas le pays,
les *railways* ne pourront profiter qu'à une partie
relativement très-minime d'un territoire embrassant
une superficie de près de deux millions de kilomètres. Sur une scène aussi large, l'œil découvre à
peine ce qui a été fait. Sans routes servant d'affluents
aux chemins de fer, on s'exposerait à perdre en partie l'argent qu'on y aurait consacré. En Europe, certains pays, l'Espagne par exemple, nous offrent le
tableau de phénomènes analogues.

La télégraphie électrique, qui n'a pas fait parler
d'elle en 1867 autant qu'on l'aurait cru, mais qui
gagne journellement du terrain sur la surface du
globe, est, aux Indes orientales comme en Europe,
une annexe inséparable des chemins de fer. Les télégraphes avaient devancé les voies ferrées sur plusieurs points. Tels qu'ils étaient au moment de l'insurrection des Cipayes, ils avaient rendu d'incalculables services. Toutes les cités importantes, toutes les
stations militaires, tous les établissements civils sont
dès à présent desservis par le télégraphe électrique (1).

(1) Ce n'est pas là tout ce que les Anglais auraient pu étaler sous les regards dans ce genre d'applications. On sait

Moins brillante pour les yeux que les exhibitions traditionnelles de l'Inde, l'œuvre accomplie par l'Angleterre depuis une dizaine d'années pèse plus dans la balance du travail universel que les produits exécutés depuis des siècles par les races indigènes. On y sent l'émanation directe du génie européen, alors même que la pensée dominante s'attache exclusivement aux intérêts industriels et commerciaux. En face de ces entreprises hardies, on peut juger désormais sans peine à quoi se réduit l'avoir moral et matériel de la population hindoue, si tenace dans ses usages, si impénétrable aux influences extérieures, quoique si facile à dominer sous le rapport politique.

Ce dernier contraste soulève bien des questions, et il ouvre aux conjectures de l'esprit un champ à peu près sans limites. Faut-il voir dans les grands travaux qui s'effectuent sous les auspices de l'Angleterre des signes de régénération? Peut-on dire qu'aujourd'hui « c'est l'Occident qui se lève sur l'Orient et lui porte la lumière? » Je ne voudrais pas décourager de telles espérances; cependant je n'ai trouvé à l'Exposition de 1867 la trace d'aucune conquête de l'ordre moral. Il reste à savoir si la lumière dont il a été parlé pourra s'infiltrer à travers les castes superposées de la société

---

qu'ils ont entrepris un autre ouvrage plus difficile, parce qu'il sort des limites de leur empire indien : l'établissement d'une ligne télégraphique ininterrompue de Londres à Calcutta. Il a fallu négocier avec la Perse et la Turquie. Au commencement de l'année 1864, on inaugurait la section comprise entre Bagdad sur le Tigre, et Hilla sur l'Euphrate. Les faits, secondés par l'ardeur des intérêts, ont marché vite dans le même sens. Le sillon tracé longe la côte septentrionale du golfe Persique, puis il remonte l'Euphrate. Comme on ne saurait se fier dans ces régions lointaines à la population ignorante et fanatique qui les occupe, on a eu soin de construire, en plusieurs endroits, des lignes doubles pour le cas de destruction des poteaux ou des fils.

hindoue. Il reste à savoir si la locomotive éveillera des populations engourdies depuis des siècles sous le poids des traditions brahminiques, ou courbées sous le joug du fatalisme mahométan. Sans doute les conquêtes pacifiques de la science et de l'industrie sont en elles-mêmes moins impuissantes que ne devaient l'être les procédés sanguinaires de la conquête matérielle. Tout dépend pour beaucoup, néanmoins, de la pensée qui prévaudra dans les rapports multiples qu'entraînent avec les masses indigènes les accroissements du travail et du commerce, et l'essor des nouvelles voies de communication. N'oublions pas que dans les Indes, et pour chaque branche de la population, quel que soit son culte, l'activité sociale et économique est absorbée, dominée par des traditions religieuses plus ou moins aveugles, plus ou moins grossières. Tant qu'on n'aura pas réussi à entamer, par les voies de la persuasion et de l'instruction, le faisceau de ces erreurs, l'espoir d'une régénération quelconque ne sera qu'une pure illusion. L'Inde, qui s'est toujours ressemblée si invariablement à elle-même dans les expositions universelles depuis 1851, restera ce qu'elle est, et les expositions de l'avenir représenteront à nos arrière-neveux ces mêmes chefs-d'œuvre de patience qu'on ne prend plus la peine, pour la plupart du moins, de faire venir du pays et qu'on tire simplement des musées de Londres. C'est plus commode, moins coûteux, et c'est tout aussi véridique. Il n'y aura de progrès et de changement que dans la production des matières premières destinées à l'industrie européenne; mais ici ce n'est plus l'Inde, c'est l'Angleterre qui entre réellement dans la carrière et qui s'y montre avec toutes les ressources de son génie commercial.

III — On ne manquera pas d'appliquer ces dernières réflexions aux peuples de l'Asie centrale et de l'Asie orientale figurant dans le concours de 1867. Sous le rapport indiqué, la situation est en effet absolument la même; rien de plus évident. Pour la Chine, il y avait un autre trait de similitude, tenant au système adopté dans la circonstance. Si l'exposition indienne était tout à fait étrangère à l'initiative des populations indigènes, il en était de même de l'exposition chinoise; seulement, au lieu d'être faite par l'Angleterre, elle était due à la France, je veux dire aux marchands d'articles de Chine établis à Paris. Loin de moi la pensée de vouloir ainsi diminuer le mérite et contester l'intérêt de cette exhibition; tant s'en faut. On avait en magasin les éléments nécessaires pour lui donner un incontestable caractère de vérité et de variété; on s'en est servi, rien de mieux. Après avoir vu au Louvre l'exposition des articles de Chine à la suite de la campagne anglo-française dans le Céleste Empire, après avoir visité dans le palais de Fontainebleau les salons consacrés aux produits chinois et disposés avec tant de goût et d'élégance, je n'entrais pas sans une certaine appréhension, je l'avoue, dans les compartiments du Champ-de-Mars. Eh bien, je dois le reconnaître, j'y ai trouvé sur un petit espace un ensemble des plus curieux et des plus attrayants. L'ingénieuse aptitude de la population se révèle dans ces ouvrages singuliers si délicats et si variés, dans ces étoffes de soie si somptueuses, et que tout le monde connaît aujourd'hui. Ce n'est point par de tels assortiments que la Chine se rattache véritablement à nos besoins. Pour ce pays comme pour les Indes, les produits naturels sont les

meilleurs éléments de trafic avec l'Europe. C'est la
soie, c'est le thé, c'est le coton, qui doivent surtout
attirer les regards de ce côté du monde et motiver
des comparaisons et des études. En habiles négociants
qu'ils sont, les Anglais visent à ouvrir à leurs propres
produits un champ d'écoulement dans le Céleste Empire, où se pressent de trois à quatre cents millions
d'êtres humains. La conquête est à peine ébauchée,
mais elle avance sans relâche.

Que nous passions de la Chine dans le royaume de
Siam, ce pays de l'éléphant dont il porte l'emblème
sur ses armes, ou dans le Japon divisé en deux Etats
distincts, ou dans la Perse, dont les produits émer-
veillaient les regards par leur magnificence, nous ne
sortons guère d'un même cercle d'idées. Il n'y a
d'exception vraiment sérieuse que pour certains
objets, comme les tapis persans qui ont leur caractère spécial et une réelle valeur économique. Sans
doute l'aspect des autres articles diffère souvent de
pays à pays : les ouvrages de la Chine, par exemple,
ne ressemblent point aux envois de la Perse. On dirait presque que l'angle visuel varie entre tel et tel des
États asiatiques. Au fond, cependant, l'intérêt demeure partout très-secondaire au point de vue industriel tel que nous le comprenons. S'il est incontestable que les producteurs européens peuvent puiser
les plus utiles inspirations dans les ouvrages siamois,
japonais ou persans, comme dans les produits chinois, il n'est pas moins évident qu'on demeure complétement en dehors des conditions qui constituent
la vie et la fécondité du travail européen.

Ce n'est point dans ces spécialités qu'on pourra
découvrir le secret de l'extension des rapports de nos

contrées avec l'extrême Orient asiatique. La route
même que cherche à s'ouvrir le commerce de l'Angleterre ne saurait conduire pleinement au but am-
bitionné. Pour appartenir à un système industriel
analogue, pour envisager d'un point de vue pareil la
loi du travail, il est nécessaire d'appartenir à un
même mouvement d'idées, autrement dit de vivre
d'une même vie morale. Tout est là. Les pays chrétiens sont les seuls où l'industrie soit réellement en
progrès. C'est un fait incontestable, et aussi facile
à expliquer d'ailleurs qu'à signaler. Là seulement
l'idée morale s'alimente aux sources d'un spiritua-
lisme complétement épuré. Là seulement, grâce
au principe de l'égalité morale entre les hommes,
l'individu peut être mis en possession de toutes ses facultés. Comme on ne séparera jamais les deux éléments
dont se compose la nature humaine, jamais on n'em-
pêchera la perpétuelle relation de l'un sur l'autre.
L'avantage des nations chrétiennes sur les nations
asiatiques tient donc à l'esprit plus qu'à la main.
Tout ce que la main peut donner, l'Orient le possède,
et il le possède à un degré remarquable; s'il n'a pas
le sentiment du progrès, c'est qu'il languit sous un
abject asservissement moral. Précieuse leçon qu'il
n'était pas inutile, ce nous semble, de faire sortir de
l'étude des pays orientaux, à côté des enseignements
économiques qu'on en pouvait déduire.

DEUXIÈME PARTIE

LE NOUVEAU MONDE ET LES COLONIES EUROPÉENNES —
LA PRODUCTION DES MATIÈRES PREMIÈRES

CHAPITRE PREMIER

Les républiques de l'Amérique centrale et de l'Amérique méridionale.
— Rôle économique actuel et conditions d'avenir. — Les habitudes
pacifiques, la liberté et le progrès social. — L'empire du Brésil : ressources, produits, voies de communication, etc. — Le problème de
la population et les solitudes du Nouveau Monde.

I — En quittant le monde oriental et asiatique,
nous nous trouvons portés vers les pays qui sont
venus les derniers sur la scène de l'histoire, et dont
le rôle concernant l'industrie ne date guère que du
commencement de notre siècle. Leur principale tâche
consistant à fournir à la production manufacturière
les éléments primitifs dont elle a besoin, ils doivent
être visités avant ceux qui figurent sur un échelon
plus ou moins élevé de la vie industrielle. Il est tout
simple de vouloir connaître les matières premières

avant de considérer le travail qui s'en empare pour les transformer.

Il y a loin de l'Asie centrale et de l'Asie méridionale où nous nous étions d'abord arrêtés, à ces continents nouveaux, à ces archipels sans nombre successivement découverts depuis les dernières années du 15° siècle. C'est vrai; mais l'Exposition avait précisément l'avantage de tout rapprocher, de placer, pour ainsi dire, l'univers entier sous notre main. Il était facile d'y gagner et d'y parcourir les pays que nous devons visiter maintenant. Ce sont, d'une part, les États indépendants formés au delà de l'océan Atlantique, dans l'Amérique centrale et dans l'Amérique méridionale; ce sont, d'autre part, les colonies européennes éparses sur le globe et couvrant le monde austral presque en entier. Sur tous ces points il s'est accompli depuis le milieu du siècle, depuis la première exposition universelle de l'industrie, un renouvellement économique, politique ou moral, qui prête un intérêt particulier à l'examen des ressources nouvelles et des présentes aspirations. Ici, l'abolition de l'esclavage a rendu 4 millions d'êtres humains à la liberté. Là, des institutions politiques très-intelligentes et très-libérales ont donné à des colonies actives et riches le gouvernement d'elles-mêmes, le *self government;* ailleurs, les rapports se sont multipliés avec l'Europe, et un vif élan a été imprimé aux échanges commerciaux.

Quoique entraînés loin du sol européen, nous le sentirons toujours sous nos pieds : on demeure dans le cercle de la même civilisation tant qu'on est dans le monde chrétien. L'Europe, on la retrouve dans tous les endroits de la terre où elle a dirigé quelque essaim de sa population, glissé le souffle de son esprit ou planté l'étendard de ses idées. Les applications peuvent revêtir çà et là des aspects profondément dissemblables; c'est évident, et l'exposition de 1867 en a témoigné sous plus d'une forme. Il suffit, toutefois, de se rattacher par des liens plus ou moins intimes au faisceau primitif pour que les perspectives s'élargissent aussitôt devant le travail matériel, et pour qu'on échappe à cette attristante immobilité pesant sur les régions brahminiques ou musulmanes. Nous serons plus rapprochés désormais de nos points de vue, de nos mobiles, de nos intérêts habituels. Sans doute l'Orient a pu nous servir à mettre en saillie quelques lois économiques. Il a pu nous servir à montrer les rapports existant entre l'état stationnaire des activités individuelles et les traditions du fatalisme religieux ou du despotisme politique; mais à mesure que nous contemplons chez les peuples chrétiens les innombrables variétés du génie industriel, la place s'élargit indéfiniment pour des observations plus précises et plus catégoriques.

II — Dès que nous mettons le pied dans l'Amérique centrale, convenons de laisser le Mexique à l'écart. Son nom aurait pu disparaître sans dommage de l'exposition universelle, où il figurait dans un coin isolé du parc, par le monument de Xochicalco formant ou renfermant à lui seul l'exhibition de ce pays. On avait même établi là, suivant une méthode d'ailleurs trop prodiguée, un droit d'entrée particulier; comme il n'y avait pour couvrir les dépenses faites ni gouvernement, ni exposants, on voulait sans doute en prélever les frais sur la curiosité du public. Ce monument en planches et en toiles peintes reproduisait l'un des types les plus célèbres de ces temples de l'antiquité mexicaine, où, suivant l'inscription mise au frontispice, s'accomplissaient les sacrifices humains. On croyait ces temples ruinés ou fermés pour jamais; mais non : la guerre civile en a réédifié d'autres, où l'on n'a pas eu pour excuse les aveuglements d'un culte grossier. Une tente modeste était dressée au pied du monument avec cet écriteau rappelant un douloureux souvenir : « Tente occupée par S. M. l'Impératrice Charlotte aux ruines de Xochicalco, le 5 février 1866. » En présence d'une grande adversité encore si récente, le sentiment des convenances n'aurait-il pas commandé d'interdire une telle affiche? Sans autres réflexions sur ce pays, pénétrons dans les contrées voisines en descendant vers le sud.

Il a été longtemps assez difficile de se reconnaître dans la géographie des régions centrales et méridionales du continent américain, tant les frontières des différents États demeuraient flottantes ou disputées. En 1867, grâce à l'accord établi entre les diverses républiques installées dans cette moitié du nouveau monde, pour former un faisceau à l'Exposition, dans des salons ingénieusement ordonnés, grâce à la grande carte murale qui se dressait à l'entrée de leurs galeries, on pouvait se figurer sans peine la situation et l'étendue des divers territoires.

A partir des frontières du Mexique jusqu'au détroit de Magellan, les États républicains se succèdent à l'ouest sur une ligne ininterrompue, le long de l'océan Pacifique; du côté de l'est, ils bordent le golfe du Mexique, pour reparaître plus loin, au sud, sur l'océan Atlantique, une fois qu'on a longé les côtes des Guyanes et celles de l'Empire brésilien. Le groupe des républiques de l'Amérique centrale comprend les Etats de San-Salvador, Honduras, Nicaragua, Costa Rica, Colombie, Vénézuéla, et enfin de l'Equateur (1). Celui des républiques méridionales commence par le Pérou, puis, se poursuivant à travers la Bolivie, le Paraguay, l'Uruguay, l'Etat oriental, il se termine avec le Chili et la Confédération argentine.

On peut affirmer, d'après les indices fournis par l'Exposition, que tous ces Etats possèdent, quoique selon des mesures inégales, une masse de richesses naturelles absolument inexploitées, ou dont le travail n'a entamé qu'une imperceptible partie. C'est une excellente inspiration qui les a poussés à mettre sous les yeux du monde des échantillons variés de leurs ressources. Il faut louer encore leurs représentants à Paris d'avoir su mettre cette pensée en relief par un habile arrangement des produits. Il ne manque sur ces terres nouvelles que des bras et des capitaux; or une connaissance exacte, et jusqu'ici bien rare en Europe, des richesses locales, est une des premières conditions propres à les y attirer.

La république de Vénézuéla et celle de l'Équateur se faisaient surtout remarquer entre les États de l'Amérique centrale. La première avait présenté une belle exhibition de minerais de cuivre et de produits forestiers ou agricoles. Favorablement situé sous le rapport géographique, son territoire se divise en trois zones, les terres froides, les terres tempérées et les terres chaudes, ayant chacune ses productions spéciales, dont l'exposition attestait l'extrême variété. Les

---

(1) A ce groupe on peut rattacher, si l'on veut, la république d'Haïti, dont l'exposition était, du reste, tout à fait insignifiante.

envois de l'Équateur se rapprochaient beaucoup de ceux de Vénézuéla. Cette région débute à peine aujourd'hui dans la carrière du progrès économique. L'année 1867 pourrait former le point de départ d'un essor plus marqué. Là, comme sur tant d'autres points du nouveau monde, ce n'est pas la nature qui fait défaut aux sollicitations de l'homme, mais bien l'homme aux libéralités de la nature.

III — Le déploiement était plus complet et dès lors aussi plus significatif dans le groupe des républiques méridionales que dans celui des républiques centrales. Il faut citer surtout la Confédération argentine, le Chili et l'Uruguay. La Confédération argentine, composée de quatre États naguère cruellement divisés, et qui représente plus de quatre fois la superficie de la France, est riche en minéraux et en végétaux susceptibles de rendre de notables services à l'Europe. La grande difficulté pour l'exploitation vient surtout de l'absence des moyens de transport : les routes manquent absolument. Pour en construire il faudrait dans le pays une population plus pressée. Or, on semble tourner dans un cercle vicieux. Ce n'est que graduellement, à mesure que les ressources se développent, que le chiffre de la population peut prendre de l'accroissement. En donnant aux intérêts la sécurité et la liberté, on facilitera néanmoins le développement attendu.

Il est une branche des productions locales qui paraît destinée d'ailleurs à exercer une utile influence dans le sens indiqué. Je veux parler des laines. Il n'y a pas plus de dix ans qu'on s'en occupe, et les résultats se sont élevés rapidement d'année en année. Aujourd'hui la Confédération argentine répand ses laines dans toutes les fabriques du monde. « L'année dernière, nous disait son représentant à l'Exposition, M. le docteur Martin de Moussy, ses exportations ont dépassé de 70,000 tonnes celles de l'Australie et du cap de Bonne-Espérance réunies (1). »

L'exposition du Chili n'était pas moins importante au point de vue économique que celle de la Confédération argentine. Ses minerais de tous genres, et surtout ses minerais de cuivre, méritaient une attention particulière. On s'apercevait que l'exploitation y est moins difficile que dans l'État voisin, les gîtes étant plus rapprochés de la mer. Les Cordillères des Andes, qui séparent les deux républiques, s'inclinent fortement en effet du côté de l'océan Pacifique. Longeant les pieds de ces montagnes, le territoire chilien n'est qu'une longue bande de terre qui va en se rétrécissant à mesure qu'on descend vers le cap Horn. La distance à parcourir avant d'atteindre les mines ne dépasse pas en moyenne une trentaine de lieues. Des routes existent dans les vallées, sans parler de deux chemins de fer dont les curieux profils ont figuré sous les yeux du public. De plus on trouve près des mines le combustible nécessaire pour fondre les minerais, ce qui est rare de l'autre côté des Andes.

L'exploitation des ressources forestières et agricoles profite naturellement de ces mêmes avantages. En fait de bois, comme en fait de céréales, le Chili est pourvu d'une grande variété de ressources. On se plaint cependant là-bas que la propriété territoriale demeure concentrée dans un trop petit nombre de

(1) M. Martin de Moussy a publié, il y a quelques années, un ouvrage très-savant et très-curieux, intitulé : *Description géographique et statistique de la Confédération argentine* (3 vol. in-8). Il est resté 18 ans dans le pays.

mains. Sur les plaines du littoral il est fréquent de rencontrer des propriétaires possédant individuellement de 15,000 à 20,000 hectares de terre cultivable, et dans les vallées des Cordillères, de 100,000 à 200,000 hectares, avec des forêts vierges peuplées d'arbres gigantesques qui seraient propres à tous les usages. On sème une assez forte quantité de blé. Pour extraire le grain des épis, on emploie généralement un procédé singulier. On ne se sert ni du fléau ni de la machine à bras ou à vapeur. Dans un enclos fermé de palissades, on étale les gerbes sur le sol ; puis on y lance un nombre plus ou moins grand de juments sauvages que les cultivateurs excitent et des cris et du fouet ; c'est le piétinement de ces bêtes agiles et irritées qui supplée l'opération du battage. On cite tel propriétaire qui, pour la récolte effectuée sur un terrain de 2,600 hectares, avait employé pendant deux mois 1,000 juments dans plusieurs enclos de ce genre. Les bras font défaut pour tirer parti de tous les éléments productifs dont nous avons vu les échantillons à Paris. Sur une étendue égale environ aux trois cinquièmes du territoire continental de la France, la population atteint à peine le chiffre de deux millions d'habitants.

Comme dans la Confédération argentine, les laines, dans l'Uruguay, forment la principale ressource du pays. Il n'y a pas vingt-cinq ans que l'industrie pastorale a commencé d'y prendre quelques développements ; mais elle va chaque année en grandissant. Les toisons exposées en 1867 provenaient de troupeaux dont quelques-uns comptent jusqu'à 50,000 et 60,000 têtes. La situation de l'Uruguay, à l'embouchure du Rio de la Plata, si longtemps enviée par le voisin gouvernement de Buenos—Ayres, semble d'ailleurs éminemment favorable à l'expansion de ses ressources.

Il reste un vœu à exprimer pourtant en face de ces riches contrées de l'Amérique méridionale et de l'Amérique centrale, qu'ont déchirées tant de guerres et qu'attristent encore des dissensions intestines ou des luttes d'État à État. Ce vœu a été formulé avec une autorité particulière dans un message du président des États-Unis de l'Amérique du Nord (décembre 1867) : « Une chose semble nécessaire, y est-il dit, pour assurer dans l'Amérique méridionale, de rapides et brillants progrès ; je veux parler de ces habitudes pacifiques sans lesquelles les États et les nations ne sauraient, à notre époque, s'attendre à la prospérité matérielle ou au perfectionnement social. » Rien de plus vrai · sans la paix intérieure, la paix fondée sur la liberté, la fertilité du sol, la richesse minérale, les avantages de la situation géographique ne sont plus que d'inutiles présents de la Providence.

IV — Lorsqu'on passe dans l'immense empire du Brésil, on est frappé d'une disproportion analogue à celle dont les républiques de l'Amérique du centre et du sud viennent de nous offrir le spectacle. Cet État, à peu près huit fois plus vaste que la France, couvert presque partout d'une végétation splendide, traversé dans toute sa largeur par l'admirable fleuve des Amazones et ses nombreux affluents, offrant à la navigation une longueur totale d'environ trente mille kilomètres, — cet État, qui pourrait nourrir plus de 300,000,000 d'habitants, n'en a pas tout à fait 12,000,000, en comprenant dans le total 500,000 Indiens absolument livrés à la vie sauvage et 1,400,000 esclaves (1). Au sujet des voies navigables du Brésil, constatons qu'aujourd'hui l'Amazone est parcourue par des bateaux à vapeur partant du port de Para sur l'océan Atlantique et remontant jusqu'aux frontières du Pérou, à une distance de 2,420 kilomètres. Ces bateaux trouvent dans les forêts du rivage le combustible dont ils ont besoin.

Il n'y avait guère, en 1867, de compartiments mieux rangés et mieux classés que ceux du Brésil. Les articles y étaient au nombre de 3,558, appartenant à 684 exposants. Ils avaient été choisis dans une exposition ouverte au mois d'octobre 1866 à Rio de Janeiro, sur plus de 20,000 envois. Mentionnons parmi ces produits, au point de vue des échanges internationaux, le café, le coton dont la culture merveilleusement entendue a pris un si large essor dans ce pays depuis 1860 (2), le sucre, les cuirs et les maroquins, le tabac, le cacao, le tapioca, etc. Les bois de toutes sortes abondent dans l'intérieur et à portée des cours d'eau. On en avait formé une sorte de trophée construit avec beaucoup d'art et contenant 420 espèces diverses, avec l'indication de la densité de chacune. Parmi les arbres brésiliens, il en est un qu'il faut nommer, le palmier *carnauba*, qui résiste aux plus terribles sécheresses, toujours verdoyant, et dont la valeur industrielle est extrêmement précieuse. Ses feuilles se recouvrent d'une cire servant à fabriquer des bougies fort économiques, son tronc s'emploie dans la construction et dans

(1) Tout ce qu'on peut dire en face de cette honteuse plaie de l'esclavage, c'est qu'au moins la traite n'existe plus, et que le gouvernement brésilien a manifesté son dessein de préparer le grand acte de l'émancipation.

(2) En 1861, on n'avait exporté que 84,000 tonnes de coton, contre 334,000 en 1865.

l'ébénisterie ; sa racine figure parmi les produits pharmaceutiques ; la partie molle de ses tiges remplace le liége ; son fruit se mange comme l'amande et donne du lait comme le coco ; la feuille sèche et les fibres qu'elle contient se prêtent à mille emplois journaliers (1). — Un mot aussi sur le caoutchouc. Cette substance sort blanche comme du lait des incisions pratiquées dans l'arbre qui la produit ; c'est en la séchant au feu qu'on lui communique la couleur plus ou moins noire qu'elle présente dans le commerce.

Pour développer ses ressources agricoles et appeler la population absente, le Brésil a formé, sur différents points des provinces méridionales, des colonies rurales, ou, si l'on veut, des agglomérations de familles de cultivateurs venues de l'étranger. Tout nouvel arrivant doit se rendre acquéreur d'une certaine étendue de terre, au moyen d'un prix modique payé par annuités. Il y a plus de vingt colonies de ce genre, les unes fondées par l'Etat, les autres tout à fait indépendantes, peuplées en grande partie d'Allemands et de Suisses (2).

Malgré les cours d'eau qui le traversent, malgré quelques routes solidement macadamisées dans certaines provinces, malgré l'achèvement de 600 kilomètres de chemins de fer, le Brésil, pris dans toute son étendue, peut être regardé comme une région non frayée. L'absence de voies de transport, tel est ici, comme dans les États voisins, le grand obstacle à l'exploitation de richesses naturelles si variées et si considérables. On doit appliquer cette remarque à

---

(1) *Notice sur le palmier carnauba*, par M. A. de Macedo.
(2) Voyez une notice sur *la colonie Blumenau*, par le baron du Penedo.

tout le nouveau monde, sauf les États les plus avancés
de la grande confédération de l'Amérique du Nord
et certains districts du Canada. Mais, s'il n'y a pas de
routes, c'est qu'il n'y a pas, on l'a déjà vu, une suffisante population. Les exhibitions publiques semblent
avoir été faites pour provoquer l'émigration. En
attendant, ces territoires presque sans bornes, solli-
citant l'activité humaine, restent presque entièrement vides.

Devant un pareil spectacle qui se représente sur
tant d'autres parties de notre globe terrestre, devant l'éclatant témoignage des besoins constatés, le
problème économique de la population, envisagé dans
sa généralité, perd absolument l'aspect sinistre qu'on
a voulu parfois lui donner. Jamais, du reste, les plus
sombres théories, celle de Malthus notamment,
n'avaient porté que sur des cas spéciaux plus ou
moins nettement déterminés. Soyons juste : l'âpreté
du langage n'effaçait pas les réserves concernant le
fond des choses. Que la population puisse être trop
pressée sur tel ou tel point, c'est incontestable : pour
ne citer qu'un exemple, celui de la Chine est assez
concluant. On ne peut néanmoins tirer de ce fait aucune induction d'une portée réellement scientifique.
Ce n'est pas à un district ou à une province, c'est à la
terre entière que s'adresse la parole : *Croissez et mul-
tipliez.* Or, l'expansion de la famille humaine, voilà
l'intérêt manifeste de la civilisation au point de vue
économique même, parce que voilà le seul moyen
d'étendre l'exploitation des ressources matérielles du
monde. Il ne reste qu'à ménager une bonne répartition des forces, ce qui est une question d'un autre
ordre. Tous les enseignements de la morale chrétienne

sur ce point délicat viennent en conséquence prêter un appui d'un prix incomparable aux exigences purement industrielles. L'accord est complet, et la preuve, s'il en eût été besoin, aurait résulté avec la dernière évidence de l'examen comparatif des différentes contrées parcourues tout à l'heure. Utile conclusion qui se déroule parallèlement à l'étude des progrès matériels plus ou moins notables réalisés dans leur sein depuis le milieu de ce siècle, et auquel le Brésil a largement participé (1). — Le gouvernement brésilien a eu le mérite d'une grande initiative qui s'allie à merveille avec l'idée fondamentale des expositions universelles : par un décret du 7 décembre 1866, il a ouvert l'Amazone et ses affluents à la navigation de tous les peuples. C'est là une mesure aussi habile que libérale, qui datera dans l'histoire économique de l'Amérique méridionale.

CHAPITRE II

Les colonies des pays étrangers. — Le monde austral. — Les possessions anglaises, espagnoles, portugaises. — L'accroissement de la production en fait de matières premières et le renchérissement général des produits.

I — On avait moins de notions à rechercher sur les colonies européennes que sur les États indépen-

_____

(1) Nos transactions avec le Brésil sont considérables : en 1866, importations en France, 57 millions de francs; exportations de France au Brésil, 81 millions (commerce spécial et direct).

dants de l'Amérique centrale ou méridionale. Grâce
aux documents publiés en Europe, et surtout en Angleterre, les productions de ces pays sont plus généralement connues. L'occasion n'en était pas moins
bonne en 1867 pour compléter les renseignements
acquis et pour se rendre compte des dernières transformations effectuées. Le groupe des colonies du
monde austral est à coup sûr le plus curieux, le plus
important de tous : c'est celui sur lequel se dressent
le plus les questions d'avenir. Or, il nous a été
possible d'en voir les ressources actuelles sous leurs
différents aspects.

Sur les six grandes divisions territoriales que renferme le continent désigné à l'origine sous le nom de
Nouvelle-Hollande, quatre se trouvaient seules en mesure de prendre place dans les galeries du Champ-
de-Mars. Les deux autres, quoique de beaucoup les
plus vastes, l'Australie occidentale et l'Australie septentrionale, n'offrent encore aucun centre de population un peu notable. En revanche, une vie de plus en
plus active circule dans la Nouvelle-Galles du Sud,
dans l'Australie du Sud, dans la province de Queensland et dans celle de Victoria, qui se groupent à l'extrémité du sud-est sur les bords du Grand Océan et
du détroit de Bass.

Au moment d'aborder les galeries de ces quatre
districts, dont l'essor, si l'on excepte la Nouvelle-
Galles du Sud, est postérieur à l'Exposition universelle de 1851, nous aurions le moyen d'établir un
point de comparaison dans quelques lignes que nous
adressait de Londres, il y a seize ans, un économiste
qui a laissé, par son *Histoire de l'Économie politique*
surtout, une trace durable dans la science, M. Blan-

qui aîné, de l'Institut. On ne regrettera même pas, j'en suis sûr, que je cite d'abord le commencement de sa lettre, quoiqu'il nous reporte un peu en arrière : « Je tiens la parole que je vous ai donnée en partant, m'écrivait M. Blanqui le lendemain de l'ouverture de ce solennel concours. Je m'empresse de vous envoyer des détails sur l'Exposition, puisque je vous y précède de quelques semaines. Je suis arrivé à temps pour l'inauguration qui a été vraiment magnifique : et, pour aller droit au but, je vous dirai que jamais il n'y a eu au monde une chose qui ait dépassé à ce point mes espérances. Le monument en lui-même est déjà une œuvre d'industrie incomparable; mais les dispositions intérieures et l'agencement général ont été si parfaitement entendus que l'ensemble présente, sous tous les rapports, un spectacle merveilleux. On ne commencera à bien observer que d'ici à quinze jours, quand chaque produit sera vraiment à sa place. La nôtre est parfaitement suffisante et convenable : nous sommes au milieu de la grande nef à cheval sur chacun des deux côtés de l'édifice, et la circulation est très-facile dans toutes nos galeries (1). » Plus loin, venait le passage concernant la Nouvelle-Hollande : « Notez comme fait capital la quantité des laines de l'Australie, les cuivres admirables qu'on tire de ce pays où le minerai abonde, et les draps excellents, quoique communs, déjà fabriqués aux antipodes. On nous a aussi envoyé de là-bas des peaux vernies d'une excellente qualité. L'Australie qui n'existait pas il y a trente ans! qu'en dites-vous?»

(1) M. Sallandrouze de Lamornaix était commissaire général de la France à cette première Exposition universelle, où tout était à créer et où il a rendu les plus réels services.

Que dirait aujourd'hui M. Blanqui lui-même s'il
lui était donné de voir les immenses développements
qu'ont pris les colonies australes? La région du sud
est devenue une Californie nouvelle. La découverte
de l'or, l'année même où avait lieu la première exposition de Londres, a retenti en Europe, en Angleterre notamment, comme un appel à l'émigration.
En quinze ans, de 1851 à 1866, l'or tiré de la
colonie de Victoria représente une valeur de
3,651,436,100 francs. A la suite de ce mouvement,
le champ de la colonisation s'est rapidement élargi,
et l'exploitation des ressources inhérentes au sol a pris
un élan inattendu. L'Australie en 1867 n'était pas re-
connaissable pour ceux qui l'avaient vue en 1851 Un
jour ou l'autre il pourrait bien s'y trouver le noyau
d'une nouvelle confédération, comme celle des États-
Unis ; si quelque chose peut en retarder l'avénement,
c'est à coup sûr la sagesse qu'a montrée l'Angleterre
en implantant le rameau des libertés publiques dans
ses possessions australes. En même temps du reste,
elle en utilise presque tous les produits : laine, minerais, bois, céréales, dont il était si facile de se faire
une idée, grâce à de nombreux spécimens.

On n'en pouvait pas dire autant à propos d'une
autre colonie océanienne, la Nouvelle-Zélande qui ne
nous avait presque rien expédié. Cette région était
en 1866 très-complétement représentée à l'Exposition
intercoloniale de Melbourne, capitale de la province
de Victoria; mais les exposants ont trouvé, nous
assure-t-on, que Paris était trop loin, ce qui étonne
de la part d'une race aussi cosmopolite que la race
anglaise, et ce qui est un mauvais calcul de la part
d'une colonie en voie de développement comme celle

de la Nouvelle-Zélande. Des exhibitions plus sérieuses appartenaient aux établissements africains
du cap de Bonne-Espérance, de l'île Maurice, de
Natal, où les Anglais ont eu autant à lutter jadis
pour s'établir qu'aujourd'hui dans la Nouvelle-
Zélande. Si l'on y joint les envois de la Jamaïque, de
Bahama, la Barbade, Terre-Neuve, la Nouvelle-Ecosse,
le Canada, et la curieuse et artistique exhibition de
Malte, on a devant soi presque tous les éléments de la
puissance coloniale de l'Angleterre. Il ne reste en
dehors du cadre qu'un petit nombre de points isolés,
qui n'y ajouteraient aucun indice nouveau, sous le
rapport économique.

Le Canada, dont l'exhibition était fort habilement
disposée, motive une note à part. Ses collections en
fait de minéraux et de végétaux ligneux ne pouvaient
être examinées avec trop de soin. Le Canada est
d'ailleurs une des dernières attaches des puissances
européennes sur le continent de l'Amérique. Otez les
possessions anglaises dans le nord, d'où la Russie a
eu la prévoyance de se retirer; ôtez les Guyanes dans
l'Amérique du Sud, et le continent tout entier n'appartient plus qu'à des États américains. Combien de
temps le Canada fera-t-il exception? Cette question
échappe à notre sujet, mais elle plane malgré tout
au-dessus des contrées que baignent le fleuve et le
golfe Saint-Laurent. A l'heure qu'il est, nous n'avons
qu'à noter le progrès économique qui s'y est accompli
depuis une quinzaine d'années surtout, progrès commun, peut-on dire en dernière analyse, à l'ensemble
des colonies britanniques qui occupent une si large
place sur le globe terrestre (1).

(1) L'État Hawaïen (îles Sandwich), composé de douze

II — Le mouvement est loin d'être aussi marqué, on s'y attend bien, dans les possessions portugaises et espagnoles. Là cependant on a également ressenti, en une certaine mesure, l'impulsion des demandes croissantes du commerce européen. Le Portugal pouvait même montrer, avec un juste sentiment de satisfaction, les envois de ses colonies d'Afrique : Angola, Mozambique, le Cap-Vert. Les assortiments d'Angola en particulier attestaient une remarquable variété en fait de produits tropicaux alimentaires et pharmaceutiques. Les établissements portugais sur les côtes de l'Asie orientale et méridionale sont loin d'offrir le même intérêt. Partout, et même sur les points les plus favorisés, on s'aperçoit qu'il manque les deux éléments constitutifs de l'action industrielle, le capital et le travail. On ne saurait marcher bien loin sur un sol où les bras et l'argent sont aussi maigrement répartis. L'indolence assez naturelle aux colons portugais s'accroît en raison du sentiment de leur propre impuissance. On trouve un exemple encore plus frappant de ce même alanguissement dans les possessions de l'Espagne à qui restent néanmoins deux opulents débris de son antique empire colonial : les îles Philippines et Cuba. L'île de Cuba ne brillait guère que par ses nombreux échantillons de cigares et de tabacs de toute sorte qui sont, il est vrai, une de ses principales productions. Les Philippines offraient beaucoup plus de diversité. Elles avaient leurs bois précieux, campêche, sandal, ébène, etc.; elles avaient leurs produits bien connus désignés sous le nom de denrées coloniales; elles avaient des collections de minéraux, de plantes médi-

_illes et situé entre l'Amérique du Nord et la Chine, avait son compartiment distinct qui ne manquait pas d'intérêt.

cinales, etc. Certes, la Providence a été généreuse envers cette contrée : elle ne lui a pas tout donné néanmoins, puisqu'elle a mis à côté de ses libéralités un climat malsain, comme pour en exiger la rançon. Si l'on voit si souvent des dangers analogues accompagner la poursuite de la fortune, n'est-ce pas pour apprendre aux hommes à ne point s'y livrer sans réserve, pour empêcher de se grossir le torrent de ceux qui sacrifient tout à cet unique objet de leur vie? Le dragon à cent têtes du fabuleux jardin est toujours là. On peut en triompher sans doute; mais il faut la vigueur, le courage et le dévouement. Or ces trois conditions réunies sont précisément propres à garantir l'âme contre l'amour effréné du lucre, à conserver ainsi à l'homme sa valeur intime, sa valeur morale, sans laquelle décroissent toujours plus ou moins rapidement la fécondité et la solidité de ses applications économiques.

Un contraste se révèle, une question surgit devant cette masse toujours accrue de matières premières que l'Europe va chercher dans tous les pays, sans parler de celles qu'elle tire de son propre sein. Tandis que l'élargissement du marché, le développement de la production, ont pris, sous ce rapport, depuis une quinzaine d'années, des extensions incalculables, nous avons vu hausser sans cesse le prix des articles les plus nécessaires à l'existence. Jamais on n'a tant parlé de bon marché et jamais il n'a fui si constamment devant les regards comme une illusion chimérique. On se demande tout naturellement, dans le cadre de ces questions économiques que nous annoncions dès le début, d'où vient cette sorte de contradiction.

Parmi les causes de ce phénomène il s'en trouve plusieurs qui échappent complétement à la prévoyance de l'homme ou qui ont été le contre-coup d'événements lointains. D'autres sont consolantes à relever, car elles tiennent à l'accroissement de l'aisance générale. Il en est une cependant, et une des plus énergiques, qui provient de nos mœurs actuelles, et qui atteste un vice interne plus ou moins profond : je veux parler de l'habitude grandissante des consommations improductives, superflues, luxueuses, ayant un caractère individuel ou général, et entraînant une déperdition de richesses, de forces, de germes fécondants. Oh! alors point de compensation : l'équilibre est bientôt rompu entre la production et la consommation. En vain les bras du commerce s'allongent pour aller chercher au loin les matières premières, alimentaires ou industrielles; en vain les producteurs, stimulés par l'ardeur des réquisitions, multiplient leurs efforts et leurs entreprises, ils ne peuvent combler le vide assez promptement. Les prix montent; la cherté arrive à pas précipités.

Quoique l'homme ne soit pas né pour consommer, il a besoin de consommer pour remplir ses devoirs ici-bas. Ces mots fourniraient à eux seuls la justification métaphysique de la science qui étudie les lois relatives aux biens matériels. Or, parmi ces lois, celle qui réprouve les consommations improductives n'est pas la moins évidente et la moins impérieuse. Nulle part, toutefois, l'économie politique n'a plus visiblement besoin du secours de l'enseignement qui s'adresse à la conduite de la vie. Les consommations improductives, ou excessives et déréglées, avaient trouvé leur condamnation dans la science morale de tous les siècles. En les frappant d'une flétrissure particulière, en relevant si haut le caractère des vertus opposées, la morale du christianisme apporte à la science économique un point d'appui et une sanction dont les froids calculs de l'intérêt matériel n'égaleront jamais la puissance.

CHAPITRE III

Les colonies françaises. — L'Algérie.

I — Les exhibitions coloniales de quelques-uns des pays étrangers, mais surtout celles de l'Angleterre, avaient l'avantage de montrer clairement et tout de suite la véritable physionomie de chacune d'elles, la nature et l'importance de ses produits. En était-il de même des colonies françaises? Non, en ce sens du moins qu'il ne suffisait plus, pour arriver à s'en faire une idée exacte, de visites même assez multipliées. On aurait été fort embarrassé si l'on n'avait pas pu invoquer le secours des documents publiés par le ministère de la marine, à l'occasion de cette Exposition. Notez en effet qu'au lieu de trouver un groupe à part pour chaque colonie, on se perdait dans une exhibition collective qui les embrassait toutes. Il avait fallu céder devant les exigences de la classification générale (1). Comment se fait-il alors que les

(1) La Hollande avait subi la même loi. Les produits de ses colonies étaient épars dans l'ensemble de son exhibition. Autant valait-il dire qu'il n'y avait point d'exposition coloniale hollandaise.

Anglais aient pu se soustraire à un si fâcheux mode d'arrangement? Chacune de leurs nombreuses possessions occupait, en effet, un compartiment séparé, où il était facile, je l'ai dit, d'embrasser d'un coup d'œil l'ensemble de ses ressources : c'est ainsi qu'on pouvait se rendre compte, sans le moindre effort, de la vie réelle du pays. Que dans des contrées dont les produits naturels sont à peu près l'unique richesse une classification un peu compliquée ne puisse d'ailleurs trouver une application sérieuse, c'est assez manifeste.

Dès que nos envois coloniaux de toute provenance se trouvaient mêlés les uns aux autres dans chacune des classes de la nomenclature, on comprend que de visites, que de travail il eût fallu pour rétablir, avec des éléments ainsi dispersés, des physionomies individuelles un peu accentuées. Heureusement que dans les publications auxquelles nous faisions allusion tout à l'heure l'administration des colonies s'était chargée de cette besogne. Avec les données qu'elle seule possède, elle avait dressé une notice statistique très-développée, très-méthodique, où, prenant les colonies une à une, elle passe en revue les cultures qu'on y pratique, les matières qu'on en exporte, le régime qui les gouverne, les voies de transport à l'intérieur, les moyens de communication avec le dehors, en un mot, tous les éléments de leur existence économique et politique. On a joint à ces indications les plus intéressants détails sur la situation géographique, le climat, la nature du sol, etc., etc. A l'aide d'un tel travail, qui faisait beaucoup d'honneur à la sagacité de ceux qui en avaient été chargés, et seulement avec cette aide, l'exhibition coloniale de la section française devenait un champ d'études aussi curieux en lui-même qu'utile à fouiller au point de vue de l'économie générale. On ne conçoit que mieux alors combien l'ensemble aurait gagné s'il avait été conçu d'après un pareil plan. Rétablissons-le donc par la pensée, en écartant la combinaison contre laquelle on ne saurait trop se défendre pour l'avenir.

Voici d'un côté nos colonies d'Amérique, la Martinique, la Guadeloupe, la Guyane française, les pêcheries de Saint-Pierre et de Miquelon; d'un autre côté, nos colonies d'Afrique, le Sénégal, la côte d'Or et Gabon, l'île de la Réunion, Sainte-Marie de Madagascar, Mayotte et Nossi-bé; puis nos colonies d'Asie, les comptoirs des Indes françaises et la Cochinchine; enfin nos possessions de l'Océanie, la Nouvelle-Calédonie, Tahiti et les îles Marquises. Certes, si on le comparait à la puissance coloniale de l'Angleterre, ce domaine paraîtrait bien faible. Dans des inscriptions suspendues sous leurs galeries, nos voisins se sont flattés que leurs possessions représentaient environ une superficie de 4,346,996 milles carrés, ou presque le tiers de la surface habittable du globe; ils en évaluaient la population à 152,774,672 individus.

Nous ne pourrions opposer à ces nombres que des chiffres bien minimes. Pour ne parler ici que de la population, nos anciennes colonies d'Amérique, d'Afrique et d'Asie, moins la Cochinchine, ne renferment pas tout à fait 1 million d'habitants (1). La Cochinchine, à elle seule, est venue grossir ce chiffre de 502,116 individus, sur lesquels on ne compte que 585 Européens. La population indigène de la Nouvelle-Calédonie a été évaluée à des nombres variant de 40 à 60,000 âmes, que ne grossit guère la pré-

(1) 926,663 d'après le recensement de 1864.

sence de 8 à 900 immigrants. Celle de Tahiti et de l'archipel des Marquises, d'après des chiffres approximatifs, il est vrai, ne dépasse pas 32,397 âmes. Ce serait 1 million et demi d'habitants pour toutes nos colonies.

L'Exposition a prouvé que, dans ces conditions restreintes, nos établissements coloniaux n'en ont pas moins pour notre pays une importance considérable. Substances alimentaires et produits industriels y rencontrent les circonstances les plus favorables. On y récolte toutes les productions des contrées tropicales, et notamment, en fait d'articles destinés à l'alimentation, le sucre, le riz, les gommes, les eaux-de-vie de mélasse (rhum et tafia), le café, la vanille, le cacao, cent légumes farineux, et des fruits qui, sous forme de conserves, deviennent l'objet de transactions importantes, etc. Tous ces produits figuraient au Champ de Mars, avec les différentes variétés qu'ils comprennent (1). Il en est de même des produits destinés à l'industrie : l'écaille, l'ivoire, le coton en laine, l'indigo, les arachides et les autres graines oléagineuses, la soie, le roucou, les peaux brutes, les bois communs, les bois de teinture et d'ébénisterie, etc. En somme, d'après les derniers états de douanes, le mouvement commercial des colonies atteint pour les exportations le chiffre de 135,922,162, fr., et pour les importations celui de 147,400,112 fr. C'est le sucre qui figure en tête de toutes les productions, puisqu'il entre pour plus d'un tiers dans le mouvement commercial ; le riz vient ensuite pour un sixième environ ; le coton

(1) Il ne faut pas oublier la morue et les autres poissons salés.

en laine ne représente encore qu'une valeur de 2 millions et quart, mais c'est une culture dont l'essor ne
date pas de bien loin. Quant au café, il ne compte
guère dans le total que pour 1 million et demi.

Parmi nos colonies, celle qu'il eût été le plus
important de mettre en relief, c'est la Cochinchine.
La France a eu rarement sous la main une possession
où, d'après la fécondité du sol et le caractère des
habitants, le génie de la colonisation pût se développer plus facilement et plus fructueusement. La ville
de Saïgon est entourée de riches villages où l'on cul-
tive avec succès le riz, le coton et les arachides. Le
riz est jusqu'à ce jour le grand élément de la production locale; mais la canne à sucre, le mûrier, le
tabac, les légumes de tous genres, sans parler du
coton, y réussissent à merveille. Le commerce est
presque exclusivement entre les mains des Chinois.
Les Annamites, qui forment la population indigène,
s'adonnent de préférence à la culture. Culture et
commerce, tout y est à l'état rudimentaire. Si nos
voisins les Anglais possédaient la Cochinchine, ils y
auraient bientôt développé les moyens d'échange et
ouvert de nouvelles sources de richesses. Nous sommes
loin d'entendre aussi bien qu'eux la colonisation matérielle. Certes, la France peut se glorifier, dans toutes
ses entreprises de colonisation, d'avoir fait passer le
côté moral avant un calcul purement intéressé; cependant, comme il est difficile de séparer ces deux pen-
sées, qui doivent se prêter un mutuel appui, et qui
sont le plus souvent solidaires l'une de l'autre, il
serait bien désirable que nous pussions cette fois
prendre conseil des utiles exemples donnés par nos
voisins. Si l'étude comparée des productions colo-

niales de l'Angleterre et de la France, dans les principales branches qu'elles embrassent, — substances alimentaires, produits destinés à l'industrie, — peut servir à préparer ce résultat, ce ne sera pas l'un des fruits les moins profitables de l'Exposition de 1867.

II — L'exhibition de l'Algérie avait eu la bonne fortune, grâce peut-être à cette circonstance toute accidentelle qu'elle ne relève pas du même ministère que les colonies, de former un groupe à part, parfaitement rangé d'ailleurs, et dont l'ensemble pouvait être saisi sans le moindre effort. Là s'étalaient au grand jour toutes les ressources relatives à l'alimentation ou à l'industrie, en un mot, tous les éléments de la richesse locale. L'examen en était singulièrement facilité, grâce à un catalogue spécial dressé par les soins de l'administration de la guerre, et contenant d'intéressantes et lumineuses notices sur chaque ordre de produits. Excellent travail, comme celui des colonies. On avait bien été obligé d'y suivre, quoiqu'il semble que ce soit à regret, la classification réglementaire, avec ses divisions multiples, dont la plupart n'avaient en Algérie qu'une insignifiante application. Pour nous qui n'avons pas les mêmes entraves, les envois algériens, ceux du moins qui présentent le plus d'intérêt, se rangent d'eux-mêmes en quatre catégories : viennent d'abord les produits alimentaires; en second lieu, les produits des forêts, des mines et des carrières, avec les emplois qu'ils reçoivent; puis les produits textiles de tout genre; enfin les productions diverses.

Les échantillons de ces blés d'Afrique, si célèbres dans l'ancienne Rome, justifiaient leur antique renommée. Le froment pousse presque partout en Algérie; le seigle est très-peu cultivé, et seulement dans quelques terrains pauvres, comme sur certains points de la Kabylie. L'orge est pour tout le pays une production de première nécessité : elle sert à l'alimentation des hommes, surtout dans les années de disette, et généralement à la nourriture des chevaux, que l'avoine surexcite trop vivement. On remarquait aussi de superbes maïs, comparables à ceux de l'Amérique du Nord, où l'on sait en tirer si bon parti. Je cite encore des spécimens d'un millet particulier, qui donne beaucoup de graines et dont les feuilles forment un excellent fourrage. Des trois départements de l'Algérie, celui de Constantine est le plus productif en céréales, comme on pouvait en juger par le nombre de ses envois.

Les huiles d'olives provenaient au contraire des trois provinces dont le sol convient également à l'olivier. Cet arbre y prend les dimensions de nos chênes; il n'y redoute pas plus qu'eux les influences atmosphériques, et il ne demande guère plus de frais de culture. Si les procédés de fabrication de l'huile n'étaient pas aussi primitifs et aussi défectueux parmi les indigènes, il y aurait là pour eux une source abondante de revenus. Leur éducation professionnelle est presque tout entière à faire sur ce point, comme sur tant d'autres. Les cultivateurs européens portent dans cette exploitation des habitudes plus intelligentes; aussi le succès récompense-t-il promptement leurs efforts. De même, ils savent comprendre le rôle que l'Algérie commence à remplir, et qu'elle pourrait voir se développer si largement pour l'approvisionnement du marché français en fait de légumes et de fruits. Les indigènes, n'ayant ici qu'à s'abandonner au

courant, prennent la plus large part au commerce
existant déjà, surtout pour les oranges, les citrons et
autres fruits de la même famille, dont l'Algérie a
exporté en 1867, si on les dénombre un à un,
14,285,500. Les orangers abondent principalement
dans la province d'Alger ; ils forment autour de Bli-
dah une ceinture toujours verte et toujours parfumée,
recouvrant plus de 200 hectares. Les dattes provenaient de deux principaux centres de production :
Laghouat, dans la province d'Alger, et un groupe de dix-
neuf oasis disséminées dans la zone la plus méridionale de la province de Constantine, dont la principale
est l'oasis de Biskra. Le dattier, on l'a dit, est l'arbre
par excellence des régions sahariennes. Son fruit tient
sa place dans la consommation régulière de la population ; on n'exporte que les dattes de luxe, préparées
avec des soins particuliers. On fait aussi du vin de
dattier, et de plus, avec les bourgeons de l'arbre, les
indigènes accommodent un mets singulier qu'ils es-
timent beaucoup. La vigne se plaît presque partout.
Cette culture, qui trouvait jadis un obstacle infranchissable dans l'interdiction du vin prononcée par le
Coran, n'est venue qu'après l'occupation française.
Quoique mal comprise au début, elle tend à se développer aujourd'hui, et, en 1865, elle occupait un
espace de 10,897 hectares.

La richesse forestière de l'Algérie était attestée par
des spécimens nombreux et variés, dont plusieurs
étonnaient les regards, comme ce rond de plus de
deux mètres de diamètre taillé dans la forêt de Teniel-el-Haad sur un pied âgé de 485 ans. L'étendue
totale du sol boisé comprend 1,444,074 hectares, dont

l'État possède à peu près un million (1). Si l'on classe par les produits qu'ils donnent actuellement les arbres des forêts algériennes, il faut nommer en première ligne l'arbre à liége, puis les arbres qui fournissent les bois de construction, ceux qui sont employés dans la menuiserie, l'ébénisterie, les arbres à résine, ceux qu'on écorce pour la tannerie, etc. C'est un avantage précieux pour l'Afrique française que d'avoir pu étaler toutes ces espèces sous les yeux du public. Souhaitons que cette large publicité contribue à diriger les capitaux vers des exploitations moins aventureuses en elles-mêmes que tant d'opérations financières où nous les avons vus se précipiter naguère sans hésitation et sans calcul (2).

Un vœu identique peut s'appliquer aux mines et carrières que l'Exposition a également pu faire connaître à tous les intérêts. Les richesses minéralogiques du pays comprennent le fer, le plomb, le cuivre, le mercure, le marbre et l'onyx, les pierres de construction, le sel gemme (3), les terres à poterie, etc. Un certain nombre de gîtes sont à l'état d'exploitation ; les produits sont bien faibles, relativement à ce qu'ils pourraient être. Le plus souvent les routes manquent pour l'exploitation des richesses minérales, comme aussi pour celle des richesses forestières. Ce

(1) Ce million représente presque l'équivalent de la superficie totale des forêts de l'État et de la liste civile en France, qui est de 1,161,416 hectares. — M. Lambert (Ernest), inspecteur des forêts, a formé une curieuse collection de toutes les plantes ligneuses et sous-ligneuses connues en Algérie.

(2) Si l'on a vu tant de fois les entreprises faites en Algérie aboutir à des désastres, ce n'est pas le sol qui a trompé les espérances conçues ; non : ce sont presque toujours les agents employés qui, par leur négligence, leur impéritie ou même leur infidélité, ont trahi la tâche acceptée.

(3) Les gisements de sel gemme et les lacs salés sont nombreux et riches dans les trois provinces.

n'est qu'avec l'extension du système des voies, de
transport qu'on pourra tirer parti des unes et des autres sur une échelle un peu étendue.

Le même inconvénient réagit sur les matières textiles, quoiqu'en une moindre mesure. Comme les cultures qui en produisent un certain nombre nécessitent
des soins plus ou moins constants, et par suite le voisinage d'un groupe de population, elles se trouvent
généralement plus à portée des voies de transport
existantes. Pour le cotonnier, par exemple, qui réclame
tant de travail, ce n'est pas douteux. La culture de cet
arbuste date de loin dans le pays, mais ce n'est qu'a-
près la conquête qu'elle a commencé d'être un peu
systématisée. Une impulsion marquée a été la conséquence des encouragements temporaires accordés en
1853. Depuis ce moment, la production a pu se développer par ses propres forces. La disette du coton
d'Amérique a du reste puissamment contribué à hâter
le mouvement. La récolte atteignait en 1866 un chiffre
de 7 à 8 mille balles; la majeure partie se composait
de l'espèce la plus estimée, le coton-Georgie longue
soie. On rencontre les conditions les plus favorables à
cette culture dans les trois provinces, sur un territoire dont on évalue la contenance à 500,000 hectares,
irrigables dès à présent ou susceptibles de le devenir
à peu de frais. Les nombreux et beaux échantillons
soumis au public venaient principalement de la
province d'Oran, de ces plaines souvent mentionnées
du Sig, de l'Habra et de la Mina.

Quoique le lin croisse spontanément sur le sol
algérien, la culture n'en était guère pratiquée par
les indigènes avant la conquête; elle a éprouvé plus
de peine que celle du coton à prendre son essor.

Enfin, depuis quelques années, elle se développe assez sensiblement. En voyant les remarquables échantillons qu'elle avait expédiés en 1867, on peut se rassurer sur son avenir. Les produits s'écoulent sans peine dans nos départements du nord, et au même prix que ceux des lins de Riga (1). — Beaucoup d'autres plantes donnent des filaments textiles d'une nature plus ou moins satisfaisante; aucune n'est encore l'objet d'une industrie digne d'attention.

Quant aux matières textiles qui n'appartiennent pas au règne végétal, la laine et la soie, elles marquent toutes les deux dans la série des productions locales, mais en des proportions bien différentes. Le premier rang appartient, comme on le devine sans doute, à la laine, dont toutes les tribus connaissent plus ou moins la mise en œuvre. Les troupeaux des indigènes comprennent environ 10 millions de bêtes ovines, disséminées sur la surface du pays, principalement dans le voisinage du Sahara. Le point essentiel est maintenant d'améliorer la race, généralement fort médiocre. Depuis quelques années, on s'est appliqué à la régénérer, soit en choisissant des sujets d'élite dans les troupeaux du pays, soit en opérant des recrues au dehors. On pouvait voir les heureux résultats de ces combinaisons dans les envois des trois provinces, surtout dans ceux de la province de Constantine, où se trouvent le plus grand nombre de brebis et les plus beaux types de laines (2). Pour la soie, la situation

(1) Le lin de Riga est du reste celui qu'on sème le plus communément aujourd'hui en Algérie; il y remplace très-avantageusement le lin de Sicile, jadis seul connu des indigènes.

(2) Il est juste de faire remarquer que dans la province d'Alger l'introduction assez récente de deux troupeaux modèles a déjà été suivie d'améliorations notables.

est moins bonne. La production devait se ressentir là-bas comme en France, comme sur presque tout le littoral méditerranéen, de ces maladies persistantes qui ont décimé et affaibli la famille des vers. Elle est loin d'atteindre à présent le chiffre de 18,000 kilogrammes auquel elle était parvenue il y a douze ans. Pour garder la confiance qu'elle finira cependant par sortir de l'état stationnaire où elle languit, il suffit de savoir que le climat algérien convient admirablement à la culture du mûrier comme à l'éducation des insectes.

Parmi les productions diverses se placent, entre beaucoup d'autres, le tabac, la cire, les essences, les produits chimiques et pharmaceutiques, ceux de la pêche du corail, etc. Un mot seulement sur la culture du tabac, à cause des résultats qu'elle donne et de la place que ses produits occupaient à l'Exposition, où elle déployait ses échantillons dans un très-large compartiment réservé pour elle seule. L'exploitation du tabac n'est point l'objet, en Algérie, d'un monopole et d'un privilége : culture, manipulation, vente, tout est libre. L'État ne fait qu'acheter la marchandise aux détenteurs, qui peuvent traiter avec qui bon leur semble. Les indigènes cultivaient le tabac en une notable quantité avant l'occupation française; jusqu'en 1844, les colons européens étaient demeurés étrangers à cette exploitation, mais, à l'heure qu'il est, presque tous y prennent part. La production annuelle forme un total de 8 à 10 millions de kilogrammes dont la régie enlève un peu moins de la moitié.

Envisagée dans les nombreux éléments qui la composent, on peut dire que l'exhibition algérienne a obtenu un complet succès. Elle laissait aux visiteurs l'impression la plus favorable, c'est une justice à lui rendre : elle avait l'avantage de donner une idée exacte des ressources du pays. Par les études qu'elle a provoquées, par les comparaisons qu'elle a permises, par les renseignements de tout genre qu'elle a répandus dans le public, elle ne peut manquer de faciliter la voie à des réformes indispensables pour la prospérité de l'avenir. C'était là son vrai rôle. Il y a un mérite, mérite réel pour le service de l'Algérie au ministère de la guerre, d'avoir placé sous nos yeux un tableau si complet et si fidèle.

Quant à ce qui manque à l'Algérie, ce n'était pas à l'Exposition qu'il appartenait de le proclamer. On doit être d'ailleurs fixé désormais sur ce point essentiel. Je ne fais ici allusion ni aux capitaux, ni aux routes, ni même au système de gouvernement, quoique ces sujets-là aient une importance capitale. Ce qui manque avant tout pour l'œuvre de la colonisation, c'est l'instruction. Sans la culture de l'esprit, rien de possible. Ce ne sera jamais que par l'instruction s'adressant à l'enfance, que la civilisation pourra frayer ses voies au sein de la masse indigène, si rebelle à tout élément étranger.

TROISIÈME PARTIE

LES ÉTATS-UNIS DE L'AMÉRIQUE DU NORD. — DÉVELOPPEMENT
INDUSTRIEL ET PRODUCTION DE MATIÈRES PREMIÈRES

CHAPITRE PREMIER

Différents aspects du génie industriel aux États-Unis. — Expansion générale des forces productives. — La richesse territoriale : produits
minéraux et produits agricoles. — La vie des fermiers de l'Ouest.

I — Jusqu'en 1867, les exhibitions des Etats-Unis
d'Amérique, dans les concours industriels de l'Europe,
étaient restées absolument insuffisantes pour faire
deviner l'étendue de leurs ressources territoriales et le
degré d'avancement où en est chez eux la production
manufacturière. La dernière exposition nous a fourni
à ce sujet d'amples renseignements, soit à raison des
articles envoyés, soit à raison des nombreux documents répandus dans cette circonstance. On a pu voir
clairement que l'activité locale s'alimente à deux sour-

ces diverses, très-abondantes l'une et l'autre. D'une part, dans quelques États, le travail manufacturier est assez développé pour qu'on puisse dès à présent les rattacher au groupe des régions arrivées à la plénitude de la vie industrielle; d'autre part, dans l'ouest et dans le sud, c'est la terre qui se charge de fournir la masse de la richesse locale. L'homme ne fait guère que recueillir et préparer les matières premières enfouies dans le sol ou étalées à sa surface.

On n'a pas besoin d'y regarder de bien-près, pour s'apercevoir que l'essor pris dans cette double voie, depuis le milieu de ce siècle, a eu d'incalculables conséquences. En dépit des crises financières et commerciales, comme celles de 1857 et de 1866, en dépit des longs déchirements de la guerre fédérale, qui fit appeler sous les armes, dans les seuls États du Nord, plus de cinq cent mille hommes chaque année, pendant quatre ans consécutifs, un accroissement énorme s'est manifesté dans toutes les branches de la production.

La population s'augmentait également. Du chiffre de 23,191,876 individus en 1850, elle s'était élevée à celui de 31,445,089 lors du dernier recensement décennal, en 1860 (1). Le flot se répand surtout vers les États de l'ouest et de l'extrême-ouest, où les terres

(1) On calcule qu'elle s'est augmentée depuis lors d'au moins 5 millions, malgré les holocaustes de la guerre, et qu'elle atteindra environ 42 millions en 1870. — Dans les dix années écoulées de 1850 à 1860, l'émigration avait fourni, en moyenne, par année 224,750 individus, ou en totalité 2,247,500. Ce mouvement ne s'est point ralenti. En 1867, on comptait environ 250,000 émigrants. Quand on songe que le territoire des États-Unis embrasse une superficie de 841,713,600 hectares,—(la France, en y comprenant la Corse, n'en compte que 54 millions), — on se figure sans peine, en faisant même une très-large part aux terres non susceptibles de culture, le développement que la famille humaine doit continuer à y prendre.

inexploitées excitent l'envie des nouveaux arrivants.
Le nombre des habitants ne s'en accroît pas moins
également dans les villes d'ancienne ou de récente
création. Ainsi la population de New York, qui était
en 1860 de 813,669 individus, passe pour s'être élevée depuis lors à 1,500,000. Celle de Chicago, sur le
lac Michigan, dans l'Illinois, est montée de 110,273
à plus de 220,000. Dans cette dernière ville, en 1830,
on ne comptait que 70 habitants installés sur un sol
marécageux, la veille encore occupé par les huttes des
tribus sauvages. Dix ans s'écoulent, le sol est assaini,
les rues se tracent et la cité naissante réunit déjà plus
de 5,000 individus. Elle en comptait 29,000 en 1850,
et voilà qu'en dix-sept ans ce nombre s'est grossi
dans la proportion de sept pour un (1).

II — Dans la catégorie de la richesse territoriale,
il est à remarquer d'abord qu'une minime partie
des ressources existantes a commencé d'être exploitée.
C'est néanmoins jusqu'à ce jour pour un certain
nombre d'États, ceux de l'ouest, du *far-west* et du
sud notamment, presque l'unique aliment du travail. Dans cette division, vingt et un États, sur
les trente-six dont l'Union est composée, non compris
dix territoires, étaient plus ou moins largement représentés en 1867.

En fait de minéraux, les collections étaient des
plus variées et des plus curieuses. Point de doute sur
l'accroissement que la production de la houille, déjà

(1) Chicago se trouve en relation, grâce à plusieurs lignes de
chemins de fer, avec tous les ports de l'Atlantique. Placée
sur le lac Michigan, elle est elle-même un port intérieur
d'où l'on peut gagner la mer, et de là les rivages européens,
sans transbordement, à travers les lacs du nord, le canal
Welland, et le Saint-Laurent. Le gouvernement canadien fait
exécuter sur son territoire des travaux fort utiles à la navigation.

considérable, doit prendre dans le pays, dès qu'on
sait que la superficie des terrains houillers jusqu'ici
reconnus est douze fois plus grande que celle de
toutes les mines de charbon en Europe. Le fer, cet
autre grand auxiliaire du travail, se rencontre dans
la plupart des États (1).

A côté des produits minéraux, des produits souterrains, s'offraient les produits agricoles proprement
dits, qui viennent à la surface du sol et représentent
communément une plus grande somme de labeur
humain. Les uns sont destinés à des usages industriels ; les autres, à l'alimentation. En tête des premiers se range le coton, dont la privation pendant la
guerre a été si cruellement ressentie en Europe (2).—
Après les cotons, arrivent les laines, les chanvres, les
bois, les cuirs, les caoutchoucs, provenant de la
Louisiane, de l'Alabama, de l'Illinois, du Missouri,
du Kansas, du Wisconsin, du Massachusetts, de
l'État de New York, etc.

Parmi les produits alimentaires nommons le maïs,

(1) Je ne fais que signaler en passant le produit des mines
d'or (rendement annuel 317 millions de francs). Depuis la découverte de l'or en Californie, en 1848, la valeur du métal
précieux mis en circulation dépasse 5 milliards. Des gisements dont il est difficile encore de limiter l'importance
existent dans plusieurs autres Etats, et l'on parle ailleurs,
dans la Nevada surtout, de mines d'argent, dont quelques-
unes sont en exploitation. — Dans le groupe des productions
minérales, comptons l'huile de pétrole ; on en évalue la production moyenne à 10,000 barils par jour pour toute l'Amérique du Nord. Les principaux centres de production sont
la Pensylvanie, la Virginie occidentale, l'Ohio, etc.

(2) On l'a dit souvent : la rapidité avec laquelle la culture
du coton s'est développée aux Etats-Unis tient du prodige.
Au commencement de ce siècle, l'exportation annuelle était
inférieure à 5,000 balles, contenant 400 livres américaines de
453 grammes; en 1849, la production atteignait 2,445,793 balles;
dix ans plus tard, en 1859, à la veille de l'explosion de la
guerre fédérale, le chiffre était monté à 5,196,944.

le blé, le riz, le café, le sucre, le rhum et les vins (1).
Plaçons à part le tabac et certains produits chimiques
et pharmaceutiques. Inutile de rappeler qu'à divers
moments l'exportation des céréales a rendu de réels
services à notre continent. On a déjà vu comment,
grâce aux lacs du nord, aux canaux et aux rivières,
les blés et les farines peuvent venir de Chicago jusque
dans nos ports sans recourir à l'intermédiaire coûteux des voies ferrées. Même remarque pour les bois
de construction et les divers produits forestiers. Le
commerce entre la France et l'Amérique ne pourrait-
il pas trouver là une cause efficace de développement?

La vie de ces fermiers de l'Ouest qui défrichent
le désert et comptent si largement dans la production des objets destinés à l'alimentation, avait
été figurée au Champ de Mars sous quelques-uns
de ses côtés les plus intimes, grâce à l'envoi d'une
maison en bois modelée sur le type le plus usité.
On y pouvait voir comment les cultivateurs sont
installés chez eux. Une galerie couverte en forme
de péristyle règne à l'entour de l'habitation. A
l'intérieur, le rez-de-chaussée comprend l'anti-
chambre, la cuisine, une salle à manger, une
chambre de famille et un cabinet d'étude, les
chambres à coucher sont au premier étage. Partout
se révèle l'aisance et même l'habitude d'un certain
comfort (2). Grâce aux nombreux documents de tout

(1) Le maïs est pour les Etats-Unis ce que le blé est pour la
France, la première des cultures. Le *maizena*, ou extrait des
plus belles farines, témoignait au Champ-de-Mars de la perfection avec laquelle on sait traiter ce produit, qui rend les
plus grands services dans les Etats de l'ouest.
(2) Ce pittoresque édifice, expédié par un exposant de Chicago, a dû son relief aux soins particuliers de M. James
H. Bowen, de l'Illinois, membre de la commission des Etats-
Unis, et lui-même l'un des plus énergiques soutiens de toutes

genre mis à la disposition du public dans cette villa, rien n'était plus facile que de se rendre compte de la vie morale et de l'existence matérielle de ces calmes pionniers, installés au cœur même du continent américain et qui trouvent une large compensation à leur isolement dans les mâles jouissances du travail et de la vie indépendante.

CHAPITRE II

Richesse industrielle : essor des manufactures. — Le coton et la laine; la construction des machines. — Les villes de fabrique : Lowell, Providence, Cohoes, Philadelphie, Cincinnati, Pittsburg, etc. — L'esprit d'invention aux États-Unis. — Politique commerciale et tarifs douaniers.

I — Il est dans la nature des choses que le développement de la richesse industrielle frappe encore plus les regards que celui de la richesse territoriale. Or, les manufactures américaines avaient accru leur production d'environ 80 pour 100 de 1850 à 1860; l'augmentation durant la période décennale courante ne sera pas moins marquée. Chacun sait que les Américains du Nord ambitionnent de mettre eux-mêmes en œuvre les matières premières récoltées sur leur immense territoire. Ils voient avec une complaisance marquée tous les essais tentés dans ce sens. Jusque-là rien à redire. La seule question possible était celle de

les entreprises tendant à développer les ressources des États occidentaux.

savoir si, avec les ressources qu'ils possèdent pour la production des matières premières, leur intérêt le mieux entendu ne leur commandait pas de porter de ce côté-ci la plus large part de leur action. La question pouvait se comprendre, à la condition de reconnaître qu'il appartenait aux Américains seuls de la résoudre. Après l'exposition de 1867, il est impossible de se méprendre désormais sur la solution. On ne veut rien sacrifier du côté des richesses territoriales, mais on veut en même temps développer le plus possible les richesses industrielles. Les indications recueillies sous ce rapport ne sont point à dédaigner pour les pays européens, l'Angleterre et la France surtout. Il y a là un avertissement. En fait d'articles en coton, par exemple, les Américains pourront devenir des concurrents redoutables sur les marchés extérieurs ; ce phénomène économique est peut-être plus prochain qu'on ne pense. Les Anglais le comprennent ; la preuve en est dans ce fait : une maison très-renommée dans la construction des métiers à filer, la maison Platt frères et Cᵉ d'Oldham a créé une succursale aux États-Unis. Un de nos filateurs les plus distingués, un de ceux qui connaissent le mieux l'état de l'industrie cotonnière dans les différentes contrées, nous écrivait récemment : « Pour gagner beaucoup d'argent aujourd'hui dans l'industrie cotonnière, la route est toute tracée. Il faut aller établir une usine dans l'Amérique du Nord. » Sans doute, il y aurait quelques réserves à faire sur ce dernier point ; mais je prends cette opinion comme indice des nécessités qui s'imposent à l'Europe et qui pourront amener dans le commerce des retours fort inattendus.

Faut-il le dire ? Ce n'est pas dans les statistiques

officielles ou dans les produits mêmes, c'est dans l'esprit inventif dont l'Exposition offrait d'irrécusables témoignages que s'affirment le plus, suivant nous, les tendances des Américains vers l'industrie manufacturière. Tandis que l'invention semble sommeiller en Europe, elle se montre active et audacieuse de l'autre côté de l'Atlantique. Or, l'esprit inventif, c'est la vie de l'industrie, et c'est en même temps le signe d'une aptitude incontestable.

D'après ces données, l'exhibition des tissus et celle des machines et des outils étaient particulièrement curieuses à envisager. L'État de New York et celui du Massachusetts avaient envoyé des tissus de coton, des mousselines, des calicots fins, des tissus de laine, des draps, des flanelles, des lainages, où il serait injuste de méconnaître un mérite de fabrication très-notoire. Il n'y avait point de tissus de coton imprimés.

Parmi toutes les branches de la richesse manufacturière l'industrie du coton tient le premier rang, à raison de la valeur du produit et de la somme du capital employé. Les États-Unis en sont venus à consommer dans leurs propres usines autant de coton qu'ils en expédient en Europe. La ville de Lowell (Massachusetts) tend à devenir le Manchester de l'Amérique du Nord (1). Mais une grande activité règne aussi à Providence (Rhode Island), à Cohoes (New York), à Manchester (New Hampshire); à Philadelphie (Pensylvanie), à Cincinnati (Ohio), etc. — La mise en œuvre de la laine, d'une importance inférieure d'environ moitié à celle du coton, est également en voie d'amélioration et de progrès.

_____

(1) Sur l'organisation de la fabrique de Lowell, voy. notre livre : Les Ouvriers d'à présent, p. 280 et suiv.

Dans la production et dans le travail des métaux, dans la fabrication des machines, des métiers, des outils, la cité bien connue de Pittsburg (Pensylvanie) domine toutes les autres. Fer et charbon, on y a tout sous la main. Si Lowell est le Manchester de l'Amérique, Pittsburg en est le Birmingham. Cet ordre d'applications nous fait du reste nettement saisir le génie américain. On le trouve ici tel qu'on l'a vu devant les grandes entreprises de travaux publics, la construction des canaux ou celle des chemins de fer. Courir au plus pressé et arriver vite au but, tel est toujours l'instinct qui le distingue. On veut avant tout atteindre un résultat; quoique leur hardiesse ait pu sembler parfois un peu excessive, les Américains du nord ne laissent pas que de nous donner des exemples fort utiles à méditer. Dans nombre de cas, nos habitudes méthodiques et réglementaires, nos procédés coûteux, notre préoccupation exagérée de l'effet, gagneraient à consulter leurs procédés économiques, simples et expéditifs. Ce n'est point la première fois que j'ai l'occasion de signaler le système de leurs waggons sur les chemins de fer; mais les modèles réduits placés à l'Exposition témoignaient assez que, sans viser à une imitation absolue, nos compagnies pourraient se rapprocher un peu plus, au grand avantage des voyageurs, des méthodes américaines (1). — Les constructions mécaniques et les outils offraient diverses combinaisons nouvelles constituant de réelles inventions. Je ne nie pas qu'il pût se rencontrer dans ce groupe, sous l'estampille du mot *patented* (*breveté*), des appareils ou des produits ne contenant au fond

(1) Voy. *les Chemins de fer aujourd'hui et dans cent ans*, t. II, p. 301 et 302.

nul principe nouveau, ou dont l'application soit ignorée parmi nous. Mais cette dernière remarque pourrait s'étendre à presque toutes les régions européennes, sans excepter la France, où l'on abuse tant de la qualification de *breveté*. L'essentiel, c'est que dans la masse il y ait eu de sérieuses manifestations de l'esprit inventif. Or s'il a pu s'élever tout d'abord quelques doutes sur ce point, des vérifications multiples les ont ensuite complétement dissipés (1)

Le matériel des exploitations rurales, comme celui des usines, s'est ressenti de ce même esprit de recherche. La mécanique gagne chaque jour du terrain dans l'agriculture américaine; elle va là-bas plus vite qu'en France, presque aussi vite qu'en Angleterre, où elle s'est depuis longtemps installée. A côté de moissonneuses et de faucheuses d'invention nouvelle (2), on apercevait beaucoup d'autres instruments aratoires, propres à rendre le travail plus rapide et plus sûr.

Il n'y a plus rien à dire aujourd'hui d'un appareil bien différent de ceux qui servent à l'agriculture, mais qui doit tenir sa place parmi les inventions contemporaines, je veux parler de la machine à coudre, imaginée, en 1846, par M. Elias Howe, du

Dans la catégorie des machines on remarquait, par exemple, un métier de la compagnie du *tissage convexe* de New-York; un métier à tisser les étoffes de laine de M. Crompton, du Massachusetts; une machine à briques de M. Isaac Gregg, de la Pensylvanie; une pompe à vapeur de M. Dwight, du Massachusetts: une machine à couper la pierre inventée par M. Wardwell et qui a été expérimentée avec succès dans l'État de Vermont où les carrières sont si nombreuses; une machine soufflante rotative de MM. Roots, d'Indiana; une machine à vapeur de M. Corliss, et une autre de M. Hicks.

(?) Elles étaient dues à MM. Cormick, de Chicago, et Wood, de New York.

Massachusetts. On a aujourd'hui des machines à faire
les boutonnières, à soutacher, à broder, à tricoter.
La machine à coudre a opéré, dans la couture,
une révolution véritable qui profite aux ouvrières,
dont elle simplifie la tâche et doit accroître le gain;
aux producteurs d'étoffes, dont elle élargit les débouchés; au consommateur enfin qui paye moins
cher les objets d'habillement, quoiqu'ils soient plus
solidement cousus qu'à la main.

Dans le groupe des industries, qualifiées de libérales,
l'imprimerie comptait quelques applications nouvelles
et ingénieuses. En fait d'instruments scientifiques,
l'État du Kentucky avait voulu faire lui-même les
frais de l'exhibition du planétaire de M. Barlow, si
propre à faciliter l'intelligence du mouvement des
planètes et des phénomènes qui s'y rattachent. Le
génie civil offrait des spécimens que ne désavoue-
raient pas nos ingénieurs européens (1).

Vingt citations seraient à faire dans la section des
arts usuels, des objets d'utilité domestique (2). Il faut
au moins savoir qu'on y retrouve cette tendance, si
fréquente en Amérique, et que j'appellerai l'habitude
de ce qui est commode. On s'en préoccupe plus
d'ordinaire que du bon goût. Le triomphe de l'industrie consiste précisément à réunir les deux con-

(1) Témoin le plan d'un tunnel en voie de construction sur
le lac Michigan pour conduire l'eau dans la ville de Chicago,
exécuté par le bureau des travaux publics de l'Illinois.
(2) Parmi les objets d'utilité courante, je cite des lampes à
l'huile de pétrole et un nouveau système de suspension de
M. Yves, de New-York, rendant des plus faciles et des plus
sûrs l'usage quotidien de l'appareil. — Conditions notables de
bon marché dans les ornements en fer bronzé de M. Tucker,
de New York. Il y avait encore des articles en verre moulé
venant de Pittsburg, d'une exécution irréprochable, et qui
permettent d'introduire une certaine recherche dans les logis
les plus modestes.

ditions qui ne répugnent aucunement l'une à l'autre (1).

II — Industries usuelles et grandes fabrications, arts libéraux et ouvrages purement matériels, l'activité individuelle s'attaque donc à toutes les branches de la production. A ce sujet, une réflexion s'impose cependant aux Américains du Nord : sur une terre comme celle qu'ils occupent, avec les avantages exceptionnels qu'ils y possèdent, lorsqu'on y a la houille en abondance, les minerais de fer et de cuivre sous la main, les principales matières premières à bas prix ; lorsqu'on peut souvent joindre la force si économique des chutes d'eau à celle des engins à vapeur, a-t-on le moindre prétexte un peu plausible pour demander à des droits exagérés sur les marchandises étrangères les moyens d'un développement hâtif ? Là-dessus point de controverse doctrinale, j'y consens volontiers ; voyons seulement le côté pratique de la question. Eh bien, l'élan ne se prononce-t-il pas assez de lui-même pour qu'il n'y ait aucun intérêt à le vouloir précipiter ? L'histoire économique de l'Europe le proclame assez haut : des abus analogues ont été par-

(1) L'orfévrerie américaine, qui était très-remarquable, témoignait du reste que cette idée-là commence à se frayer la route dans certaines spécialités. — Faut-il ajouter un mot sur des fabrications, très-grandement installées d'ailleurs, et qui touchent de près aux mœurs du pays, la fabrication des billards et celle des pianos ? Le jeu de billard est considéré aux Etats-Unis comme une sorte de gymnastique des plus utiles pour développer l'adresse de la main et pour exercer la justesse du coup d'œil. Comme les Américains, après les affaires, se donnent tout entiers à la vie de famille, il est bien plus fréquent chez eux que chez nous de trouver des billards dans les demeures particulières. Il y a aussi dans les villes des billards publics installés à peu près comme nos anciens jeux de paume et qui se suffisent à eux-mêmes sans le stimulant des consommations. La vie de famille s'est emparée bien davantage des pianos qui sont répandus jusque dans les habitations les plus isolées des cultivateurs de l'Ouest.

tout nuisibles aux États qui s'y laissaient entraîner. On se prépare évidemment de cette façon des embarras d'avenir. On engage le lendemain, de propos délibéré. Toute industrie qui ne germerait pas d'elle-même au milieu des conditions si favorables réunies en Amérique, serait à coup sûr une industrie peu souhaitable, en ce sens qu'elle ferait dévier les forces productives du pays de leur voie la plus naturelle (1).

CHAPITRE III

Bases morales de l'établissement industriel aux États-Unis. — Développement de la valeur individuelle : l'école et l'instruction. — Les institutions sociales ; les grandes entreprises d'utilité publique. — Le chemin du Pacifique. — Rôle des Américains du Nord dans la civilisation.

I — Il ne suffirait pas d'interroger les forces matérielles de l'industrie américaine pour découvrir le secret de l'expansion si progressive des États-Unis. Les bases morales du développement réalisé avaient été rendues

(1) Pour lutter contre la concurrence étrangère et assurer l'essor de leurs entreprises, les Américains ont une habitude qui vaut mieux que des droits de douane excessifs. Se contentant d'ordinaire de bénéfices très-modérés, ils cherchent la rémunération dans la masse des affaires. On ne se figure pas parmi nous combien sont larges chez eux les applications de cette règle de conduite. Des maisons d'une importance colossale vendent tous leurs articles au prix coûtant : oui, elles vendent en détail au même prix qu'elles ont acheté en gros. Le bénéfice résulte d'une différence de quelques mois d'intérêt, grâce à l'achat à terme et à la vente au comptant. Quand une telle intelligence du négoce s'unit à des avantages naturels incalculables pour la fabrication, on n'a qu'à perdre, je le répète, à se préparer des entraves par une surexcitation arbitraire.

visibles en 1857, grâce à diverses exhibitions d'un caractère spécial. On a pu déjà en apercevoir quelques
traces dans l'existence des fermiers de l'ouest, comme
aussi dans certaines fabrications applicables à la vie de
famille. A présent, je fais allusion à des manifestations
plus directes et plus concluantes.

C'est l'idée de développer la valeur morale, intellectuelle et matérielle de l'individu, qui forme la pierre
angulaire de tout l'édifice social des États-Unis; elle
prête une énergique assistance à leur puissance productive. En effet, tout est là. Pour l'économiste comme
pour le moraliste, l'homme est indéfiniment perfec-
tible. Et on ne concevra jamais que sa valeur puisse
s'accroître dans la vie extérieure, dans la vie de relation, si elle ne grandissait pas auparavant dans la
vie intime, dans la vie morale. Les envois concernant
l'instruction populaire montraient assez l'importance
qu'on attache là-bas à ces données fondamentales.
Une école primaire s'élevait non loin de la maison des
pionniers de l'ouest. Tout s'y trouvait rassemblé :
livres, tableaux, cartes, inscriptions murales, bancs,
pupitres, chaises; il n'y manquait que les élèves.
Rien de plus complet ni de mieux entendu. De nombreuses publications statistiques étaient mises en
outre à la disposition des visiteurs. Or, si on rapprochait les chiffres officiels qu'elles renfermaient de
ceux qui regardent notre pays, la comparaison ne
serait pas à notre avantage. Prenons pour exemples
l'Illinois et la Pensylvanie, un État de l'ouest et un
État des bords de l'Atlantique. Dans l'un et dans
l'autre, les sommes affectées aux écoles représentent
environ cinq francs par habitant, tandis qu'en France
la répartition reste inférieure à deux francs, même en

comptant la somme laissée à la charge des familles sous forme de rétribution scolaire, c'est-à-dire 24,692,029 fr.

Est-ce qu'il serait possible d'ailleurs à un peuple de grandir et de prospérer en se livrant sans partage aux intérêts matériels? Certainement non; les intérêts matériels qui voudraient se suffire à eux-mêmes avec leurs propres forces aboutiraient bientôt à de ruineuses déceptions (1). Les soins donnés à la culture intellectuelle ne sont pas seuls à prouver qu'il n'en est point ainsi en Amérique. L'enseignement religieux, malgré la diversité des sectes, parfois si choquante, reste investi d'une mission morale très-active et très-vigoureuse. Il revêt les formes les plus diverses. Loin de se renfermer dans les temples, il se répand au dehors en des écrits de tout genre, dont les exemplaires se comptent par centaines de mille. Visitez le soir, dans la chambre de famille, le pionnier revenant des champs et se délassant par la lecture de son labeur matériel; que lit-il? Que contient cette feuille volante, condition et instrument de tout progrès, qui soutient son esprit et nourrit sa pensée? Le plus souvent c'est un journal semi-religieux et semi-politique. La tendance de ce côté-là est si prononcée, que des fermiers prennent intérêt à des questions touchant parfois au domaine de la pure casuistique.

(1) Dans un écrit récent sur le Missouri (*The Resources of Missouri*, par M. Sylvester Waterhouse, Saint-Louis, 1867), je trouve en tête du chapitre consacré à l'éducation, ces mots dignes d'être cités, non point à cause de leur originalité, mais à cause de leur sens pratique : « Aucun traité des intérêts matériels ne peut être complet sans la discussion des forces spirituelles qui leur donnent la vie, *the spiritual forces which vitalize them.* »

Autres traits non moins significatifs de l'influence
morale : les institutions destinées à soutenir les
faibles, à secourir l'infortune, à stimuler la prévoyance, à grouper les moyens individuels, à développer l'esprit de mutualité, à offrir soit à la jeunesse,
soit à la masse de la population, des distractions
fortifiantes et d'utiles moyens d'employer ses loi-
sirs, en un mot toutes les institutions de bienfai-
sance sociale et de charité chrétienne, s'épanouissent
dans les villes de la Confédération avec une exubé-
rance que l'Europe égale peut-être, mais sans la sur-
passer. Il y a de ces créations pour tous les âges, pour
tous les besoins, pour tous les rôles, pour toutes les
destinées (1).

En présence de signes aussi nombreux, aussi concluants, il faudrait vouloir s'abuser soi-même pour se
méprendre sur le caractère de la sociabilité des États-
Unis. Tout ce qu'on peut accorder, c'est que le mouvement intellectuel et l'expansion des forces morales
doivent à leur tour de singuliers avantages aux progrès matériels.

II — Toutes les branches de la vie américaine ont
surtout tiré profit du prodigieux développement des
voies de communication. L'activité sous ce rapport ne
s'est jamais ralentie depuis l'origine des chemins de
fer (2). A l'heure qu'il est, elle semble animée d'une
nouvelle ardeur devant une des entreprises les plus gigantesques du temps actuel, la construction de la voie
ferrée destinée à joindre l'océan Atlantique à l'océan

(1) Entre mille documents à l'appui, je cite : *A list of some
of the benevolent institutions of the city of Philadelphia*, par
MM. Isaac Collins et John Powell.

(2) Voy. notre ouvrage : *les Chemins de fer aujourd'hui et dans
cent ans*, t. Iᵉʳ, p. 99 et suiv. ; t. II, p. 4 et suiv.

Pacifique. La locomotive s'est élancée à toute vapeur vers sa nouvelle conquête. .C'est la découverte de l'or en Californie, en 1848, qui aura préparé les esprits à cette œuvre colossale. On n'avait eu auparavant, pour éclairer l'extrême ouest, que les excursions des Mormons refoulés vers l'Utah, et la célèbre expédition du colonel Frémont à travers les montagnes Rocheuses. Jaloux de gagner au plus vite le nouveau jardin des Hespérides, les voyageurs s'acheminant en caravanes plus ou moins nombreuses, en dépit d'obstacles, de fatigues et de périls sans nom, affluèrent après 1848 vers les rives lointaines du Sacramento.

L'intervention du gouvernement des États-Unis dans cette question date de 1853. Un crédit de 800,000 francs fut voté par le congrès; de grandes et courageuses explorations furent immédiatement accomplies (1). L'idée d'établir une voie ferrée devait tout naturellement sortir de ces premières investigations. Elle fut bientôt éminemment populaire. Le président Lincoln a eu l'honneur d'attacher son nom à la résolution définitive (2). Les documents relatifs à la ligne de jonction entre les deux océans contiennent la page

(1) Les résultats en sont consignés dans une publication en 14 vol. in-8, avec cartes et plans. — Les renseignements les plus curieux et les plus circonstanciés sur le chemin du Pacifique ont été donnés par M. le colonel Heine, de la légation américaine à Paris, dans une lecture faite en 1867 à la société des ingénieurs civils. On n'est que juste si l'on ajoute que M. Heine a porté dans ses explications une connaissance approfondie du sujet, et des vues économiques et politiques d'une réelle portée sur les conséquences de l'œuvre.

(2) La compagnie du *Pacific-railroad* a pour président le général Dix, ambassadeur des Etats-Unis, à Paris. — Grâce à l'activité avec laquelle sont poussés les travaux, il n'est point téméraire d'espérer que l'inauguration de la ligne entière pourra s'accomplir en 1870. Cette même époque daterait alors dans l'histoire de la conquête du monde par les forces de la science, surtout si elle voyait s'achever aussi, comme on le fait espérer, le canal de Suez et le tunnel du mont Cenis.

la plus significative de son histoire industrielle que
l'Union américaine pouvait offrir au monde en 1867
comme témoignage de son énergie morale et de sa
puissance matérielle.

III — S'il fallait résumer maintenant les traits essentiels de l'œuvre des Américains dans la vaste arène ouverte devant eux, nous dirions volontiers, et sans que
ce mot puisse avoir, après les explications données,
une signification exclusive, qu'aucun peuple n'a jamais plus virilement et plus victorieusement pris possession du monde matériel. Leur infatigable activité
en ce sens-là déborde avec ampleur, dans leurs con-
tinuelles entreprises à l'intérieur de leur pays. Que
dans ces conquêtes matérielles, incessamment poursuivies avec une ardeur passionnée, on puisse signaler
des écarts regrettables, ce n'est pas douteux. Dans
les opérations financières et commerciales, les bornes
ont été maintes fois dépassées. Mais les frénésies de la
spéculation ne sont malheureusement pas des faits
particuliers à l'Amérique. L'Europe aussi a eu à en
gémir. Si déplorables qu'ils soient, des excès de ce
genre ne sauraient empêcher que le but poursuivi,
de l'autre côté de l'Océan, avec une infatigable opiniâtreté, ne réponde à une des plus légitimes ambitions d'un grand peuple. Élargir le domaine où les
hommes peuvent se répandre sur la terre, refouler
devant soi le désert et la solitude, où languissent, inconnus et stériles, tant de dons prodigués par Dieu,
multiplier ainsi les éléments offerts au travail, voilà
ce but dans sa réalité et dans sa grandeur.

Les résultats dès à présent obtenus autorisent à
regarder les Américains du Nord comme les vrais
conquérants du nouveau monde. Tous les visiteurs

de l'Exposition auront remarqué dans les galeries italiennes un groupe en plâtre, représentant Christophe Colomb avec tous les attributs de la force, et l'Amérique sous la figure d'une jeune fille, encore livrée à la vie sauvage, semblant interroger de loin la civilisation d'un œil plein d'une curiosité naïve et d'un espoir sans mélange. Hélas! l'histoire avait d'avance cruellement démenti cette ingénieuse allégorie. On sait que de sang la soif de l'or fit répandre, que de souffrances et que de crimes elle engendra sur ce sol nouveau, à la suite de ses premiers maîtres. L'émancipation de la race indigène, son initiation à la vie civilisée, ne devaient s'accomplir, même plus tard, que dans des proportions insignifiantes. Les tentatives généreuses sans cesse renouvelées sous les inspirations de la foi chrétienne étaient sans cesse étouffées dès le début par le culte effréné des richesses. Le pays prit-il au moins une face nouvelle après l'invasion? Non; la race espagnole, par nature assez rebelle à tout travail opiniâtre, voulait obtenir et posséder la richesse sans qu'il lui en coûtât aucun effort. On consentait tout au plus à se donner la peine de la prendre. Ce sont les rudes pionniers de l'Amérique du Nord qui ont réellement placé cette terre féconde dans le rayon de l'activité européenne. S'ils n'ont guère plus que les Espagnols civilisé les Indiens, ils ont du moins, oserai-je me servir de ce mot? — civilisé le sol (1).

Le succès obtenu a poussé sans cesse au développe-

(1) Les Indiens occupent des territoires qui leur sont exclusivement affectés; mais ils n'observent pas toujours les conditions stipulées. Les habitudes traditionnelles éclatent trop souvent dans des déprédations ou des attentats comme ceux qui avaient motivé la dernière guerre, heureusement terminée en quelques mois.

ment de l'activité individuelle. Livré souvent tout à
fait à lui-même, en face de besoins immédiats et de
périls menaçants, l'homme a dû faire de vigoureux
appels à sa propre énergie. Le sentiment de la personnalité a dû grandir, et même parfois démesurément. Il a donc pu flotter à l'aventure, exposé à
tomber dans de flagrantes aberrations. L'étude phi-
losophique de la sociabilité américaine est sous ce
rapport pleine d'enseignements salutaires, qui ne
rentrent pas dans notre cadre. Le seul point qu'il soit
utile de relever ici ne me paraît susceptible d'aucune controverse. La démonstration signalée dans
telles ou telles branches des affaires, à tel ou tel moment, a porté son châtiment avec elle, en agissant
toujours comme une cause de ralentissement dans
l'essor des forces du pays. S'il n'y avait pas eu là-bas
dans la masse du peuple une force de réaction puissante, s'il ne s'était accompli au sein des populations,
par suite d'habitudes régulières, une constante vivi-
fication morale, qui soutenait les âmes, jamais on
ne se serait avancé si loin dans la conquête des
richesses matérielles, à travers les phases si diversifiées de l'histoire économique du pays.

Cette même histoire nous démontre, en outre,
très-clairement ce qu'on peut attendre de l'initiative
des individus, quand elle est dégagée des entraves
d'une réglementation arbitraire. Jamais on ne redira
trop, sans doute, que l'idée de la règle doit résider
dans l'homme même, parce qu'elle doit régner dans
sa vie de chaque jour, s'il veut frayer sûrement sa
route, aussi bien sur une terre nouvelle qu'au sein
de nos vieilles sociétés. Seulement, l'idée de cette
règle n'implique point l'intervention d'une autorité

jalouse, comme il s'en est trop souvent rencontré dans les Etats européens. Si l'Exposition de 1867 a pu servir à signaler une des causes principales des progrès accomplis en Amérique, — la liberté laissée aux initiatives individuelles, — nous lui devrons un exemple précieux à interroger. Peuple nouveau sur une terre neuve, le peuple américain trouvait devant lui, je l'avoue, certaines facilités qui nous manquent. Cependant le fond des choses ne varie point. Le principe de la liberté du travail n'est plus qu'un mot si l'individu ne s'appartient pas, si son action se heurte sans cesse contre la nécessité des autorisations préalables, alors que l'intérêt de tous ne les commande pas avec évidence. Sa valeur propre en est profondément atteinte. L'homme alors vaut moins parce qu'il peut moins. Ainsi donc, quand l'économie politique s'élève contre l'intervention de l'Etat dans tout et à tout propos, quand elle revendique les droits, trop souvent méconnus de l'action personnelle, sous la réserve d'une responsabilité agrandie, elle se trouve pleinement d'accord avec les leçons de la morale elle-même.

Régi par de telles idées qu'avaient répandues de toutes parts, avant l'émancipation, les enseignements si populaires de Franklin, il n'est point étonnant que le travail ait pu déployer tant de vigueur de l'autre côté de l'Atlantique. Le germe d'une contradiction révoltante avait été malheureusement déposé sur le sol américain, lorsqu'un vaisseau étranger jetait, il y a environ un siècle et demi, quelques malheureux nègres, esclaves déjà, sur les côtes de la Virginie. Depuis cette époque, la république américaine a sans cesse lutté contre ce mal intérieur. La déclaration

d'indépendance du 4 juillet 1776 portait cependant
en elle, dans ses conséquences plus ou moins lointaines, l'abolition de l'esclavage. C'est un réel honneur pour l'Exposition de 1867 d'avoir été la première
où le travail des esclaves ne fût ni directement ni
indirectement représenté dans les envois des États-
Unis.

QUATRIÈME PARTIE

LA FRANCE. — LA GRANDE INDUSTRIE MÁNUFACTURIÈRE

CHAPITRE PREMIER

Rôle de la France. — Traits caractéristiques de la grande industrie. — Principales branches de la fabrication. — Les inventions contemporaines et la part du passé. — Le tour de France industriel.

I — Dans le domaine de la grande industrie, où l'activité déborde sous des formes si diversifiées, on trouvera tout naturel que nos premiers regards se dirigent sur notre propre pays. Et d'ailleurs, il est une affirmation sur laquelle l'examen le plus impartial des produits ne laisse pas le plus faible doute. Je fais allusion au rang même qu'occupait la France dans le concours de 1867, au rôle qu'elle y a rempli. Non, nous ne cédons point aux suggestions de l'amour-propre national lorsque, en considérant ces divers groupes dans leur ensemble, nous disons tout de suite d'une façon générale que, sous le rapport des qualités

de la fabrication, la supériorité de notre pays était
absolument incontestable. Il figurait à la tête du
mouvement progressif dans la majeure partie des
applications. On s'apercevra bien, du reste, dans la
suite de cet ouvrage, que je ne songe nullement à
refuser aux autres ce qui leur appartient légitimement,
à contester le mérite particulier d'aucune nation
étrangère. Là-dessus pas d'équivoque.

Ce point une fois fixé, rappelons les traits qui distinguent généralement la grande industrie manufacturière : c'est l'emploi des appareils mécaniques et la
réunion, sur un même lieu, soit dans des usines plus
ou moins vastes, comme en Flandre, en Alsace, en
Normandie, soit dans une multitude de petits ateliers
plus ou moins rapprochés les uns des autres, comme
à Lyon et à Saint-Etienne, d'un nombre considérable
d'ouvriers. Ces conditions, qui se rencontrent au plus
haut degré dans les fabrications mettant en œuvre les
matières textiles, le coton, le lin, la laine, la soie, se
reproduisent aussi dans les usines à feu continu, les
hauts fourneaux, les forges, les verreries, les cristalleries, etc., comme dans les ateliers de constructions mécaniques, les fabriques de porcelaine, de
glaces, de produits chimiques, etc. S'il fallait, néanmoins, spécifier les industries qui sont, oserais-je dire,
les plus industrielles de toutes, j'en désignerais deux
sans hésiter : l'industrie du coton et l'industrie du
fer. La première, par sa nature même, par les progrès
indéfinis qu'elle comporte, est l'école de tous les perfectionnements mécaniques. On lui doit d'y avoir initié
les autres fabrications. Quant au fer, il est l'instrument indispensable dans l'exploitation des richesses du sol, dans la production manufacturière,

comme dans les grands travaux d'utilité publique.

On s'attend bien à ce que les perspectives s'élargissent, à ce que l'intérêt s'accroisse, au moment où nous abordons le groupe des grandes industries. D'abord, dès qu'il s'agit de produits manufacturés, les progrès accomplis, les perfectionnements obtenus touchent plus visiblement chacun de nous. Nous en ressentons tous les effets dans nos acquisitions journalières. C'est dans ce groupe que l'esprit de recherche et l'esprit d'entreprise s'exercent avec le plus d'ardeur, déploient le plus de ressources, montrent le plus d'opiniâtreté. C'est là qu'on peut le plus fructueusement poursuivre, au milieu des faits accumulés, la vérification des principaux enseignements de la science économique. N'oublions pas, qu'en outre les questions sociales dont notre temps a été et dont il est encore le plus préoccupé, ont germé sur ce même terrain. Il n'y en a point d'autre, en effet, où l'on aperçoive plus clairement, à travers le prisme étincelant des succès obtenus, l'homme lui-même avec ses besoins si divers, avec les exigences de sa vie matérielle, les prérogatives de sa nature intelligente et libre, et les lois de sa conscience.

II — Au moment d'envisager de près à ce point de vue les branches multiples du travail industriel, il serait non moins utile que curieux de pouvoir se représenter d'un seul coup les inventions, les découvertes, ou plutôt les conquêtes de tout genre réalisées de nos jours. Dans les indications ainsi recueillies, on trouverait des lumières précieuses pour la route à parcourir.

Distinction importante : parmi ces conquêtes, les unes touchent au commerce proprement dit, les autres à l'industrie elle-même. Dans le premier faisceau figure l'achèvement des chemins de fer à l'intérieur des différents États européens, qui les ont successivement mis en communication les uns avec les autres, et les travaux analogues exécutés si hardiment de l'autre côté de l'Atlantique. La découverte des gîtes aurifères de la Californie qui ont versé sur le monde une forte masse de valeurs métalliques, est aussi un événement commercial d'une incalculable portée. A des découvertes analogues aux extrémités du continent austral, correspond le rapide essor des colonies britanniques, qui a centuplé les échanges dans cette partie du globe. Ailleurs, des pays plus ou moins fermés jusque-là se sont ouverts au commerce européen : la Chine, le Japon, la Cochinchine. Entre les peuples civilisés, un nouveau droit public a été le résultat des relations que facilitaient et multipliaient les voies ferrées. Des stipulations diplomatiques se sont succédé de toutes parts relativement aux chemins de fer eux-mêmes, aux postes, à la télégraphie, aux monnaies, aux sociétés commerciales, à la propriété intellectuelle, artistique et industrielle, à la suppression de certains péages maritimes, au code commercial des signaux, aux droits des pavillons neutres en temps de guerre, etc. (1).

Sous le rapport industriel, les faits se pressent encore davantage durant un cycle de quinze à dix-huit années. De nouveaux progrès s'effectuent dans une multitude de fabrications, et surtout dans celles où la concurrence est la plus constante et la plus âpre. Notons les perfectionnements introduits dans

(1) Sur tous les traités intervenus, V. notre livre : *l'Economie de la paix.*

les industries textiles, dans la construction des machines et outils, ainsi que les nouvelles applications de la mécanique à des ouvrages plus ou moins fatigants pour l'homme, et qu'elle n'avait point encore entamés. Autres perfectionnements dans le domaine des industries tenant à l'art et au bon goût, et de même encore dans la photographie, dans la galvanoplastie, la photosculpture, la télégraphie électrique, la construction des instruments servant à constater les phénomènes météorologiques. Je dois relater en outre le système des signaux sur les chemins de fer, qui atteignent aujourd'hui à 3,000 mètres au lieu de 1,000 ou 1,200, comme, il y a quelques années, les réformes effectuées dans les procédés des fonderies et des forges, dans la fabrication de l'acier fondu, dans les applications des métaux à la quincaillerie, la serrurerie, la grosse horlogerie, etc.

Il convient d'inscrire également sur les pages de ce livre toujours ouvert et où les éléments les plus dissemblables viennent s'enregistrer côte à côte, les changements apportés aux constructions navales, l'accroissement du tonnage des navires, l'énorme élan imprimé à la navigation à vapeur, l'augmentation de la force des appareils mécaniques soit dans les moyens de transport, soit dans les ateliers industriels. Portons-y de même la découverte de nouveaux principes colorants, de quelques préparations alimentaires, de certaines applications du caoutchouc, l'invention de nouveaux procédés de dorure sur cuivre et sur argent sans danger pour les ouvriers, et des modes offrant des avantages analogues dans telles et telles branches de l'industrie des bronzes (1). Il reste quelques faits

(1) La substitution, au moins partielle, du blanc de zinc au

qui ne rentrent exclusivement ni dans l'une ni dans l'autre des deux catégories indiquées : l'heureux emploi du marbre onyx, l'essor croissant des applications mécaniques dans les travaux agricoles, la pose du câble transatlantique, les grands ouvrages entrepris à l'isthme de Suez, le percement qui se poursuit au mont Cénis, les hardis travaux du *Pacific railroad*, les voies rapides de communication sur l'isthme de Panama, les nouvelles combinaisons pour le sauvetage des naufragés, les développements de la culture du coton dans les Indes britanniques, au Brésil, en Égypte, en Algérie, dans l'Empire ottoman, etc.

Cette revue pourrait s'arrêter ici, s'il était possible d'en exclure des innovations d'un autre genre qui sont un triomphe pour la science et pour l'industrie, tout en formant un réel contraste avec l'idée fondamentale des Expositions universelles. On devine que je veux parler des arts militaires, des perfectionnements effectués dans la fabrication des armes de guerre de toutes sortes. Aucune autre branche de travail n'a fait plus de progrès que celle-ci depuis le milieu du 19e siècle. Nous avons à citer le canon Armstrong, la carabine Enfield, le canon Napoléon III, les vaisseaux de guerre blindés, les engins si divers qu'a inventés le génie industriel des Américains appliqué à la guerre, les fusils à aiguille, les fusils Chassepot, enfin tous les nouveaux systèmes d'armes à feu et d'armes blanches qui se sont disputé ou qui se disputent encore la préférence des gouvernements.

Il faut l'avouer, hélas ! tant que la violence et l'oppression pourront se manifester sur la scène de

blanc de céruse, — si dangereux pour la santé des ouvriers, — due à M. Leclaire, remonte à l'année 1842.

l'histoire, tant qu'un peuple pourra voir menacer
son indépendance par d'injustes attaques, les armes
nécessaires à la défense de la patrie auront un rôle
qui les met bien au-dessus de tous les engins de l'industrie et du commerce. Qu'une place leur appar-
tienne à ce titre dans les Expositions, point de doute;
seulement, en face des rapports qui naissent de ces
solennités, des intérêts qu'elles développent, il est
permis de nourrir l'espoir qu'une influence de plus
en plus large reviendra aux modes de solution pacifique dans les différends de peuple à peuple. Quand
la civilisation, sous l'influence immédiate de l'idée
chrétienne, a effacé les combats singuliers des anciens codes barbares, comme moyen de vider les
querelles d'intérêt privé, on peut croire qu'elle réus-
sira dans la tâche plus difficile, il est vrai, et non
moins sacrée, de prévenir entre les nations les jeux
sanglants de la force et du hasard. Sur ce point-là,
je n'ajouterai pas que l'accord est incontestable entre
les inspirations de la morale et les tendances de l'économie politique; l'évidence frappe assez d'elle-même.
Mais je dirai, à l'honneur de cet esprit d'humanité
qui distingue notre temps, que la pensée chrétienne
se traduisait, auprès des engins de la guerre, dans
les pavillons de l'œuvre internationale de secours
aux blessés militaires et dans ceux de la commission
sanitaire des Etats-Unis (1).

(1) Le matériel de la commission sanitaire nous est arrivé
à peine échappé des champs de bataille. Il avait été improvisé
devant des besoins d'une extrême urgence, et par suite dans
des conditions très-coûteuses; mais il attestait des soins tou-
chants qui s'appliquent aux instincts de famille, aux besoins
du cœur et de l'âme comme à ceux du corps. — En Europe,
l'honneur de la création revient au comité génevois, dont
l'œuvre a éveillé tant de sympathie en France. La *société de
secours aux blessés militaires* a été reconnue établissement d'uti-

Grâce à l'adjonction des objets appartenant aux arts militaires, il nous semble que l'inventaire est complet. Les perfectionnements qui datent plus ou moins dans l'histoire industrielle depuis le milieu du siècle, revivent pour ainsi dire devant nous. Chacun peut se figurer dès lors les points culminants de cette vaste scène où, grâce aux recherches du savant, aux expérimentations du praticien, au concours de la main-d'œuvre, s'opère sans relâche le développement de cette richesse universelle dont l'avantage le plus solide est de pouvoir servir à l'avancement moral et intellectuel des hommes. Pour quiconque réfléchit un peu sur la vie humaine, la richesse, entre les mains des individus et des sociétés, est un moyen puissant, mais elle n'est qu'un moyen. Certes, on n'amoindrit point son caractère et son rôle, on les relève, au contraire, en la considérant ainsi, car on laisse à la liberté de l'homme le soin de lui donner son vrai sens et sa valeur effective.

Les emblèmes de la richesse, tels qu'ils s'offraient sous nos regards dans l'industrie de tous les peuples, n'appartiennent pas exclusivement à l'époque actuelle. Ainsi, la plus simple réflexion suffit pour nous convaincre qu'il n'y avait pas au Champ de Mars, en 1867, un seul objet dans lequel ne se retrouvât toute une série de recherches, d'efforts, d'essais plus ou moins heureux, datant de loin dans les annales de l'industrie. Les générations, qui passent si vite sur cette terre, se transmettent à travers les siècles le legs de leurs expériences et de leurs méthodes. Si bien que plus une

lité publique par un décret du 23 juin 1866. — Dans ce même ordre d'idées, on ne saurait trop louer la *Ligue internationale et permanente de la paix.*

exposition justifie le titre d'universelle, plus elle doit offrir le reflet des travaux de tous les temps. Les tâtonnements, les échecs même du labeur passé se retrouvent dans les ouvrages les plus perfectionnés de l'époque présente. Il est mille applications, au-dessus desquelles planent les inventions ingénieuses, quoique informes, des siècles les plus lointains. Il en est d'autres qui ont leur point de départ dans d'ingénieuses tentatives, plus rapprochées de nous, mais encore antérieures à notre temps. C'est ainsi que se grossit le lot des découvertes individuelles et le capital commun de l'humanité. Sans doute la part n'est pas égale entre chaque phase de l'histoire. Certaines époques fournissent plus les unes que les autres à l'avoir universel; mais il n'est aucune génération qui ne soit redevable de beaucoup à celles qui l'ont précédée, et qui ne doive mettre sa gloire à transmettre à l'avenir plus encore qu'elle n'avait reçu du passé.

III — Avant de chercher les succès dont nous pouvons nous prévaloir nous-mêmes, dans cette grande catégorie de l'industrie française qui se rapporte à la fabrication des tissus, il convient d'insister sur un des traits de la méthode adoptée. Grâce à cette méthode, on fait, ce nous semble, sans y songer, un véritable cours de géographie industrielle. On peut constater pas à pas et sous les formes les plus frappantes, comment les ressources de l'industrie, comment les forces productives en général se répartissent sur le globe. Chaque région, chaque province, chaque district, chaque cité vient s'offrir successivement aux regards, avec ses applications, avec ses moyens, avec sa vie laborieuse de tous les jours C'est ainsi qu'après nous avoir conduits en Orient, dans le nouveau monde, dans le monde austral, ce système d'observation nous a ramenés en Europe, où nous entreprenons maintenant ce qu'on peut appeler le tour de France industriel.

Jadis c'était chose commune, parmi les ouvriers du moins, que d'accomplir cette longue pérégrination, et de s'initier ainsi aux variables exigences de leur état. Quoiqu'on voyage bien plus aujourd'hui, on ne voyage plus dans les mêmes conditions. Les chemins de fer ont complétement transformé le pèlerinage de l'ouvrier. Au lieu de s'en aller à pied, à petites journées, pour chercher de la besogne de ville en ville, le compagnon du devoir franchit d'un seul coup des distances plus ou moins fortes. Il n'est pas rare de le voir s'élancer d'une extrémité de la France à l'autre; il n'est pas rare qu'il quitte un soir les froides contrées que baignent la mer du Nord ou la Manche pour se réveiller, le surlendemain, près des tièdes rivages de la Méditerranée. De cette façon, chacun peut, je le reconnais, choisir ses stations plus à son gré et suivant les besoins mieux connus du travail. Au point de vue de l'emploi du temps et à celui de la commodité du transport, nul doute que le nouveau mode ne fournisse d'inappréciables avantages; mais on apprend moins sûrement qu'avec l'ancien à connaître le pays.

Quant à nous, dans notre tour de France, nous ne faisons aucun sacrifice à la vitesse. Point d'étapes supprimées, point de localités volontairement omises sur notre itinéraire; seulement il faut, pour qu'un lieu nous attire, que le travail y offre quelques signes particuliers, quelques caractères propres à éclairer d'une lumière nouvelle le rôle des forces intelligentes de l'homme dans ses rapports avec la matière inerte. Il

est vrai que les cités où s'arrêtent nos observations,
nous n'avons pas eu besoin d'aller les chercher à travers de bien longues distances. Elles sont venues à
nous, elles se sont alignées dans une commune arène.
Rien n'était plus facile que d'y constituer, à l'aide d'un
classement spécial, fort simple quoique méthodique,
une sorte de carte géographique où tout s'anime, où
tout prend de soi-même un esprit, un langage, et où
chaque œuvre de l'activité individuelle ou collective
se fixe sans peine à sa véritable place.

Sans doute, dans la carrière ouverte à son industrie, sur quelque point et dans quelque spécialité
qu'on l'envisage, l'homme ne procède pas par voie
de création : c'est impossible ; il utilise seulement les
éléments primitifs que lui fournit la nature telle qu'elle
est sortie des mains de Dieu. Dans cette limite infranchissable, ce n'est pas rien cependant que de pouvoir
agir sur tous les matériaux élémentaires, pour les
combiner, les façonner, les métamorphoser de mille
manières, en les appropriant aux usages les plus
différents. Ce n'est pas rien surtout que de pénétrer
les secrètes lois du monde physique en s'armant de
ces lois mêmes, ou pour mieux dire, des forces
qu'elles régissent, pour assouplir et pour dominer les
résistances de la matière. Dans cette tâche si com-
plexe, nécessitant le continuel secours de l'intelligence, l'intérêt surabonde, pourvu qu'on y cherche et
qu'on y voie une des faces de la destinée humaine
ici-bas.

CHAPITRE II

L'industrie du coton. — Épreuves traversées depuis 1860. — Inventions mécaniques; perfectionnement de l'outillage. — La détresse cotonnière et les traités de commerce. — Aspect de nos différents groupes de fabrication : la Flandre, la Normandie, l'Alsace, etc. — Le rôle des machines et la valeur morale des individus.

I — L'industrie manufacturière par excellence, celle qui compte des armées de travailleurs enrégimentés sous ses drapeaux, qui figure à la tête de presque tous les progrès introduits dans la mécanique industrielle, c'est bien cette industrie des tissus, en tête de laquelle il n'est que juste de placer l'industrie du coton. Envisagées dans leur ensemble, les fabrications textiles se fractionnent en quatre catégories, suivant qu'elles mettent en œuvre le coton, le lin et le chanvre, la soie, la laine. Restent diverses fibres végétales susceptibles d'être filées, mais qui se rattachent à l'une ou à l'autre des quatre divisions principales, ainsi que l'ingénieuse et brillante spécialité des tissus mélangés.

A raison des circonstances, l'industrie du coton excitait un intérêt tout spécial en 1867. Cruellement éprouvée par la crise des Etats-Unis, qui l'avait privée de son aliment quotidien, elle n'était pas tout à fait remise de cette rude secousse : la matière première était encore plus chère alors d'environ 25 p. 100 qu'avant la fermeture du marché américain, et la diminution des prix n'était guère moins redoutable que ne l'avait été le renchérissement. Pendant la crise, la plus dure condition, ce n'était pas de payer cher, mais d'agir absolument au hasard. On était à la merci des événements. Dans le commerce des cotons, sur les places maritimes de l'Europe notamment, des fortunes considérables ont été faites, perdues, refaites et reperdues en quelques mois. Il ne saurait y avoir de pire état que cette incertitude pour les affaires industrielles, où l'on a besoin avant tout de la sécurité du lendemain. Lorsqu'un filateur achetait une forte quantité de balles de coton, il ne savait jamais si sa ruine n'était pas au bout de cette affaire; il ignorait effectivement si les prix n'auraient pas baissé du quart, du tiers, de la moitié au moment où il serait en mesure de livrer ses produits aux acheteurs. En fin de compte, c'est là ce qui est arrivé.

Un durable intérêt historique s'attache à ce fait que l'Exposition de 1867 a été la première occasion où le public ait pu juger ce que l'industrie cotonnière était devenue durant cette dure épreuve. Avait-elle pu continuer ses progrès ininterrompus depuis plus d'un demi-siècle? D'un autre côté, en quelle mesure s'était-elle ressentie des effets du traité de commerce avec l'Angleterre, datant déjà de sept années? Pour l'examen de l'une et de l'autre question, on avait la facilité de pouvoir considérer les faits dans les divers districts de la France où se traite le coton. Tous étaient effectivement représentés au concours. Le Nord y figurait avec les envois de Lille, Roubaix, Amiens, Saint-Quentin, Calais, etc.; le Nord-Ouest, avec ceux de la cité rouennaise qui domine de haut tout le groupe normand, et ceux de Bolbec, Gisors, Flers,

Condé-sur-Noireau, la Ferté-Macé, Falaise, Evreux, Pont-Audemer, etc.; l'Est, avec les étalages de Mulhouse, Wesserling, Guebwiller, Munster, Senonnes, Nancy, Bar-le-Duc, etc.; le Centre, avec quelques articles de Paris, avec les exhibitions de Tarare, Roanne, Thizy et les envois de la Haute-Loire, etc.; enfin l'Ouest, avec des produits de Laval, Mayenne, Cholet.

II — Dans tous ces centres de travail où les applications sont si nombreuses et si dissemblables, comment se présentait la première question, la question relative aux progrès accomplis? Le trait général à relever, c'est un effort manifeste et soutenu vers de nouveaux perfectionnements. En dépit de la famine cotonnière, de très-notables améliorations ont été réalisées, en ce qui concerne les métiers dans les filatures et les tissages, comme les couleurs et les appareils servant à les employer dans les ateliers d'impression sur tissus (1).

Les inventions qui ont été la source des progrès si merveilleux successivement accomplis depuis l'origine dans les diverses branches de cette industrie suggèrent tout d'abord une remarque commune à toutes les applications industrielles, et dont la portée ne saurait

(1) Au sujet des améliorations dans l'outillage, je ne craindrai point d'être trop technique en spécifiant au moins un exemple qui regarde les filatures pour les fils gros et moyens : on y a recours de plus en plus aux métiers automates ou *self-acting*, qui renvident immédiatement les fils sur les bobines, sans avoir besoin d'être repoussés par la main de l'homme. Ce système constitue d'ailleurs un des grands triomphes de la mécanique industrielle, à cause de l'économie qu'il permet dans la main-d'œuvre. De plus, il figure jusqu'à ce moment comme le dernier terme d'une série d'inventions plus ou moins saillantes qu'il semble utile de caractériser avant de suivre de plus près les spécialités de notre industrie cotonnière.

être trop mise en relief. Je veux dire que la découverte, l'invention d'un élément nouveau appartient toujours à un seul homme. Quant aux perfectionnements, à la vulgarisation, ils sont ensuite l'œuvre de plusieurs, sinon de tous. Telle est bien la loi ordinaire; et cette loi, en faisant ressortir les services de ces esprits investigateurs qu'illumine un éclair de génie, doit profiter au libre essor des forces individuelles. Elle commande de les affranchir des entraves abusives de la réglementation ou du monopole. Elle est, en outre, d'un bon effet moral, car elle ne permet à personne de s'isoler dans un premier triomphe. Rappelant, au contraire, à chacun que nous avons sans cesse besoin les uns des autres, elle enseigne qu'il n'y a guère de résultat qui ne soit susceptible d'être complété grâce au concours d'autrui, guère d'invention qui ne soit susceptible d'être perfectionnée par l'expérience universelle.

Rien de plus irrécusable dans l'histoire de l'industrie cotonnière, rien de plus utile à rappeler. Laissons passer les années assez insignifiantes qui suivirent l'importation de la première balle de coton en Angleterre dans la seconde moitié du XVIe siècle (1569). Aussitôt que, cent ans plus tard environ, le traitement de cette matière semble acclimaté au delà du détroit, dans cette même cité de Manchester où elle règne en souveraine aujourd'hui, la puissance des initiatives individuelles se manifeste avec éclat. Les inventions de Watt, d'Hargreaves et d'Arkwright communiquent à cette industrie une incalculable activité. James Watt, né en 1736 et mort en 1819, après avoir été nommé en 1806 membre étranger de l'Institut de France, — ce qui, pour le dire en passant, nous a valu un des plus brillants et des plus solides éloges, qu'ait prononcés François Arago, — James Watt n'avait pas agi directement sur le mode de travailler le coton. Mais cet esprit sagace, qui possédait à un rare degré l'intelligence des détails, si précieuse en industrie comme en tout, avait introduit dans la machine à vapeur des améliorations indispensables pour amener le développement des fabriques. « C'est lui, disait un écrivain anglais, qui a réglé les mouvements de la machine à vapeur, de manière à la rendre applicable aux opérations les plus délicates » (1).

Les inventions d'Hargreaves et d'Arkwright portaient immédiatement, au contraire, sur la filature du coton, qu'elles ont transformée. Devant elles disparut peu à peu et sans retour la filature au rouet, si lente d'allures, quoiqu'elle eût été jadis elle-même un progrès sur le filage au fuseau. L'un et l'autre de ces inventeurs n'étaient que de simples ouvriers, doués d'une vive intuition en mécanique et d'une rare opiniâtreté dans le travail. On n'ignore point que l'humble état de barbier avait été le gagne-pain, jusqu'à sa trentième année, de Richard Arkwright, dernier venu dans une famille pauvre où l'on comptait treize enfants, appelé cependant lui-même à devenir plusieurs fois millionnaire, et à mourir au sein d'un opulent domaine, comme s'il avait été le rejeton d'une des grandes familles de l'Angleterre (2).

(1) De son côté, M. le général Morin spécifie l'invention par ces mots : « On sait que le plus grand perfectionnement introduit par Watt dans la machine à vapeur a été l'emploi d'une capacité spéciale pour y opérer l'injection d'eau froide et la condensation de la vapeur. »

(2) Après avoir travaillé à quelques ouvrages mécaniques, de concert avec un horloger nommé Kay, Arkwright avait seul consacré cinq années à des recherches et à des expériences multiples.

Les mécanismes d'Hargreaves et d'Arkwright, qui se présentaient presque au même moment (1770 et 1775), ne se devaient rien l'un à l'autre; ils reposaient sur des bases différentes. Ils furent combinés, quelques années plus tard (1779), par Samuel Crompton dans la machine qu'il nomma *Mule-Jenny* (1). C'était encore ici le fait d'une initiative tout individuelle. Il en a été de même de l'invention de ces renvideurs mécaniques dont nous parlions tout à l'heure . les trois hommes qui contribuèrent à les porter au degré où ils sont aujourd'hui, William Kelly (1792), Maurice Jough (1827), Richard Roberts (1830), — apportaient chacun un contingent indépendant et distinct. Donc, lorsqu'à la suite de ces inventions primordiales, on aperçoit une foule de perfectionnements qui leur font en quelque sorte cortége, on n'en est pas moins fondé à soutenir que le premier rayon, la conception primitive n'émane jamais que d'une seule tête.

En France, où les exemples sont d'abord venus d'Angleterre, nous n'en pouvons pas moins constater qu'une part considérable des progrès accomplis a été due à des personnalités énergiques et entreprenantes. Ainsi, n'est-ce pas un simple industriel, Oberkampf, qui introduisit chez nous, vers le milieu du dernier siècle, la fabrication des toiles peintes, proscrite jusqu'en 1759 comme contraire à l'industrie de la soie, du lin, du chanvre, et aux intérêts de la compagnie des Indes? Oui, ce fut Oberkampf, arrivé d'Allemagne en France presque sans ressources, qui, après s'être placé un moment dans un atelier du faubourg

(1) Le métier d'Hargreaves portait le nom bien connu de *Spinning-Jenny*, Jeannette la fileuse.

Saint-Marceau, à Paris, où il procédait à quelques essais furtifs avant la levée de l'interdiction, allait s'installer en 1760 à Jouy-en-Josas, aux portes de Versailles, et y imprimait de ses mains la première de ces toiles peintes aujourd'hui si nombreuses et si brillantes. Ah! si vous vouliez aller voir le premier berceau de cette industrie en France, vous n'en trouveriez plus aucun vestige apparent. Rien ne subsiste, dans cette vallée de Jouy si pittoresque et trop peu visitée, de l'ancien établissement qui donnait plus d'un demi-million de livres de bénéfices en 1763, plus d'un million et demi en 1805, et dont Napoléon Ier décorait l'heureux fondateur au milieu de son usine, le 20 juin 1806. A défaut pourtant des murailles démolies depuis trente ou quarante ans, le sol y proclame encore la force de l'initiative individuelle quand elle s'unit à l'amour du travail, à la probité et au génie des affaires (1).

Dans le temps même où la fabrique de toiles peintes d'Oberkampf parvenait à son apogée, un autre manufacturier dont le nom est resté populaire à Paris, Richard Lenoir, donnait un vigoureux élan à la filature du coton par l'établissement de nombreuses usines. Moins heureux qu'Oberkampf, il survivait de longues années au renversement de sa fortune. La pauvreté qu'il avait subie dans sa jeunesse, il la retrouvait à la fin de sa vie, bien autrement dure à porter alors qu'elle n'a plus le soutien de l'espérance (2).

(1) C'est à Jouy-en-Josas que fut inventée en 1777 l'impression au rouleau, bien plus expéditive que l'ancienne impression à la planche, par Samuel Widmer, neveu d'Oberkampf. A la mort de ce dernier, en 1815, Widmer prit la direction des affaires; il mourut lui-même en 1821, et la fabrique, d'ailleurs mal placée au point de vue économique en face des concurrences qui s'établissaient loin de Paris, ne fit ensuite que décliner pour disparaître bientôt complétement.

(2) François Richard, qui avait joint à son nom celui d'un

Ses efforts cependant n'ont pas été perdus ; ils devaient profiter à de prochaines créations sur des lieux plus convenables que la capitale pour de grandes exploitations manufacturières.

De nos jours, l'industrie cotonnière a été redevable de ses progrès les plus marqués, sur tous les points, en Flandre, en Normandie, en Alsace, à des impulsions également individuelles. Josué Heilmann, avec l'invention de sa machine à peigner le coton, applicable aux autres matières textiles, a marqué le point de départ d'un remarquable perfectionnement. L'Exposition rappelait le nom de deux manufacturiers appartenant, comme Heilmann, à l'Alsace, et qui sont liés par le souvenir d'excellents exemples et d'innovations diverses à la fortune de cette même industrie : M. J.-J. Bourcart, de Guebwiller, et M. Gros, de Wesserling (1). Sans sortir du cercle des exposants de 1867, je pourrais continuer cette série ; mais la démonstration est suffisante (2).

associé et d'un ami mort en 1806, Jean Lenoir, n'a lui-même terminé sa carrière qu'en 1839. Sa veuve recevait du ministère du commerce une faible allocation annuelle de quelques centaines de francs.

(1) V. *Notice sur M. Bourcart*, par M. le docteur Penot, et *Notice sur M. Gros*, par M. Ernest Zuber (*Bulletin de la société industrielle de Mulhouse*).

(2) En 1770, à l'époque où Hargreaves prenait son brevet d'invention, la mise en œuvre du coton dans les fabriques de la France s'appliquait à 1,600,000 kilogrammes ; en 1820, après le rétablissement de la paix générale, la consommation arrivait à 20,000,000 ; en 1859, à la veille de la guerre civile des Etats-Unis, elle montait à 91,337,483. En 1866, la France a importé 120,000,000 de kilog. de coton et fabriqué elle-même 100 millions de kilogrammes soit en fils, soit en tissus. Les 20 millions de surplus ont passé dans des fabriques du dehors. En Angleterre, la consommation du coton brut, qui n'était que d'un quart plus forte qu'en France en 1770, arrive en 1820 presque à un chiffre trois fois et demi plus élevé (68,768,383 kil.). En 1859, elle absorbait 442,399,300 kilog. En 1866, la somme totale des importations de coton en Angleterre a été de 555,373,049 kilog. ; il faut en retran-

L'essentiel en ce moment, c'est de savoir d'ailleurs que la chaîne des progrès a été énergiquement continuée, comme l'attestait le tribut spécial et distinct de chacune des fabriques nommées un peu plus haut. La preuve en était dans le groupe du Nord, dans les envois de ces filateurs de Lille et de Roubaix qui ont déployé tant de résolution pour le perfectionnement de leur matériel, et parmi lesquels on compte tant de réputations si justement acquises (1). Annexe de ce même groupe, la fabrique d'Amiens se faisait remarquer par ses velours de coton, grandement perfectionnés depuis quelques années. La fabrique de Saint-Quentin étalait des résultats analogues dans ses fins tissus désignés sous les noms de nansouk, organdi, jaconas, mousseline, percale, et dans ses rideaux et stores brochés.

Mêmes signes à Saint-Pierre-lez-Calais et à Calais, d'où nous étaient venus les tulles de coton de tous genres, autrement dit dentelles mécaniquement fabriquées. Le premier métier à tulle importé d'Angleterre avait été monté par un industriel des plus honorables, que la mort enlevait au début de l'Exposition, M. Lievin-Delhaye. Il était véritablement, selon le terme ordinaire, l'enfant de ses œuvres : sa carrière mérite d'être notée à titre d'exemple. Fils d'un simple sous-officier qui laissait une veuve avec trois

cher 112,973,749 kilog., vendus pour le dehors. Quant à la valeur des produits alors fabriqués en Angleterre, M. Alcan, dans son *Traité de la filature*, l'estime à 1,858,077,000 francs. On l'a déjà dit : si les métiers actuels n'existaient pas, toute la population du Royaume-Uni serait insuffisante pour la mise en œuvre de la matière employée.

(1) C'est à Roubaix, en 1843, alors que le renvideur mécanique n'existait en France qu'à l'état d'essai, alors que deux échecs venaient même d'être éprouvés dans l'emploi de cet appareil, qu'un industriel des plus distingués, M. Motte-Bossut, en avait constitué, de concert avec ses associés, la première application un peu notable.

enfants n'ayant pour toute ressource qu'une pension d'une centaine de francs, M. Delhaye a pu s'élever à une fortune considérable ; il a été membre du conseil général de son département et maire de Calais. Il avait su ouvrir une voie nouvelle dans les deux mondes à l'industrie calaisienne. Un trait à mentionner dans sa vie vaut mieux encore, ce nous semble, que le succès matériel : c'est le soin qu'il avait pris de constituer dès longtemps à sa mère une fortune indépendante ; il préparait ainsi pour ses deux frères et pour lui un héritage que d'autres ne songent guère qu'à recevoir tout formé, quand ils ne le convoitent pas à l'avance. Il avait pour cela inscrit sa mère dans ses affaires pour une certaine quotité, si bien qu'en mourant la pauvre veuve de l'ancien sous-officier se trouvait posséder de 200,000 à 300,000 francs. Il avait pu voir avant de mourir, que l'industrie des *tulles unis* luttait courageusement, pour conserver son travail et son marché, devant la terrible concurrence de la puissante fabrique anglaise de Nottingham. Transformation des anciens métiers, construction de métiers nouveaux, économies de tout genre, rien n'avait été négligé.

Dans le groupe normand, où la fabrication s'adresse surtout à la grande masse des consommateurs, la fabrique de Rouen méritait d'attirer les regards par ses efforts incessants pour livrer ses produits à bon marché. C'est la fabrique destinée à la population ouvrière des campagnes et des villes. Malgré les difficultés de tout genre auxquelles il lui a fallu faire face, elle n'a point faibli durant la stagnation du travail. De notables progrès ont été réalisés dans son sein; ils se sont succédé sans interruption depuis une quinzaine d'années; si bien que depuis l'Exposition de 1855, le chiffre de ses affaires a triplé. La filature, le tissage, les indiennes ou tissus de coton imprimés, les rouenneries ou tissus de coton formés de fils teints avant le tissage, les perses, les madras, les mouchoirs de couleur, en un mot toutes les branches si divisées de son domaine se sont ressenties de ces incessantes améliorations (1).

Parmi les localités normandes, en dehors de Rouen, qui, à raison des progrès accomplis, appelleraient une mention particulière, citons au moins la petite ville de Flers, dont l'activité s'est constamment élargie depuis une vingtaine d'années. Ses tissus de coutil de coton pour l'habillement, la literie, l'ameublement, etc., atteignent une valeur annuelle de 25 à 30 millions de francs.

Les manufactures de Mulhouse marquaient vivement dans le progrès général, elles se distinguaient surtout dans la spécialité des impressions sur tissus (2). Les perses pour meubles réclament une mention spéciale par la variété, le bon goût, la richesse des dessins et la vivacité des nuances. Nulle part à l'étranger on n'obtient des résultats comparables. En somme, la cité mulhousienne est restée fidèle à ces

(1) On s'attendait à ce que le plus grand centre de l'industrie du coton sur le continent et le chef-lieu de la fabrication la plus économique de la France reçût une distinction collective exceptionnelle qui aurait été si bien décernée, là comme ailleurs, à la chambre de commerce. Il n'y aurait eu qu'une voix pour acclamer une si légitime résolution. Ce qu'on juge, ce qu'on doit récompenser dans une exposition de l'industrie, ce sont des résultats matériels, ce sont les recherches, les travaux et le courage qui les ont valus.—Voyez une *Etude sur les industries du coton. etc.*, *dans la région du Nord*, par M. Alphonse Cordier. M. Cordier est un des hommes de France qui connaissent le mieux les industries textiles et qui les jugent avec le plus d'indépendance.

(2) On pouvait se faire une idée du degré de perfection qu'elles atteignent en ce genre de travail par les envois de MM. Dollfus-Mieg, de MM. Gros-Roman, de MM. Thierry-Mieg, etc.

instincts progressifs qui l'ont placée si haut sur l'é-
chelle de la fabrication française. Par un privilége
qu'il faut noter, cette fabrique n'avait point cessé de
marcher activement même pendant que la crise cotonnière sévissait avec le plus de rigueur. Des maisons de commerce, des commissionnaires fort riches
avaient employé leurs ressources dans des achats de
coton; et si une partie de ces achats appartenait
parfois à la spéculation, une autre fournissait un
ample aliment aux fabriques. De leur côté, la plupart
des filateurs, grâce à l'étendue de leurs capitaux,
avaient pu, dès l'origine de la crise, s'approvisionner
de matières premières, à des conditions relativement
très-modérées. Le prix de la main-d'œuvre ne haus-
sait pas cependant, car les ouvriers du dehors, dé-
possédés de leur tâche habituelle, affluaient sur la
place. Voilà comment le travail s'est maintenu. Inutile de dire qu'on a augmenté et perfectionné tous
les moyens habituels de la production (1).

Dans le centre de la France, point d'analogie entre
les articles qu'on y fabrique et ceux qui composent le
fond de la manufacture mulhousienne. Ainsi les produits de Roanne rappellent le caractère de ceux de

(1) L'impression sur tissus, si florissante à Mulhouse pour
les qualités les plus belles, est de toutes les industries celle
qui relève le plus de la science, surtout de la chimie, qui lui
doit elle-même plusieurs découvertes. — Voy. *Rapport sur les
forces morales et matérielles de l'industrie du Haut Rhin* (1831-
1861), par M. Charles Thierry-Mieg; et sur l'industrie du
coton en général : *le Coton, son régime, ses problèmes*, par
M. Louis Reybaud.
Une question qui ne rentre pas dans notre cadre actuel,
celle de l'admission temporaire en franchise des tissus écrus, a
été le sujet d'une polémique fort instructive, dans le journal
le Temps, entre M. Jean Dollfus, dont les créations en fait
d'économie sociale ont été si généreuses, et M. A. Herzog,
autre éminent manufacturier du Haut-Rhin. — Voyez sur
cette question un *Rapport à la chambre de commerce de Mulhouse*
(octobre 1867), par M. Edouard Kœchlin.

Flers, quoique d'un peu loin; ceux de Tarare participent du caractère des articles de Saint-Quentin, mais avec plus de finesse encore. Les tarlatanes et les mousselines de Tarare sont toujours fort admirées des connaisseurs, ainsi que les tissus pour rideaux et tentures. Mentionnons le faisceau des dentelles du Puy, qui se confectionnent à la campagne autour du foyer domestique et fournissent un précieux appoint au travail agricole. Mentionnons encore les fils à coudre, à broder et à tricoter de Paris, dont la réputation est si justement établie. — Dans l'Ouest, enfin, la fabrication ne s'adresse qu'à des tissus communs, mais fort estimés en leur genre et réunissant toutes les conditions d'un excellent service. Pour être moins saillant que dans les localités déjà énoncées, le progrès n'en a pas moins été réel dans les régions centrales et occidentales.

Donc, point de doute possible sur le courage déployé, pendant la crise cotonnière, sur les efforts tentés pour conjurer les périls de la situation. Même au milieu des souffrances les plus dures, la transformation du matériel, commencée déjà cinq ou six ans auparavant, se poursuit et s'achève. Telle est la réponse à la première question posée tout à l'heure.

III — Quant à la seconde question, à celle qui concerne les effets des traités de commerce sur l'industrie du coton, il est un point que l'étude attentive de l'état des choses place également au-dessus de toute controverse. J'entends parler du rapport qui a relié ou plutôt subordonné cette question à la crise des États-Unis. Il est notoire d'abord que les pertes isolées, les échecs individuels ont été comme enveloppés dans l'immense tourbillon de la détresse universelle. Ce n'est pas tout : la lutte sérieuse s'était trouvée forcément ajournée. La concurrence ne pouvait éclater tant que duraient l'insuffisance des approvisionnements et le chômage des fabriques. Les manufactures anglaises, par exemple, affamées elles-mêmes, n'avaient rien à expédier sur nos marchés intérieurs. De cette façon, la crise américaine, en survenant au lendemain du traité de commerce avec l'Angleterre, devait plutôt faciliter que gêner la transformation nécessitée par le nouveau régime commercial. Parmi les établissements dont l'outillage était plus ou moins défectueux, les uns ont profité de l'interruption du travail pour se renouveler de fond en comble, les autres se sont fermés pour ne plus se rouvrir.

Ce qui est certain, ce qui éclate avec la dernière évidence, c'est qu'on n'a rien négligé de ce qu'on pouvait faire pour se mettre en mesure de soutenir la lutte avec le dehors. Les embarras et les craintes n'ont point désarmé les courages ni ralenti les améliorations. L'industrie française ayant si vaillamment rempli sa tâche, c'est-à-dire ayant opéré, avec de larges sacrifices, toutes les réformes qui dépendaient d'elle-même, l'infériorité subsistant encore dans les prix de revient de tels ou tels articles ne saurait lui être imputée. Elle ne résulte plus que de circonstances échappant absolument à son action. Ce n'est pas à la science économique que ce contraste doit être signalé; c'est à la politique, qui a mission de consulter les faits pour l'application des théories scientifiques. Si les principes de la science sont indépendants des situations, la politique y est essentiellement assujettie. Aujourd'hui donc, dans notre pays, pour l'examen des problèmes relatifs à l'industrie cotonnière, le gouvernement ne peut se dispenser d'avoir la carte du monde déployée sous ses regards. Il doit y considérer les différences existant entre notre pays et tel ou tel autre sous le rapport des voies de communication, du prix des transports, de la puissance des établissements industriels et des sacrifices qu'ils peuvent supporter dans les moments de crise, de l'établissement maritime et colonial du pays, comme aussi des avantages existant pour l'écoulement des marchandises et le recouvrement des prix, en un mot de tout ce qui dépasse les limites de l'action individuelle. Salutaires et suprêmes enseignements, que l'étude des phénomènes les plus positifs, depuis sept ans, a fait ressortir avec une clarté sans nuages.

Il en est d'autres à propos desquels l'industrie manufacturière ne saurait oublier qu'elle a reçu le vigoureux et clairvoyant appui de l'économie politique. Je fais allusion au rôle des machines. Le sort des masses nombreuses est intéressé à la fortune de l'industrie cotonnière ; on traite le coton dans tous les pays du monde. Seulement, avec l'état actuel des rivalités commerciales, on ne peut trop faire entendre partout que la main-d'œuvre, pour défendre et conserver son lot, doit savoir s'approprier, à mesure qu'ils se produisent, tous les perfectionnements mécaniques. L'emploi des machines répond aux intérêts du travail comme à ceux du capital : mettez cette condition en oubli, et la fabrication sera bientôt paralysée. En fût-on réduit à la concurrence intérieure, qu'il en serait de même d'un district à un autre district. Pareille exigence encore si l'on supposait le travail et le capital réunis dans les mêmes mains. Concluons donc que, loin de lui porter préjudice, les machines dans l'industrie manufacturière garantissent le domaine de la main-d'œuvre. Point de machines, point de travail. C'est là une notion élémentaire qu'un état d'ignorance encore trop fréquent peut seul pousser à méconnaître aujourd'hui.

Dans ce même ordre d'idées, est-ce tout ce que demande, tout ce qu'enseigne l'économie politique? Non assurément. Elle demande surtout qu'on accroisse le plus possible ce qu'on appelle la valeur productive de l'homme. Rien de mieux : seulement, à quoi tient cette valeur? Evidemment à la force physique de l'individu, à son habileté professionnelle, au développement de ses facultés intellectuelles. Ces conditions sont indispensables, en effet, pour le bon accomplissement de sa tâche. En fait d'instruction, l'homme est un capital susceptible d'un continuel accroissement. On ne contestera pas néanmoins que tous les efforts échoueraient et que tous les calculs seraient trompés, si l'on ne réussissait pas avant tout à rehausser sa valeur morale. Vérité trop manifeste! Y a-t-il une valeur productive un peu sérieuse et un peu soutenue chez celui qui n'aurait pas l'idée et le sentiment du devoir? Où serait la garantie contre les pertes de temps, qui coûtent si cher à la production, contre les infidélités, qui troublent tous les calculs, contre les désordres, qui épuisent tous les fruits du travail? Intérêt de l'individu, intérêt de la famille, intérêt de l'industrie, intérêt de la société, tout nous montre la valeur morale de l'homme comme le support indispensable de sa valeur productive. Affirmons-le donc en quittant celle de nos grandes industries qui a eu l'initiative de tous les perfectionnements mécaniques : la science économique n'a jamais eu là-dessus ni une autre doctrine, ni un autre programme, ni une autre source de confiance. Seulement, si elle emprunte ainsi une visible énergie aux lois fortifiantes de la morale, elle peut de son côté fournir d'excellents arguments à la morale pratique. On est loin de lui avoir demandé tout ce qu'elle pourrait donner sous ce rapport dans une alliance qui dérive de la nature même des choses.

CHAPITRE III

L'industrie du lin et du chanvre. — Transformations accomplies; progrès du tissage mécanique. — Le groupe des filateurs du Nord. — Effets de la crise cotonnière et de la concurrence anglaise sur l'industrie du lin.

I—Tandis que le travail du coton a été, dès son premier essor, une industrie essentiellement manufacturière, le travail du lin et celui du chanvre sont restés longtemps des industries toutes domestiques ou privées. Il n'y a pas encore bien des années qu'on a complétement délaissé la quenouille et le fuseau dans la filature du lin. La résistance avait été des plus difficiles à vaincre, tant les fileuses en étaient venues à se contenter d'un chétif salaire. J'ai vu moi-même en Bretagne de pauvres femmes gagnant tout au plus un sol par jour avec leur quenouille, et qui luttaient encore pour conserver cette ingrate besogne. Enfin la mécanique a triomphé sans retour et sans partage. Sauf quelques exceptions fort rares, on ne confectionne

plus à la main que les fils destinés aux tissus les
plus délicats, les batistes, et encore ce dernier lot
s'amoindrit-il lui-même, car les vraies batistes s'en
vont (1).

Dans le tissage de la toile, l'emploi des machines
avance moins rapidement que dans la filature. La majeure partie des articles fabriqués vient encore des
métiers à la main. Ce qui ralentit le mouvement de
ce côté-là, c'est que l'économie dans la main-d'œuvre
y est moins sensible. Toutefois le tissage mécanique,
qui laissait à désirer d'abord au point de vue de la
régularité du travail, a réalisé de si notables progrès,
qu'on peut lui prédire sans témérité de nouveaux et
prochains développements. Pour l'industrie linière envisagée dans son ensemble, la tendance à recourir de
plus en plus aux appareils mécaniques reste donc le
trait le plus saillant à relever durant les années antérieures à l'année de 1867. A l'heure qu'il est, un
changement analogue frappe encore davantage dans le
travail du chanvre. Cette transformation ne date effectivement que d'hier. Le chanvre était jusqu'ici préparé et employé sous le toit du cultivateur; il était
teillé, filé, tissé à la main. Toutes les élaborations qu'il
subissait participaient plutôt du travail agricole que
du travail industriel; le voilà qui passe dans la manufacture. L'Exposition accusait nettement cette
dernière évolution, qui enlève, il est vrai, un élément à la vie rurale, mais non point sans compensation. Elle lui fournit, au contraire, un sérieux
dédommagement dans la nécessité qu'elle lui crée

(1) La Belgique avait envoyé divers échantillons de fils de
lin au fuseau d'une finesse d'exécution vraiment merveil-
leuse, mais ce n'était là qu'un point imperceptible au milieu
de la production générale.

d'augmenter la culture, nécessité qui s'applique, du reste, aussi bien au lin qu'au chanvre.

Pour le chanvre d'abord, il est évident que sa mise en œuvre prend une extension marquée sur les points où elle régnait déjà, et qu'elle s'installe sur d'autres. La région de l'ouest de la France figure, on le sait, à la tête de cette industrie : Angers et le Mans y sont les principaux centres de ce travail. Le département du Nord, celui de la Somme en ont aussi leur part. Cette application tend à élargir son cercle : une fabrique des environs de Poitiers était, en outre, représentée au Champ de Mars. Les signes de l'élan indiqué sont incontestables, et par suite la nécessité de produire plus de chanvre. Or, rien n'est plus désirable pour l'intérêt agricole que la propagation des cultures industrielles. Elles facilitent l'adoption d'un meilleur système d'assolements; elles donnent, avec l'état actuel des échanges internationaux, des produits plus rémunérateurs que les céréales.

Dans le traitement du lin et du chanvre, deux faits principaux sont à signaler, regardant l'un la filature du lin, l'autre le tissage du chanvre. Jamais on n'avait présenté des toiles de chanvre aussi parfaites. D'un autre côté, la filature mécanique du lin est arrivée chez nous à une finesse incomparable (1). On ne pourrait citer avec trop d'éloges tout le groupe des filateurs de l'arrondissement de Lille, siége principal de notre industrie linière. La région de l'ouest, la Normandie, le Maine, autres grands centres de fabrication, doivent également être nommés. Ajoutons que le

(1) Les toiles de chanvre pour voiles de navire et tentes de MM. Joubert Bonnaire, d'Angers, étaient particulièrement remarquées. Observation analogue pour la finesse des fils de lin de la maison Droulers et Agache, de Lille.

tissage est partout des plus satisfaisants; mais on comprend qu'à propos de toiles il n'y ait pas de grands détails à donner. Quand on a dit : Voilà de très-belle toile, on n'a plus rien à dire. Les comparaisons, les parallèles sont, du reste, très-difficiles; on arrive presque sur tous les points aujourd'hui à un degré de perfection analogue (1).

Au milieu du groupe de notre industrie linière, on avait placé le buste de Philippe de Girard, inventeur de la filature du lin à la mécanique. C'était là sans doute une noble inspiration. Que nous rappelle néanmoins la figure de cet ingénieux et infatigable investigateur? Elle nous rappelle, à côté d'un triomphe, une longue injustice et une erreur manifeste. Un triomphe? c'est évident. Il n'y a plus rien à dire aujourd'hui, écrivions-nous ailleurs nous-même, de l'invention de la filature mécanique du lin, qui rend à jamais illustre le nom de Philippe de Girard. Les

(1) Parmi les fabricants à nommer, soit pour les fils ordinaires, soit pour les fils à coudre, soit pour les toiles, j'aperçois, entre beaucoup d'autres, MM. Scrive, Wallaert, Victor Saint-Léger, Poullier-Longhaye, Dequoy, Verstraete, Danset, Leblan, Jonglez-Hovelacq et Cᵉ, etc., de Lille; MM. Mahieu-Delangre, Beghin-Duflos, Victor Pouchain, d'Armentières, etc.; l'ancienne et si importante maison Cohin, (Sarthe); la société linière du Finistère; MM. Fournet, de Lisieux, Fauquet-Lemaître, de Bolbec, etc. Dans la catégorie du linge damassé, la maison Casse, de Lille, si justement renommée, exposait des échantillons ornés de larges et beaux dessins, comme celui de la *Pêche miraculeuse*, d'une exécution parfaite. Mentionnons dans cette section MM. Lemaître-Demeestère, d'Halluin, Deneux frères, d'Hallencourt, Odon Dekeyser et Nisse, d'Armentières. — Il y avait plus d'une exhibition de tissus de fil pour vêtements méritant d'être remarquées, notamment celles de MM. Jourdain-Defontaine, de Tourcoing, de M. Debuchy, de Lille, puis encore celle de MM. Piednoir et Gontier, de Laval, etc. — Plusieurs maisons avaient envoyé des fils et des tissus de jute; mais comme cette matière est infiniment moins employée en France qu'en Angleterre, il conviendra mieux d'en parler à propos de ce dernier pays.

conditions du concours ouvert en 1810 avaient été remplies par lui : les éléments qu'il avait déterminés et mis en pratique, quoique susceptibles d'être perfectionnés comme toutes les découvertes humaines, renfermaient véritablement la solution du problème. Point d'incertitude sur tout cela ; dès lors point d'incertitude non plus sur l'injustice qui a fait contester les titres de Philippe de Girard durant toute sa vie. Oh ! je ne raconterai point quelles considérations parfois peu avouables, quelles rancunes mesquines ont contribué à ce long déni de justice : il n'y a pas assez longtemps que la tombe s'est fermée sur ceux qui ont eu à se les reprocher.

Je suis plus à l'aise pour signaler une erreur de principe ayant trait à la promesse même d'un prix en argent. N'allons pas croire qu'avec de semblables appâts on crée le génie inventif. Les conditions élémentaires de la filature du lin fussent sorties des recherches de Philippe de Girard, quand même on n'aurait pas promis un million de francs à l'inventeur Chercher, c'était un besoin de sa nature ; toute sa vie en a été la preuve. Jamais, en pareille matière, l'amorce attachée à une grosse somme ne saurait éveiller que les vulgaires convoitises ; elle ne met le plus souvent en relief que la médiocrité et l'impuissance. On a pu juger depuis 1810 de l'inefficacité d'un tel système. Les leçons de l'économie politique sont utiles à consulter sur ce point. De même qu'elle réprouve les primes à l'exportation, de même elle condamne les primes à l'invention. Mieux vaut laisser le génie à ses intimes instincts. Au point de vue de la gloire, il trouve en lui le stimulant le plus énergique. Au point de vue de l'intérêt matériel, c'est le public, juge suprême du succès obtenu, qui décernera toujours les rémunérations les plus productives comme les mieux assurées. Sans le million promis, Philippe de Girard n'aurait pas attendu si longtemps son piédestal. La question d'argent servit de voile à des impulsions tout individuelles. Un autre inventeur dont j'ai cité le nom plus haut, Arkwright, n'avait point reçu de semblable promesse; on n'a pas eu intérêt à répandre des nuages sur son invention, et il est mort au sein d'une opulence légitimement acquise. En constatant ici pour 'avenir le sens des vrais principes économiques, je n'ai garde de vouloir effacer les traces de l'injustice prolongée dont Philippe de Girard et sa famille ont eu tant à souffrir.

II — Avec le métier de Philippe de Girard la mécanique s'était implantée dans l'industrie du lin, comme quarante-cinq ans plus tôt dans celle du coton. Depuis lors, ses conquêtes ne se sont plus arrêtées; elles ne se sont même pas arrêtées, durant les épreuves qu'elle a subies, elle aussi, dans les derniers temps, et qui ont nécessité de sa part une forte dose d'énergie morale. Éprouvant, comme l'industrie cotonnière, quoiqu'en un sens inverse, les effets de la crise américaine, elle est arrivée, après des jours d'une activité exceptionnelle, aux plus pénibles embarras. La détresse cotonnière avait tout naturellement poussé la consommation vers le lin et la laine, et surtout vers le lin, qui a plus d'affinité avec la matière première dont l'Europe se voyait soudainement privée.

A l'accroissement des demandes, venant de l'intérieur, se joignirent bientôt des ordres expédiés d'Angleterre où la fabrication cotonnière, six fois plus forte qu'en France, avait laissé des vides plus difficiles à combler. Ainsi, en 1863, nos fabriques fournissent à nos voisins d'outre-Manche jusqu'à 3,251,964 kilogrammes de lin filé. Qu'arrive-t-il alors chez nous? Les établissements anciens augmentent leurs moyens de production; il s'en installe de nouveaux; on ne suffit bientôt plus à construire les métiers. Nos filatures en viennent à posséder en 1867, d'après les évaluations les plus plausibles, 700,000 broches, au lieu de 550,000 qu'elles avaient en 1860. Dans le département du Nord on était passé de 446,237 broches à 531,092.

La fin de la crise américaine devait amener de cruels retours. Déjà on avait vu le coton reparaître sur les marchés européens avec une certaine abondance en 1864, et plus encore en 1865, grâce à l'extension de la culture en dehors des États-Unis, aux Indes orientales, au Brésil, en Égypte et ailleurs. En 1866, la réaction se prononce décidément contre le lin, pour atteindre des proportions écrasantes en 1867. L'Angleterre, qui avait elle-même considérablement développé ses filatures et ses tissages, avait interrompu ses commandes. Puis, soudainement encombrée de produits, elle vient chercher, dans notre pays, des canaux d'écoulement. Elle y était poussée avec d'autant plus de force, qu'elle voyait se rétrécir, sinon se fermer pour elle, par suite de l'élévation des tarifs américains plus que doublés depuis 1862, le marché des États-Unis, où jadis ses toiles de lin figuraient pour des chiffres énormes (en 1862 pour 92,000,000 de francs). Les manufacturiers de Belfast, de Leeds, de Dundee, où l'industrie linière est si puissante, peuvent se résigner à des sacrifices, à des baisses de prix dont nos fabriques seraient accablées. L'essentiel pour eux, dans un moment de crise, en cas d'*overproduction*, comme disent nos voisins, c'est de se débarrasser, à tout prix; d'un trop-plein qui paralyse les mouvements. Or, dans l'état donné des choses, il n'était pas nécessaire que les importations britanniques atteignissent à des chiffres bien forts pour rompre complétement, sur nos marchés, un équilibre déjà si gravement compromis. Les prix de vente fléchissent, les fabriques sont obligées de diminuer leur tâche, ou même de fermer leurs portes au travail dépossédé de son aliment ordinaire. Tel est le phénomène attristant qui se manifestait au moment même où l'Exposition universelle étalait ses splendeurs. Tant qu'avait duré l'élan imprimé à la fabrication par la détresse cotonnière, l'industrie du lin avait été loin de pouvoir ressentir en France les effets de la concurrence extérieure. Des circonstances aussi exceptionnelles ne permettaient pas de mesurer parallèlement les forces des industries mises en présence. Les épreuves, ressenties depuis lors, ne sauraient manquer de peser d'un grand poids dans la balance des résolutions ultérieures. Pour les apprécier justement, néanmoins, il sera indispensable d'établir une distinction entre les phénomènes accidentels et les conditions permanentes, entre les faits passagers et les différences durables. Je ne crains point de faire cette remarque qui profite à la vérité. Ainsi reconnaissons que, parmi les tristes phénomènes qui ont coïncidé avec la fin de la crise aux États-Unis, il en est qui doivent être attribués à l'idée fausse qu'on avait conçue du caractère et de la durée de la lutte. En Angleterre, comme en France, on s'était lancé dans des entreprises qui semblaient supposer dix ans, vingt ans de guerre de l'autre côté de l'Atlantique. On s'était trompé sur les chances du lendemain, sur les sources vigoureuses où s'alimentait la force des États du Nord. Peu importe aujourd'hui, pourvu qu'on ne s'abuse pas une fois de plus sur la portée des tiraillements politiques postérieurs au rétablissement de l'Union. La méprise ancienne a eu ses conséquences qui doivent occuper un coin du tableau. Cette considération est propre à dissiper certains nuages, pourvu que le commerce, reprenant son cours à l'intérieur, rouvre à la production des voies d'écoulement que nous ne sommes point en mesure de trouver au dehors.

CHAPITRE IV

L'industrie de la soie. — La fabrique de Lyon, ses dernières crises, son état et ses besoins ; sa place dans le mouvement commercial. — Conditions d'avenir.

I — Dès qu'on veut examiner les conditions générales que présente l'industrie de la soie dans notre pays, il convient de se rappeler d'abord que cette riche matière nous est fournie concurremment par nos départements méridionaux, par le midi de l'Europe et par les contrées asiatiques. Nulle part dans le monde on ne récolte de plus belles soies qu'en France. Nos produits du Gard, de l'Ardèche, de la Drôme, conservent encore leurs qualités relatives, quoiqu'elles aien été cruellement atteintes, dans ces derniers temps, par

les maladies du frêle et délicat insecte dont les curieuses métamorphoses donnent naissance au filament
soyeux. Ces maladies se sont étendues au dehors sur
tous les rivages de la Méditerranée. Partout la qualité des produits s'en est ressentie. Quant à la quantité, la réduction a été énorme. Ainsi, la France, qui
fut si longtemps l'un des plus riches pays de production, où les récoltes s'étaient accrues si rapidement,
d'année en année, durant la première moitié de ce
siècle, a vu, depuis 1850, les chiffres s'affaiblir dans
des proportions vraiment effrayantes (1).

Les pertes qu'éprouvait notre pays, du côté de la
matière première, ont laissé intacte son ancienne supériorité dans la mise en œuvre de la soie. Chacun
sait que la cité lyonnaise est le plus grand centre de
fabrication des soieries du monde entier. Elle avait à
Paris, en 1867, des ouvrages plus magnifiques et plus
nombreux que dans aucune des expositions universelles antérieures. A Londres, en 1851, elle comptait une trentaine d'exposants; en 1855, à Paris, environ 120; il n'y en avait que 80 à la seconde exposition
de Londres; en 1867, le Champ-de-Mars en réunis-
sait près de 150. Le groupe de leurs produits comprenait de véritables chefs-d'œuvre, sous le double
rapport de la conception et du tissage. Tous les genres
y figuraient : étoffes unies, petits façonnés, grands
façonnés, riches tissus pour robes, pour tentures d'ap-

(1) La production était en 1810 de 4,000,000 de kilogrammes;
en 1820, de 5,200,000; en 1840, de 11,500,000; en 1850, de
30,000,000. On est tombé à 24 millions de kilogrammes en
1854 et à 7,500,000 kilogrammes en 1861.
Sur le développement et l'existence du ver à soie comme
sur le traitement des cocons, on peut voir notre livre *les Populations ouvrières et les industries de la France*, t. II, p. 143, *les
Ouvriers des Cévennes*.

partements, pour ornements d'église, velours de tous genres, taffetas, moires, popelines, foulards écrus ou imprimés, peluches, crêpes, tulles, gazes, etc. Malheureusement, — on est obligé d'en faire la remarque pour l'intérêt de l'avenir, — l'ordonnance de l'exhibition lyonnaise ne répondait guère, il faut l'avouer, à l'ampleur et à la beauté des assortiments. On ne s'était pas mis en grands frais d'imagination ; on s'était arrêté à des routines un peu surannées, devenues un peu vulgaires. Lors de l'Exposition de Londres, en 1862, on s'était plaint que l'espace et la lumière manquaient à nos soieries. Rien de plus vrai : l'emplacement affecté à l'industrie lyonnaise avait été très-mal choisi ; mais en 1867 c'est de la place obtenue qu'on n'a pas su tirer parti.

L'insuffisance de la combinaison n'amoindrissait point la signification intrinsèque des produits ; elle ne nuisait point aux réflexions concernant l'état moral et matériel d'une de nos plus importantes industries. Pour s'en faire une idée un peu juste, il fallait seulement reporter ses regards jusque sur la vaste agglomération lyonnaise. Autrement les produits n'auraient pas plus de signification que les pages blanches d'un livre, ou plutôt ils pourraient donner lieu à des inductions tout à fait erronées. L'intérêt le plus vif, le plus réel de l'exhibition consistait précisément à fournir une occasion précieuse et des matériaux utiles pour l'étude d'une situation économique très-compliquée, très-difficile, et que l'intérêt du lendemain commande d'élucider. Les longues et cruelles épreuves récemment traversées forment, à coup sûr, un des chapitres les plus instructifs et les plus émouvants de l'histoire de l'industrie contemporaine.

Ce n'est point l'organisation même de la fabrique lyonnaise qu'il importe de considérer. On sait généralement à quoi s'en tenir sur ce point (1). On sait, par exemple, que le tissage de la soie met en présence à Lyon trois intérêts principaux : celui du fabricant, celui du chef d'atelier, celui des ouvriers ou compagnons. Le fabricant ou le marchand-fabricant n'a pas ici, comme dans les filatures de coton ou de lin par exemple, des capitaux considérables engagés dans le matériel et l'outillage. Il n'a pas d'ateliers où sont réunis des ouvriers plus ou moins nombreux. Il se borne, au fur et à mesure que les commandes lui arrivent, à donner la besogne au dehors à des chefs d'atelier travaillant chez eux, sur des métiers dont ils sont propriétaires et enrôlant eux-mêmes les compagnons qui les aident dans l'exécution des ordres. De cette manière, si l'on excepte quelques étoffes unies d'un placement régulier et sûr, les fabricants ne font presque jamais rien tisser à l'avance. Les demandes du commerce cessent-elles d'arriver, les métiers cessent de battre aussitôt.

Tel est le régime traditionnel du travail lyonnais ; régime forcément assujetti, surtout pour une industrie de luxe, à de fréquentes alternatives d'excitations fiévreuses dans le travail et de chômages plus ou moins complets. Quand elles se renferment en une certaine mesure, on est en quelque sorte préparé à de telles fluctuations. Mais ce n'est plus une crise, c'est une succession de crises qu'ont engendrée des circonstances diverses et entièrement étrangères aux mouvements de l'industrie lyonnaise elle-même. Il en est

---

(1) Nous avons nous-même décrit en détail tout le système du travail lyonnais dans l'ouvrage cité tout à l'heure.

résulté de très-notables changements dans la physionomie de la place.

A tout prendre, on pourrait affirmer que l'aspect extérieur de Lyon, si grandement modifié sur plusieurs points, a bien moins profondément changé que la situation industrielle. Celui qui n'aurait pas vu Lyon depuis 1852, reconnaîtrait bien plus vite la ville d'autrefois qu'il ne reconnaîtrait l'ancien état de la fabrique. Les démolitions et les reconstructions n'ont point atteint et elles ne pouvaient atteindre la perspective générale. Ainsi les deux voies longitudinales percées à l'intérieur, parallèlement au Rhône et à la Saône, et qui réunissent le quartier des Terreaux et celui de Bellecour, ne sont qu'un point dans le large cadre de la seconde ville de France. Qu'on y ajoute, si l'on veut, l'achèvement des quais du Rhône, la construction de voies nouvelles sur la rive gauche de ce fleuve, l'immense avenue partant du pont de la Guillotière, et l'on n'arrive encore, pour ainsi dire, qu'à des détails qui disparaissent devant les lignes pittoresques d'un panorama grandiose. L'ancien Lyon, le Lyon dont la vue frappe si vivement quand on l'aborde pour la première fois et se grave dans l'esprit en traits ineffaçables, demeure intact. L'originalité de son aspect dépend du sol. Elle tient à ces escarpements si connus de Fourvières, des Chartreux, de la Croix-Rousse; elle tient à ces échafaudages de maisons sur le revers de coteaux abrupts, à ces sinuosités de la Saône dont les eaux paisibles coulent encaissées entre de véritables montagnes, à ces perspectives s'étendant du côté du Rhône jusqu'aux sommets des Alpes.

La somptueuse industrie de Lyon, au contraire, ne s'appuyait pas sur des éléments aussi solides et aussi résistants. Il est certain que ce fut toujours sa destinée de se ressentir des événements politiques, même parfois les plus lointains, des soubresauts du monde commercial et financier, comme aussi des mobiles évolutions du goût public. Aucune égide ne pouvait l'abriter contre un concours de circonstances défavorables, comme celles qui l'ont assaillie, et dont il serait impossible de trop approfondir le sens moral et l'intérêt économique.

Disons-le auparavant : l'exhibition de 1867 aurait attesté seule au besoin que le travail industriel ne s'était point abandonné lui-même. Il n'avait eu à se reprocher, sur aucun échelon de la fabrique, de s'être alangui dans les délices de la prospérité, comme dans une autre Capoue, oubliant que la condition vitale de l'industrie implique, sous l'égide souveraine de l'honnêteté, une concurrence sans trêve et des efforts sans fin. Pas de cité où chaque agent de la production se soit mieux maintenu à la hauteur de sa mission respective. Prenez le chimiste dans le laboratoire des teintureries, l'artiste dans les ateliers du dessin des étoffes, le marchand-fabricant dans la recherche des nouvelles combinaisons, le chef d'atelier et l'ouvrier dans la pratique de l'art du tissage, et partout vous retrouverez l'effort infatigable vers le mieux, c'est-à-dire un des gages essentiels du succès.

Inutiles garanties, remparts impuissants! des influences funestes ont déjoué toutes les garanties. Il ne s'agit pas de ces évolutions économiques, de ces transformations dans les procédés du travail qui peuvent déranger plus ou moins pour un certain temps l'équilibre donné d'une industrie, sauf à lui procurer plus tard de sérieuses compensations. En fait de circonstances de ce genre, nous avions eu l'occasion d'en relever deux, à une époque déjà un peu éloignée où nous étudiions cette même fabrique lyonnaise, non-seulement dans son aspect extérieur et dans son mécanisme matériel, mais aussi dans son organisation intime et dans son existence morale. C'était d'abord la tendance à émigrer des murs de la ville que montrait dès lors la fabrication des tissus unis; c'était ensuite l'installation dans quelques usines en dehors de Lyon de métiers mécaniques, qui, déjà sûrs de pouvoir s'appliquer aux unis, semblaient songer à s'étendre dans le cercle des façonnés les plus ordinaires.

Ni l'un ni l'autre de ces mouvements n'était destiné, toutefois, à atteindre jusqu'au cœur même la cité des soieries. Une branche de la fabrication devait d'ailleurs rester intacte, celle des tissus de haute fantaisie, des articles de nouveauté réclamant le contact continu des divers éléments qui concourent à les établir. Les tissus façonnés constituaient donc une réserve, quoique leur importance fût bien loin de celle des étoffes unies. Lyon avait l'avantage de réunir en bloc toutes les branches de la fabrication. L'expérience des fabricants, l'habileté des ouvriers, la préoccupation constante d'une même tâche, pouvaient contribuer à compenser dans la ville, jusqu'à un certain point, l'avantage dont jouissaient les ouvriers des campagnes, soit par suite de l'absence des droits d'octroi, soit par suite de la possibilité de certaines applications agricoles intermittentes. Ainsi, d'une part, ce n'était qu'un essaim qui pouvait s'enfuir, suivant toute apparence, dans les conditions normales et si des éventualités particulières ne venaient pas précipiter le mou-

vement. D'autre part, l'introduction des métiers
mécaniques, comme l'événement l'a prouvé, ne devait
agir qu'en une mesure encore plus restreinte. Le
changement sous ce dernier rapport a même été beaucoup plus faible que n'auraient dû le faire croire les
résultats satisfaisants obtenus de l'emploi des machines.

II — La crise si prolongée dont l'industrie lyonnaise
a souffert, dont elle souffre encore, a dépendu de phénomènes d'un tout autre caractère et d'une tout autre
portée. Elle a été fomentée, entretenue, aggravée par
trois circonstances : la disette de la soie, résultant de
la maladie des vers, et qui, en amenant le renchérissement des produits, devait restreindre la consommation ; la guerre des États-Unis, qui fermait un marché
des plus importants en lui-même et des plus utiles à
une fabrique comme la fabrique lyonnaise exportant
les trois cinquièmes de sa production ; enfin, le
changement dans les goûts publics, le caprice de la
mode, qui a fait abandonner les tissus façonnés, c'est-
à-dire les articles formant un fonds inattaquable.

Heureusement il n'est point nécessaire de s'appe-
santir en ce moment sur les conséquences matérielles
qui sont résultées d'une aussi longue tourmente économique. On ne les devine que trop. S'il fallait, néanmoins, donner quelque idée des épreuves subies, on
n'aurait qu'à mentionner le sort des dessinateurs.
Beaucoup d'entre eux, qui gagnaient par année de
3 à 4,000 francs, et parfois davantage, et qui trouvaient dans ce légitime prix de leur concours des
moyens d'aisance pour leur famille et pour eux, se
sont vus plongés dans une inaction absolue. Les plus
favorisés étaient réduits au quart, au cinquième de

leur gain ordinaire. Ils ne pouvaient plus vivre de
leur travail. Que n'aurait-on pas à dire encore de tant
de chefs d'atelier et d'ouvriers habiles? Il n'y a qu'à
Lyon qu'on saura jamais l'étendue de la misère endu-
rée. Dans certains moments, par exemple à partir du
mois de novembre 1864 jusqu'au mois de mars 1865,
c'est-à-dire pendant tout un hiver, pas un seul métier
ne battait sur le plateau de la Croix-Rousse. Alors
même que l'épreuve était un peu moins rude, alors
même que quelques menus articles de fantaisie venaient rendre un peu d'espérance, l'adoucissement
n'était que partiel et momentané; la crise n'en con-
tinuait pas moins. Au fait, dans les dix années antérieures à 1867, elle a été à peine interrompue par
quelques courts intervalles.

Durant une stagnation aussi longue, on ne s'étonnera point que l'émigration des étoffes unies vers la
campagne ait été activée. On ne s'étonnera point non
plus d'une réduction considérable dans les rangs de
la population ouvrière. Après s'être cramponnés d'a-
bord à ce milieu où ils avaient plus ou moins longtemps vécu, mais où ils ne pouvaient plus vivre, les
ouvriers finirent par le déserter de toutes parts. Ce
serait une erreur de croire que les tisseurs capables
d'exécuter les étoffes de haute nouveauté abondent
toujours à Lyon. Il en reste sans doute; mais un grand
nombre se sont disséminés, se casant comme ils pouvaient, quoique d'ordinaire très-péniblement. En visitant à Paris et ailleurs quelques ateliers de constructions mécaniques, j'y ai pu voir moi-même plusieurs
anciens tisseurs de la Croix-Rousse, devenus simples
manœuvres ou hommes de peine, non sans regret de
leur métier perdu. On nous disait à la Croix-Rousse,

vers la fin de l'année 1866, que si la langueur de la fabrique devait se prolonger encore quatre ou cinq ans, et si les grands façonnés venaient à reprendre ensuite leur précédente faveur, on manquerait d'ouvriers pour les exécuter. Ce qui est certain, c'est que les ouvriers tisseurs s'éloignent, et qu'on ne reçoit presque plus d'apprentis.

Rien ne serait plus fâcheux, cependant, pour l'industrie de la soie en général dans notre pays, que de voir se dissoudre le nœud de la fabrique lyonnaise : la situation de cette industrie en serait irréparablement affaiblie. Ce qui a le plus efficacement contribué à fonder la supériorité de Lyon, c'est la juxta-position de tous les éléments du travail, ce sont les relations incessantes et les stimulants énergiques qui en étaient la suite. La production des riches articles, des étoffes façonnées de grand prix, était, en outre, une garantie réelle : elle constituait une école de bon goût toujours ouverte ; elle fournissait des exemples utilement consultés, même dans les fabrications inférieures. Il en est là comme partout, il en est dans l'ordre industriel comme dans l'ordre moral : c'est l'effort vers le mieux qui engendre le bien, de même que ce sont toujours les grands modèles qui soutiennent le niveau des esprits, des caractères et des cœurs.

Aussi, lorsque après de tels ébranlements, l'Exposition est venue montrer que la fabrique lyonnaise conservait encore, malgré tout, les éléments nécessaires à l'exécution des travaux les plus délicats, elle rendait un témoignage d'une opportunité manifeste. C'est peut-être en cela que consistait dans un tel moment, par rapport à l'industrie de la soie, son intérêt le plus général. Or, nul doute que le noyau de la fabrique lyonnaise n'ait gardé, à défaut de son ampleur, toute sa vitalité originelle. Pas plus aujourd'hui qu'autrefois, ce groupe n'avait de parallèle à redouter au dehors. L'examen le plus attentif des détails confirmait pleinement sur ce point l'impression que l'ensemble communiquait à première vue. On n'était pas surpris de rencontrer de splendides ouvrages dans la catégorie des ornements d'église, des objets destinés au culte catholique. Rien d'étonnant non plus si, en présence des usages actuels, les vitrines de l'ameublement étaient d'une richesse extrême. C'était dans la spécialité des tissus de haute fantaisie pour robes, composant le lot principal des grands façonnés, que le doute aurait pu se produire. Eh bien, pour juger si le succès y était incontestable, on n'avait qu'à voir l'exhibition collective de la chambre de commerce et les vitrines particulières d'un certain nombre de fabricants. Les résultats obtenus ont pris, dans les circonstances actuelles, tout l'éclat d'un triomphe (1). Les petits façonnés, de même que les étoffes unies noires ou de couleur, étaient partout très-remarquables. Il faut en dire autant des tulles, des foulards, des gazes, comme aussi des soieries pour voitures, donnant lieu à d'assez grandes affaires.

(1) Je cite, entre vingt autres, MM. Schulz et Béraud, Ronze et Vachon, Caquet-Vauzelle et Côte, Lamy et Giraud, etc. L'association des tisseurs de Lyon, qui exposait des étoffes de soie de genres très-divers, possédait quelques échantillons de robes d'un goût irréprochable, parmi lesquelles S. M. l'Impératrice a fait un choix. — En fait d'ornements d'église, il faut mentionner tout particulièrement les envois de M. J. A. Henry, où l'on remarquait surtout une chasuble gothique représentant le Christ au Thabor; ceux de M. L. Vanel, de M. Aug. Solichon, etc. — Pour les articles d'ameublement de la plus grande richesse, nommons MM. Mathevon et Bouvard, Léon Emery, Grand frères, Yemeniz, etc.

N'omettons pas de citer, comme des modèles, les velours lyonnais dont les variétés sont extrêmement nombreuses (1).

Il est une branche de travail qu'on oublie parfois de mentionner, quoique ses progrès soient intimement liés à ceux de la fabrique. Je veux parler de la teinture, représentée par plusieurs maisons très-connues. Le laboratoire du chimiste dans les teintureries est un lieu constamment ouvert aux recherches et aux expériences. On a répandu plus d'une fable sur l'invention ou l'importation de tel ou tel principe colorant, le vert de Chine, par exemple, qu iest venu à Lyon par Rouen, Mulhouse et Paris, grâce aux efforts successifs de MM. Arnaud-Tison, manufacturier à Rouen, Daniel Kœchlin, de Mulhouse, et Jules Persoz, professeur au Conservatoire des Arts et Métiers à Paris. Il n'en est pas moins vrai qu'on est redevable aux établissements lyonnais d'une série de perfectionnements ininterrompus. Faut-il considérer comme un progrès le brillantage de cette partie inférieure des filaments du cocon appelé *fantaisie*, et qui permet de l'employer comme de la soie proprement dite? Je n'hésite point à répondre affirmativement. Ce n'est pas là tromper le public, si l'on vend la fantaisie pour ce qu'elle est : on a réellement de cette manière amélioré la fabrication (2).

(1) Obligé de nous borner en fait de citations individuelles, nous tenons à nommer, pour l'un ou l'autre de ces divers articles, MM. Poncet et Lenoir, Ogier frères, Philippon et Blanc; MM. Brosset et Heckel, Million et Serviet; l'association des tulistes et MM. Dolfus-Moussy, Berlier, Pulliat, etc.; MM. Jandin et Duval, Trapadoux, Favrot, etc.; MM. Lachard et Besson; MM. Boyriven frères; MM. Blache, André et Lemaître, Ponson, Gondre, Falsan, etc.

(2) Parmi les perfectionnements réalisés dans les teintureries, mentionnons l'amélioration du savon blanc. Ce n'est

Je ne serais pas aussi accommodant par rapport à l'art de charger la soie, si généralement pratiqué aujourd'hui et qui consiste à donner à la matière, au moyen de la teinture, un poids artificiel. C'est en Angleterre qu'on avait commencé à charger ainsi les fils soyeux. Nous sommes ensuite entrés pleinement nousmêmes dans la voie tracée. On y mettait d'abord quelque réserve ; mais ensuite c'est à qui obtiendra les charges les plus fortes. Les étoffes noires, qui comptent pour plus de moitié dans la masse de la fabrication lyonnaise, se prêtent le mieux à cet alliage ; on l'applique aux autres couleurs quoique dans une proportion moindre. On emploie, le plus souvent qu'on peut, un élément qui fasse corps avec le tissu, de manière à ne plus s'en séparer. A défaut d'une matière aussi tenace, on recourt communément au sucre, quoiqu'il se fonde sous l'action de l'humidité, ne laissant plus, au lieu d'un tissu plein et serré, qu'une sorte de débris sans consistance. Nos lecteurs n'apprendront peut-être pas sans étonnement que le poids additionnel résultant de la charge dépasse parfois cent pour cent ; si bien qu'après la teinture, pour un poids de 75 kilog., par exemple, qu'il a remis au teinturier, le fabricant peut retirer jusqu'à 170 et 180 kilog. Ainsi en portant une robe de soie, on peut porter, sans le savoir, une livre de sucre ou même davantage.

Quand on veut être juste, on ne sait trop à qui

pas là un fait sans importance. Si le savon est défectueux, si l'huile servant à le fabriquer est une huile de mauvaise qualité et qui rancisse, la soie gardant toujours 2 1/2 0/0 de cette huile qui lui donne d'ailleurs son brillant et son coulant, conserverait une odeur plus ou moins désagréable.—Les maisons Guinon-Marnas et Bonnet, Gillet-Pierron et d'autres, figuraient avantageusement à l'Exposition de 1867.

imputer la responsabilité de cette altération. Ce n'est pas au teinturier qui fait ce qu'on lui commande et qui ne reçoit que le juste prix de la teinture exécutée. Ce n'est pas au fabricant qui a derrière lui le commerce se refusant à payer le produit teint par les anciens procédés. Est-ce davantage au marchand détaillant? Entouré de clients jaloux d'avoir, comme on dit, du bon marché, il est bien obligé de les satisfaire. Il y a là une sorte de cercle vicieux d'où il est fort difficile de sortir. S'il fallait indiquer la source première du mal, on devrait la chercher dans une tendance très-répandue que l'économie politique ne serait pas moins prompte à désavouer que la morale : je veux parler de la tendance vers le luxe dont chacun tient encore à se procurer l'apparence à défaut de la réalité. On n'entend pas payer cher une marchandise coûteuse par elle-même et dont les circonstances ont fait monter le prix. Voilà comment on achète des tissus ayant l'aspect d'une bonne étoffe de soie sans en avoir la qualité (1).

III — En présence des ressources que possède l'industrie lyonnaise prise dans son ensemble, on se demande naturellement si les difficultés des dernières années pourront être atténuées ou vaincues. Certes, on doit l'espérer. La dernière Exposition n'aurait été qu'un mirage trompeur s'il n'y avait rien à attendre de l'avenir. Que les trois sources d'un mal si long et si cruel proviennent de circonstances susceptibles de

(1) Disons que la teinturerie lyonnaise s'applique presque exclusivement aux fils; on ne teint pas en tissus un centième de la production. — Un changement curieux à relater s'est accompli dans les ateliers de teinture. Jadis les ouvriers étaient tous nourris par le patron. Il n'en est pas de même aujourd'hui. Seuls les contre-maîtres sont nourris, et encore dans un petit nombre d'établissements.

changer, c'est une première remarque que chacun aura déjà faite. Ainsi, la cause tenant aux déchirements de l'Union américaine n'existe plus ; de ce côté du moins, les choses pourraient reprendre leur cours ordinaire, si les aggravations des tarifs de douane aux États-Unis n'y venaient point mettre un obstacle qui n'aurait absolument aucune justification. Quant à l'abondance de la soie, elle dépend des récoltes qui ne sont pas dans les mains des hommes. Il leur appartient seulement de s'aider eux-mêmes par les soins apportés dans le choix des graines pour la reproduction des vers ou dans le système de l'éducation. Quoique les résultats n'aient pas répondu jusqu'à ce jour aux espérances conçues, ces mêmes soins n'en demeurent pas moins indispensables ; ils sont une condition pour le succès d'autres tentatives, comme celles que la science indique à l'heure qu'il est, et qui consistent à renouveler la race par une éducation moins savante ou plus rustique.

Qu'attendre enfin des goûts publics ? Sans doute ils pourraient revenir aux étoffes façonnées. La beauté des tissus exposés en 1867 expliquerait un tel retour. L'obstacle à surmonter vient beaucoup moins d'un parti pris de la part du public féminin qui achète les soieries, que de l'intérêt même de ceux qui influent sur ses préférences et dirigent ses choix à son insu. On aime mieux, chez les grandes couturières de Paris, puisqu'il faut les nommer, que le haut prix des robes dépend de la façon que de l'étoffe employée. Quand il s'agit d'influer sur la mode, les exemples partis des plus hautes régions sociales ne sont point indifférents. Ce n'est guère d'ailleurs que sous cette forme qu'un encouragement peut être efficace à Lyon, et qu'il

peut exercer une réelle influence. Les actes de géné-
rosité n'en ont pas moins leur valeur morale; mais
des mesures d'un autre ordre, la réduction des taxes
de l'octroi, par exemple, seraient de nature à favoriser l'effet des intentions qui les inspirent.

La meilleure de toutes les garanties dérive, suivant
nous, de l'habileté de la fabrication, de cette habileté
dont l'Exposition de 1867 a rendu un si éclatant témoignage. Là-dessus, rien à désirer. En est-il de
même en ce qui concerne l'esprit commercial, ou
plutôt l'organisation commerciale de la fabrique?
L'affirmation ne saurait être aussi catégorique; tant
s'en faut. Que l'esprit commercial soit inférieur à
Lyon à l'esprit industriel, on peut le croire sans injustice envers personne. De ce côté-là, le groupe
lyonnais fera bien de songer à se fortifier. Il aurait
plus d'un exemple utile à emprunter à l'Angleterre, en
s'inspirant d'une idée de rajeunissement qu'on eût
été heureux de rencontrer dans le système des installations du Champ-de-Mars. Avec l'état actuel de la
fabrique lyonnaise, la réflexion la moins contestable et
la plus sérieuse que suggère l'étude attentive des faits
dans une période des plus difficiles, cette réflexion,
chacun l'a probablement déjà faite. Il est impossible
néanmoins d'y trop insister : le maintien du groupe
industriel dans son intégrité, la conservation de tous les
éléments qui le composent, est une condition absolue
pour assurer à notre pays sa primauté traditionnelle
dans la fabrication des soieries, et la place si proémi-
nente qu'occupe cette industrie dans notre commerce
avec les peuples étrangers (1).

(1) En 1866, la France a exporté, en marchandises d'origine française, des tissus de soie et de fleuret de tous genres,

❦

CHAPITRE V

Industrie de la soie (suite). — Saint-Étienne et la rubanerie ; les articles de Tours. — Le métier Jacquart et les nouvelles inventions.

On sait que Saint-Etienne, la ville enfumée, placée sur un froid plateau des montagnes du Forez, au centre de nombreuses exploitations houillères, et où la fabrication des armes s'exerce sur une grande échelle, est en même temps le siége d'une industrie délicate et luxueuse, la rubanerie. Dans cette spécialité, dont le mérite est si universellement reconnu, la fabrique de Saint-Etienne s'était ressentie des causes qui avaient affecté l'agglomération lyonnaise. Cependant, comme la quantité de matière employée compte chez elle pour beaucoup moins dans la valeur des produits, la crise ne pouvait pas y agir aussi durement. On a pu voir à l'Exposition de 1867, où figuraient une quarantaine de fabricants stéphanois, qu'ils sont toujours en éveil pour imaginer de nouvelles combinaisons pour satisfaire aux mobiles exigences de leur clientèle. Ils avaient envoyé de remarquables séries de rubans de velours, de rubans moirés, de rubans façonnés de toute largeur et de rubans unis

les rubans compris, pour une somme de 467 millions. En 1859, ce chiffre montait à près de 500 millions. Il était tombé à 333 millions en 1861 ; il s'est ensuite relevé peu à peu d'année en année.

des nuances les plus variées. Peut-être sur quelques
points ont-ils payé un trop large tribut à cette recherche de l'effet qui se traduit trop souvent dans les
goûts actuels par la superfétation ou la bizarrerie des
détails. — Il n'y avait que des éloges à donner à la
passementerie de Saint-Etienne s'adressant à tant de
besoins et embrassant tant de spécialités : passementerie
de velours et de soie, passementerie noire et de couleur, passementerie pour les chapeliers, pour les tail-
leurs, pour les couturières, pour les carrossiers, pour
les tapissiers, etc.

Il serait injuste de ne pas mentionner la fabrique
de Tours, renommée surtout pour ses étoffes d'ameublement. Ses envois attestaient encore de nouveaux
progrès par rapport aux expositions universelles antérieures. Il y a là de solides traditions à maintenir. —
Quelques maisons du Haut-Rhin avaient aussi à l'Exposition des étoffes de soie et des rubans. C'est une
importation datant déjà de plusieurs années en Alsace.
Dans ce pays familiarisé avec les procédés mécaniques de la grande industrie cotonnière, on devait être
porté à les appliquer au traitement de la soie. C'est
effectivement ce qui a eu lieu. Si les procédés de ce
genre doivent gagner, à l'instigation de ces exemples,
plus de terrain qu'ils n'en ont eu jusqu'à ce jour,
l'industrie de la soie se trouverait, comme celle de la
laine et celle du lin, suivre l'impulsion directe de
l'industrie du coton.

Sur quelque point que se portent les regards en fait
de procédés ou de machines, il est à remarquer que
le métier dû à l'invention de Jacquart reste toujours le
pivot des perfectionnements. On en modifie, on en
améliore certains détails; on y ajoute certaines com-

binaisons nouvelles : en réalité, on s'y reporte sans cesse, on tourne toujours dans un même cercle. L'idée de Jacquart, qui a supprimé au profit des ouvriers un si rude service dans la manœuvre de l'appareil pour l'exécution des tissus façonnés, et donné à la production un immense élan, n'a été détrônée par aucune autre. C'était bien encore là une de ces initiatives individuelles comme celles dont nous signalions plus haut la puissance, au sujet de l'industrie cotonnière. Jacquart est du reste un de ces inventeurs qui n'ont point tiré profit de leur découverte. Au début même, elle avait été fort mal accueillie, comme on l'a cent fois raconté, et la vie de l'auteur avait été mise en péril. Effrayés d'une innovation qui leur semblait devoir réduire leur travail, les ouvriers de ce temps-là s'étaient ameutés contre lui, comme d'autres, dans des temps plus voisins, entraînés par une même ignorance du rôle des machines, se sont attaqués à des établissements industriels, d'une façon si préjudiciable à leurs propres intérêts. Les avantages du nouveau mécanisme furent bientôt universellement reconnus et justement exaltés ; ce qui n'empêcha pas Jacquart de mourir pauvre et dans une sorte d'oubli et de délaissement (1). Il n'avait d'autres ressources qu'une faible allocation sur le budget municipal de Lyon. Cette pension avait même été réduite de moitié ; mais on devait, quelques années plus tard, élever une statue à l'immortel inventeur qui avait si considérablement enrichi la fabrique !....

Les industries qui mettent en œuvre dans notre pays la soie pure ne sont point indifférentes à la con-

(1) Il était né en 1752 ; il est mort en 1834, à quatre-vingt deux ans.

currence étrangère pour plusieurs importantes ramifications, surtout pour la masse des tissus unis, soit
en étoffes, soit en rubans. Elles ont des rivales en
Allemagne, en Italie, en Angleterre, principalement en
Suisse, pour les spécialités les plus ordinaires. Cependant, elles n'ont pas été mêlées jusqu'à ce jour à la
question des rivalités internationales au même degré
que les fabriques où se traitent le coton et le lin,
dont nous avons parlé déjà, la laine ou les mélanges
de laine et de soie, où nous arriverons tout à l'heure.
La seule observation utile à formuler à leur égard,
c'est qu'on avait attendu pour elles une impulsion,
un essor que les circonstances ont absolument contra-
riés. Aussi est-il juste de ne tirer de ce fait aucune
induction. Le terrain a manqué à l'expérience entreprise, telle est ici la vérité. La baisse si notable dans la
masse des transactions avec l'étranger que constatent
les états de douane en 1861 et dans les années suivantes, a évidemment dépendu de causes générales,
étrangères aux conditions habituelles de la fabrication
des tissus de soie. Il s'agit d'ailleurs d'une industrie
dont la situation traditionnelle, exceptionnellement
favorable, a toujours été, d'un avis unanime, bien
moins exposée que celle de toute autre industrie textile à la réaction des concurrences extérieures.

CHAPITRE VI

Les tissus mélangés de soie. — Paris, Roubaix, Sainte-Marie-aux-
Mines. — L'industrie roubaisienne et la concurrence anglaise.

A la catégorie des étoffes de soie pure, se rattache
celle des tissus où la soie est combinée avec un autre
filament, d'ordinaire avec la laine, et qui sont généralement exécutés à l'aide du métier Jacquart. La fabrique de Paris, avec son organisation particulière
qui lui a permis de reporter telle ou telle partie du
travail dans l'Aisne, la Somme, ou le Pas–de–Calais,
a été dès longtemps en possession des tissus mélangés
les plus délicats et les plus fins. Elle s'est toujours
distinguée par un bon goût dont témoignait encore
l'Exposition de 1867 (1). On ne saurait toutefois se
dissimuler les difficultés qu'elle éprouve dans la capitale par suite du renchérissement des choses.

C'est à Roubaix que se concentre la grande masse
des mélanges de cette espèce. Nulle part on n'a su les
exécuter avec plus d'art et en modifier les applications
avec plus d'à-propos. Roubaix est à la tête de cette
belle industrie non-seulement en France, mais sur
tout le continent européen. L'histoire de cette ingénieuse fabrique renferme une série de créations sans

(1) Il était facile de s'en faire une idée devant les vitrines
de MM. Larsonnier frères et Chenest, de MM. Sabran et
Jessé, etc.

nombre qui ont partout servi de modèles et principalement en Angleterre.

On ne dira point que l'exhibition roubaisienne s'était préoccupée de rechercher l'éclat. Non; elle avait eu le mérite de s'inquiéter moins de ce qui frappe les yeux que de ce qui peut répondre à la généralité des besoins. Remarque analogue au sujet de Tourcoing qui touche à Roubaix et participe des mêmes genres, quoique en une mesure très-restreinte.

Avant de voir la question économique dont s'inquiète ce groupe, disons que, loin de ces contrées, en Alsace, d'où nous étaient venus des tissus de soie pure, une fabrique spéciale enfouie dans une étroite gorge des Vosges, sur le revers oriental de ces montagnes, la fabrique de Sainte-Marie-aux-Mines, se consacre aussi à la confection des tissus mélangés. Elle en exposait un assortiment fort bien réussi, d'un aspect séduisant. C'est depuis quinze ou seize années qu'à la suite d'une crise assez dure, on s'était adressé à cette nouvelle branche de travail. Déjà même auparavant la petite ville de Sainte-Marie-aux-Mines avait subi plus d'une transformation. Après avoir débuté dans le traitement des matières textiles par des tissus unis de couleur, elle s'était adonnée vers 1830 à la fabrication des articles de nouveauté, dont elle n'a fait qu'étendre le cercle par l'emploi des filaments soyeux. J'avais visité cette fabrique, il y a quelques années, au milieu de l'hiver, et quand la terre était entièrement couverte de neige. Comme le bruit même des pas se trouvait amorti, il y régnait un silence de mort; mais la noire fumée s'échappant des usines et qui contrastait avec la blancheur des toits, des monts et des ravins environnants, attestait

que le travail industriel avait déposé là des germes
de vie qui suppléent heureusement à l'insuffisance
des produits du sol.

Un contraste d'un genre particulier existait à l'Exposition entre les tissus mélangés de soie et les étoffes
de soie pure. Devant les premières on pouvait aisément reconnaître quel est en ce moment le véritable
état de la consommation. Dans l'exhibition des tissus
de soie pure, au contraire, des riches étoffes de nouveauté, on se trouvait en face de tentatives ayant pour
but de reconquérir une clientèle emportée vers d'autres articles par des influences désormais connues.

Une difficulté d'un ordre bien différent à laquelle
nous avons fait allusion, celle qui touche à la concurrence étrangère, se présentait avec une portée infiniment plus grande. La question intéresse tout
particulièrement la ville de Roubaix, dont les produits
sont absolument semblables à ceux de la puissante
fabrique de Bradford, en Angleterre. Si notre habile
et active cité du Nord peut défier toute concurrence
des manufactures britanniques en ce qui concerne
le bon goût, il n'en est pas de même par rapport aux
conditions purement matérielles, l'importance des
affaires, l'étendue des débouchés, et vingt autres circonstances d'un caractère industriel ou commercial.
Bradford regagne sur tous ces points d'innombrables
avantages que Roubaix ne peut se donner. Ainsi,
pas de comparaison possible quant à l'état des fortunes individuelles, à l'assiette des établissements, à
l'abondance des capitaux, au prix de revient des
usines, à la nécessité de créer des dessins, — nécessité
incessante et si coûteuse pour Roubaix, insignifiante
à peu près pour Bradford, — au nombre des articles

qu'une même maison est obligée d'aborder en France au lieu de pouvoir se spécialiser sur quelques-uns comme en Angleterre. La fabrique roubaisienne excelle, il est vrai, dans les tissus de fantaisie, dans les étoffes de nouveauté. Mais il en est à Roubaix comme à Lyon : la nouveauté ne compose qu'une très-minime partie de la fabrication annuelle. Sur la masse totale des tissus confectionnés dans une année prospère, l'année 1865, — antérieure à l'état de choses ramené par la fin de la guerre américaine, — et qui montait à une valeur de 190 millions, c'est à peine si la part de la nouveauté dépassait le cinquième de cette somme.

Pour amoindrir autant que possible les différences signalées, rien n'a été négligé dans la cité roubaisienne. C'est un fait incontestable qui frappe les regards de tous ceux qui ont visité cette fabrique à différentes époques, depuis une quinzaine d'années surtout. On y a depuis longtemps entrepris de perfectionner les engins de la fabrication. On était à l'œuvre avant 1860. Nous avons rappelé plus haut que l'introduction des renvideurs mécaniques y datait de 1843. Après la conclusion du traité de commerce, la transformation du matériel s'y est opérée sur la plus vaste échelle; elle s'est étendue aux ateliers de tous les genres, absorbant un capital qui ne s'élève pas à moins de 80 millions de francs. Quelle conclusion tirer de cette succession d'efforts si multiples depuis 1860? Point d'hésitation possible; les faits parlent d'eux-mêmes : l'industrie des tissus mélangés ne s'est pas plus abandonnée que l'industrie du coton. On ne saurait citer aujourd'hui une amélioration dépendant de son libre arbitre et susceptible de la fortifier contre la concurrence étrangère, qui n'ait pas été courageusement réalisée. Cette constatation demeure acquise à l'enquête publique qui se poursuit incessamment au grand jour de la libre discussion, et dont les enquêtes administratives ne peuvent jamais avoir pour but que de recueillir les enseignements et de consacrer l'autorité. L'Exposition de 1867 a été un des plus significatifs éléments de cette enquête. Sans pouvoir démentir en rien les théories de la science économique, elle a fait apparaître, avec un incontestable éclat, les nécessités procédant des situations actuelles. Les obligations mêmes que nous faisions ressortir au sujet du coton s'imposent ici avec une pareille énergie. Elles embrassent toutes les facilités intérieures ou extérieures dépendant, non plus des initiatives privées, mais de la seule action gouvernementale. Avant tout, il fallait posséder l'exacte connaissance de la situation. On doit s'apercevoir de plus en plus que notre but est de contribuer pour notre part à la rendre saisissable pour tous, en recueillant d'une main impartiale et scrupuleuse tous les faits propres à la dégager des nuages qui l'obscurcissent trop fréquemment.

CHAPITRE VII

L'industrie des laines. — Types principaux : le drap et le mérinos. — Elbeuf, Sedan, Louviers, Mazamet, Vire, Vienne, Bischwiller, etc.; Reims, le Cateau, Amiens, Rethel. — Les individualités marquantes et le progrès.

I — Les nombreuses modifications que reçoit la laine, et dont le public a pu considérer au Champ-de-Mars des échantillons si variés, pourraient toutes, à la rigueur, se ramener à deux larges divisions : d'une part le drap, de l'autre le mérinos. Si l'on voulait parler un langage un peu plus technique, on dirait la laine cardée et la laine peignée. Non pas que ces deux dernières dénominations, qui étaient celles de la nomenclature officielle, présentent une exactitude plus rigoureuse; il n'en est rien. Il y aurait encore lieu en les employant à des distinctions secondaires assez multipliées. On ne fait donc que rendre les traits plus sensibles, si l'on s'en tient aux deux spécialités indiquées tout à l'heure. Les districts industriels, les villes de fabrique où se manipule la laine, se rangent du reste sans le moindre embarras de l'un ou de l'autre côté. Pour le drap, c'est Elbeuf, Sedan, Louviers, Mazamet, Vire, Vienne, Romorantin, Bischwiller, Carcassonne, Châteauroux, etc. Pour le mérinos, c'est Reims, où cette étoffe a pris naissance vers le commencement de ce siècle; le Cateau-Cambrésis, où elle a reçu un si large développement; Amiens et Rethel, où l'on traite quelques articles analogues aux lainages de la cité rémoise.

II — Dans la série des progrès réalisés par la draperie, deux fabriques de second ou de troisième ordre, Vire (Calvados), Vienne (Isère), nous semblent celles qui ont le plus perfectionné leurs genres durant ces dernières années. Quant à nos principales fabriques, elles continuent à justifier une réputation consacrée depuis longtemps. La ville d'Elbeuf, dont le marché domine tous les autres, conserve sa supériorité incontestable, surtout pour les articles de nouveauté. On pouvait en juger à chaque pas devant les étalages de ses fabricants (1). Si l'on voulait procéder à l'analyse des éléments intimes de cette ingénieuse fabrique, on y reconnaîtrait bien vite deux tendances, je ne dirai pas opposées, mais au moins diverses : celle qui procède des maisons les plus anciennes ayant déjà une tradition dont elles sont jalouses de ne point s'écarter, et celle qui vient des éléments plus nouveaux, plus hardis, même un peu aventureux. Ces impulsions différentes peuvent concourir à un succès commun, tout en entraînant parfois quelques divergences plus ou moins visibles. De tous côtés, d'ailleurs, on est à la piste des moyens d'amélioration; on a très-largement étendu l'emploi des machines. Les transformations opérées dans le matériel ont été considérables et continues depuis vingt ans.

Sous ce rapport, la fabrique voisine de Louviers et la lointaine ville de Sedan suivent une direction analogue. On peut affirmer, à l'honneur de Sedan, que

_____

(1) Ceux, par exemple, de MM. Flavigny frères, qui ont à soutenir la réputation paternelle, Vauquelin, L. Demar, Chennevière fils, etc.

les établissements de cette ville dont le mérite a été depuis longtemps consacré dans les précédentes expositions universelles ou nationales, n'ont jamais laissé fléchir le niveau de leur fabrication. Cette persévérante attitude doit passer dans l'histoire de l'industrie, avant telle ou telle innovation due à quelque hasard d'atelier. C'est à Sedan même, avons-nous dit ailleurs (1), qu'avait été donné le signal de la transformation de nos draperies fines par l'application du métier Jacquard, quoique ce soit à Elbeuf que les articles de nouveauté ont ensuite pris leur essor et conquis définitivement leur place dans les habitudes publiques.

Quant à la section des mérinos, si l'on y cherche également la ligne du progrès, on la trouvera dans presque tous les lainages composant le fonds de la fabrique rémoise. Le mérinos soutient son rang; on ne peut presque plus, au point où il est parvenu, en accroître la perfection. Le succès ininterrompu de la grande fabrique du Cateau, qui donne du travail à 12,000 ouvriers environ, disséminés dans les campagnes, et celui des maisons de Reims traitant le même article, en sont une preuve décisive. La marge laissée à de progressives innovations était plus grande devant les autres applications de la manufacture rémoise. Toutes, ou presque toutes, je le répète, en ont largement profité : peignage de la laine, filature de laine peignée ou cardée, flanelles, tartans, reps, mousselines de laine, etc., etc. Ainsi amélioration générale depuis la dernière exposition universelle de Paris, tel est le dernier mot à prononcer sur cette cité, qui reste toujours, d'ailleurs, le plus vaste marché des laines dans notre pays.

(1) *Les Populations ouvrières de la France*, t. Ier, p. 80.

Un éloge du même genre doit revenir à la fabrique d'Amiens, trop longtemps vouée jadis à une affligeante torpeur. L'aspect des choses y.a complétement changé depuis dix à douze ans. Un désir très-marqué et très-efficace de transformation et de progrès s'est manifesté dans toutes les branches du travail local. On ne fait, ce nous semble, que rendre hommage à la vérité en rattachant ce nouvel essor à l'influence très-intelligente de la *société industrielle d'Amiens*, encouragée par l'active bonne volonté du préfet, M. Cornuau.

III — L'initiative individuelle s'est fait sentir à divers moments par de notables services dans l'une et l'autre des deux spécialités, types fondamentaux de l'industrie lainière. A Elbeuf, M. Victor Grandin avait, dans le temps, donné l'exemple d'innovations plus fructueuses pour la fabrique en général que pour ses propres intérêts; plus récemment, M. Chennevières père y avait utilement déployé son esprit entreprenant et chercheur. A Louviers, d'excellents exemples ont été dus jadis à M. Jourdain-Riboulleau, dont l'usine, de même que celle de M. Grandin, devait malheureusement devenir la proie des flammes. M. Bonjean a lié son nom au premier avénement de la nouveauté dans la fabrique sedanaise. M. Houlès avait été le créateur de l'industrie du drap sur un autre point du pays, à Mazamet (Tarn), où les étoffes de fantaisie à bon marché composent aujourd'hui une spécialité très-étendue et très-solide. M. Ternaux, dont le nom avait paru à l'Exposition de 1806 associé à celui d'une maison de Reims, a conquis une légitime réputation, qui n'est pas restée murée dans les limites d'une seule ville.

Il en est de même pour deux autres grandes notabilités manufacturières appartenant au groupe industriel qui nous occupe. Je veux parler de M. Cunin-Gridaine et de M. Paturle. L'influence industrielle du premier découle surtout de la situation politique qu'il avait su conquérir. Manufacturier à Sedan, M. Cunin-Gridaine a été appelé par deux fois au ministère du commerce, qu'il occupa du 12 mai 1839 au 1er mars 1840, et du 29 octobre 1840 au 24 Février 1848. Élu à la chambre des députés par le département des Ardennes en 1827, il n'a point cessé d'en faire partie jusqu'à la révolution de février. M. Cunin-Gridaine était sorti d'un poste obscur dans une fabrique de drap; mais il possédait de ces qualités qui, dans toutes les carrières, sont une condition et presque une garantie de succès : remarquable faculté d'application, rectitude de jugement dans l'ordre des choses qu'il avait étudiées, sens très-net des exigences pratiques de la vie. Sa position s'était faite à Sedan; aussi avait-il un faible facile à concevoir pour cette fabrique. Une circonstance nous avait même fourni l'occasion de le constater lors de l'exposition de 1855.

Quittant la retraite dans laquelle il vivait depuis 1848, M. Cunin-Gridaine accepta la présidence de la classe du jury qui comprenait les divisions si multiples de l'industrie des laines. Comme nous publiions à ce moment-là sur l'industrie contemporaine, depuis le commencement du XIXe siècle, quelques études qui n'étaient pas sans rapport avec celles-ci, il nous avait fait connaître son désir de parcourir avec nous la galerie des draps. C'était un témoignage dont nous étions très-flatté de la part de l'ancien chef de l'administration du commerce, à laquelle nous appartenions alors; c'était en même temps un avantage précieux pour nos recherches, et un moyen de soumettre nos propres impressions au contrôle d'un juge éprouvé. Si nous avions eu besoin d'avoir la preuve de l'étendue des connaissances techniques que possédait M. Cunin-Gridaine et des qualités qui le distinguaient, nous l'aurions puisée dans ces visites. On le conçoit sans peine ; mais ce que nous devons exprimer, c'est qu'à chaque instant nous pouvions aussi constater sa préférence marquée pour la fabrique des Ardennes. Ajoutons toutefois que sa prédilection n'altérait en rien chez lui le sentiment de l'équité envers les autres centres de l'industrie drapière. Il n'avait de sévérité que pour les découvertes de hasard qui se donnent des airs de triomphe.

Durant les huit années de son dernier ministère, M. Cunin-Gridaine eut à diriger l'exposition nationale de 1844. Il vit surgir ensuite des questions très-diverses, les unes qu'on peut appeler les questions courantes, naissant du mouvement régulier des intérêts et des institutions, les autres qu'amenaient la marche du temps, les développements de l'industrie, les besoins des populations ouvrières. Les premières trouvèrent presque toujours en lui un juge sagace et prévoyant. Quant aux autres, mal secondé et mal conseillé, il n'en saisit pas aussi bien le vrai caractère et la portée réelle. Il fut ici, on ne saurait le dissimuler, au-dessous des exigences de la situation, exigences qui grandissaient chaque jour. Sa bonne volonté ne s'en montra pas moins dans les recherches qu'il fit faire sur certaines institutions de secours, quoique ces recherches n'eussent pas abouti à des résultats positifs. Son meilleur titre, par rapport aux questions sociales dont nous parlons ici, tient à une loi rendue sous son administration, et qui aurait mérité, bien plus que tant d'autres éléments tout étonnés de s'y voir confondus, d'être rattachée au groupe de l'Exposition de 1867 concernant les institutions destinées à améliorer la condition physique et morale des populations. Je fais allusion à la loi du 22 mars 1841 sur le travail des enfants, dont la réforme, étudiée depuis longtemps, est si impatiemment attendue par tous ceux qui appellent de leurs vœux l'accroissement du bien moral et matériel des masses (1).

A la différence de M. Cunin-Gridaine, M. Paturle a dû exclusivement son illustration à son rôle industriel. La dignité de pair de France ne fit que couronner sa carrière comme fabricant. Ce n'est pas toutefois la création, le développement et la prospérité de la fabrique de mérinos du Cateau, quoique ce soit là un fait marquant dans l'histoire de l'industrie contemporaine, qu'il faut regarder comme le plus beau titre de M. Paturle. Les idées nouvelles qui furent la base de son succès parlent plus haut en son honneur que le succès même. Ce fut d'abord un mérite que de savoir choisir un milieu favorable, en se portant dans une localité comme le Cateau, où une partie notable de la population, familiarisée déjà avec l'industrie du coton, se trouvait préparée pour le tissage de la laine. Tout l'édifice de la haute fortune de M. Paturle repose ensuite sur deux moyens essentiellement pratiques, quoique ne manquant pas de hardiesse, qu'il sut merveilleusement mettre en œuvre. Il résolut de faire appel au crédit à une époque (1816)

(1) M. Cunin-Gridaine avait fait étudier un nouveau projet de loi resté à l'état de rapport en 1848. Pour prouver la part qu'il prenait aux moindres détails de ce service, disons qu'il écrivait un jour en renvoyant son travail : « Je remarque le soin avec lequel est faite la correspondance relative aux enfants, et le bon esprit qui la dicte. »

où les idées de crédit, encore si pleines d'obscurités
aujourd'hui même, étaient infiniment peu répandues,
et de chercher en outre au dehors un écoulement pour
ses produits. Son succès est venu de ces deux idées,
s'alliant à des habitudes très-laborieuses, à une rare
constance de volonté, et par-dessus tout à une loyauté
commerciale universellement reconnue.

Un dernier trait dans les procédés du même industriel, un trait qui dérivait à la fois d'un bon calcul et
d'un sentiment de justice, se rapporte à l'organisation de sa vaste entreprise. M. Paturle s'appliquait
systématiquement à intéresser aux résultats de l'opération tous ceux de ses auxiliaires qui se recomman-
daient par quelques réels services. C'est ainsi qu'il
réservait un certain nombre de parts sur les profits
annuels pour les contre-maîtres, les ouvriers principaux dont le travail et le concours lui semblaient avoir
particulièrement contribué à un résultat favorable.
C'était là faire preuve de clairvoyance et ouvrir une
voie féconde toujours susceptible d'être avantageusement étendue. Les créations utiles aux familles ouvrières, que doit à M. Paturle la ville de Cateau, — dont la
population a quintuplé depuis la fondation de la fabrique, — ne sont qu'une application de la même idée.

Tous ces exemples, dont les souvenirs revivaient en
quelque sorte à l'Exposition de 1867, et qu'on ne
saurait trop rappeler, témoignent qu'en industrie le
succès et la notoriété reviennent communément aux
hommes joignant à des idées pratiques une hardiesse
réfléchie et une volonté persévérante. Tels sont toujours en effet les secrets de la fortune, que jadis le
Bonhomme Richard a mis en maximes devenues pro-
verbiales, et qui ne sont pas plus vrais pour le simple

ouvrier que pour les grands entrepreneurs d'industrie.

Sous quelque forme que notre temps prenne la question du travail, il faut toujours qu'il se retourne vers ces mêmes principes, appuyé sur le sentiment de la justice. Il lui faut enseigner à chacun le bon emploi du temps, le bon emploi des ressources, en un mot l'art de diriger sa vie sous l'égide de ce constant respect du devoir, que la morale et l'économie politique s'unissent pour conseiller à tous. L'obligation devient plus difficile et peut-être encore plus irrécusable si l'on suppose l'action simultanée de volontés multiples comme dans une société industrielle; c'est là précisément ce qui doit relever le caractère de l'association devant la science économique. Sans doute, en toute hypothèse, le succès et la vertu ne marchent pas toujours parallèlement l'un à l'autre. S'il en était ainsi, la vertu aurait dès ce monde une récompense assurée. Mais il suffit que des qualités réelles, la probité, l'amour du travail, que l'empire exercé sur soi-même constituent de sérieuses chances de réussite matérielle pour que l'exemple du succès vienne en aide à l'idée morale et aux sanctions dont elle est entourée. De même, dans le grand essor de la puissance manufacturière sur le globe, dont nous avons vu les éclatants témoignages réunis sous nos yeux, il suffit que les progrès accomplis tendent à mettre l'individu mieux à même de remplir ses devoirs pour qu'ils concordent avec les besoins moraux de sa nature. L'homme n'est pas né seulement pour faire le commerce ou pour exercer une industrie, mais il fait le commerce, il exerce une industrie pour vivre et pour mieux remplir la destinée qui lui a été départie sur la terre.

CHAPITRE VIII

L'art industriel en France et les industries parisiennes. — Histoire de l'art appliqué à l'industrie. — Salutaire influence des femmes sur le goût public; exemples. — Nouvelles influences et tendances fâcheuses.

Rien ne serait plus curieux que de retracer l'histoire du goût dans les arts industriels en France. En recueillant les éléments dispersés de cette histoire, qui se résumeront si bien pour nous dans les traits essentiels des industries parisiennes, on aurait l'occasion de découvrir ou de mettre en relief des influences curieuses, dont l'origine, la nature ou la portée sont le plus souvent méconnues. Il en est une que je tiendrais à rappeler ici, avant d'aborder l'étude des brillantes industries de la capitale, parce qu'elle a été des plus efficaces et qu'elle touche directement à la supériorité du goût français. Particulière à nos mœurs, bien plus accentuée du moins au milieu de nous que chez aucun autre peuple, elle semble contenir le mot de cette primauté incontestée.

Peut-être a-t-on déjà pressenti que je veux faire allusion à l'influence qu'à dater des temps chevaleresques les femmes ont exercée dans notre pays sur les mouvements ordinaires de la vie sociale. Rien de plus évident, du reste : nulle part elles n'ont eu une action si constante, si régulière sur les relations exté-

rieures des individus et sur les conditions intimes de
ce qu'on appelle la société. Véritables juges du camp
dans les anciens tournois, leur approbation y était
avidement recherchée, et leur goût y prononçait en
souverain sur la pompe de ces solennités, sur le choix
des costumes plus ou moins somptueux suivant les
époques, quoique relevant toujours d'un certain sentiment de l'art. C'étaient là comme des assises où
trônait l'influence féminine, où l'idée du goût se
trouvait ainsi associée en une certaine mesure à l'idée
de l'adresse et de la force physique, réel sujet de la
compétition.

La même prédominance se manifeste dès lors dans
les installations intérieures pour les meubles, pour
les tentures, pour tout le système de l'ornementation
privée, comme aussi pour les arts qui s'y rattachent. N'est-ce pas la reine Mathilde, femme de Guil-
laume le Conquérant, qui broda, au XIe siècle, cette
fameuse tapisserie conservée à Bayeux, représentant la
conquête de l'Angleterre, dont l'érudition moderne
peut contester l'origine sans rien ôter à la signification même de ce travail ? Au XIIIe siècle, l'orfèvrerie
ne doit-elle pas en partie son éclat à la protection
que lui accorde la reine Marguerite, la femme cou-
rageuse de saint Louis, qui dirigeait elle-même les
ouvriers exécutant, d'après ses programmes, les
pièces d'orfèvrerie les plus compliquées et les plus
curieuses ? Les romans de chevalerie et les fabliaux
nous ont donné, sur l'intérieur des châteaux des
XIIe et XIIIe siècles, des descriptions de meubles, de
tentures et de décorations murales qui, fussent-elles
exagérées comme on doit le croire d'après les habitudes de ces compositions, n'en prouvent pas moins

l'influence que les femmes exerçaient alors sur les
arts. Plus tard, dans son château d'Anet, entourée
d'une cour aussi brillante que frivole, Diane de Poitiers nous montre cette même influence sous un nouvel aspect.

Tradition plus ou moins lointaine qui ne fait que
se développer plus tard, lorsque l'industrie prend des
allures plus étudiées et plus savantes. C'est au goût
des femmes que s'adressaient les artistes industriels
des XVIIᵉ et XVIIIᵉ siècles dont la trace a été si pro-
fonde, les Boule, les Gouttière et d'autres. Les fabrications luxueuses de ces temps-là, celles des riches
étoffes de soie, celles des tapisseries et tapis, des porcelaines précieuses, des glaces de Venise, n'auraient
pu soutenir longtemps l'épreuve du grand jour si
elles n'avaient obtenu la même adhésion.

Sanctionnées par le temps et par les mœurs, ces
tendances se retrouvent ensuite dans nos expositions
nationales et dans les expositions universelles. Au
milieu de ces tournois d'un nouveau genre, comme
dans les anciens, les concurrents, en fait d'art industriel, ont toujours à conquérir la même faveur, gage
et récompense du succès. Triompher devant le goût
féminin vaut mieux, pour l'intérêt des fabriques, que
de réussir devant les décisions les plus réfléchies et
les moins arbitraires des jurys. Que cette prépondé-
rance ait pu entraîner certains écarts, qu'elle ait
conduit parfois à des genres un peu maniérés, c'est
possible : on en voit la preuve dans des fantaisies au
temps de Louis XV et à d'autres moments encore.
A tout prendre, cependant, il ne se produit de ce
côté que des erreurs partielles, momentanées, toujours rectifiées ou contenues, grâce à l'expérience ac-

quise, et qui ne sauraient effacer l'heureuse influence
du sentiment si délicat et si fin dérivant de notre sociabilité et mêlé à toute la suite de notre histoire
industrielle. Les noms propres ne manqueraient pas à
l'appui de cette idée, s'il entrait dans notre cadre de
les recueillir dans l'histoire moderne, à commencer
par celui de Marie de Médicis, dont les erreurs et
l'adversité sont connues, mais qui, aux jours de sa
puissance, avait entouré les arts d'une protection des
plus efficaces. Il suffit, d'ailleurs, d'avoir renoué une
chaîne ininterrompue, d'avoir signalé des vestiges
ineffaçables.

Si l'on voulait la preuve patente des effets salutaires de l'influence indiquée, on l'aurait sous la
main, sans sortir du cercle des expositions universelles. Très-frappante en 1851 à Londres, elle se retrouvait encore dans plus d'une branche d'industrie
à Paris en 1867. On a pu, en effet, dans les solennités de ce genre, mettre en parallèle ce qui s'est
passé en France, où le niveau de l'art industriel s'est
élevé si haut, et ce qui a eu lieu en Angleterre, où le
goût des femmes a été si peu consulté, et où il a été
remplacé par la lourde main des gentillâtres des com-
tés, empreinte encore sur tant de produits. Qui donc
le pourrait nier ? les habitudes, les usages de la société anglaise ont été mortels pour l'art : on ne
laissait à l'instinct féminin ni le droit ni l'occasion
d'éclater au grand jour. Aussi, lorsqu'à la clarté de
l'exposition de 1851 qui dissipait les nuages existants,
nos voisins ont eu la louable idée de réformer les
méprises traditionnelles de leur goût national, où
sont-ils allés prendre leurs modèles et leurs maîtres ?
On ne l'ignore point : les exemples comme les ar-

tistes ont été empruntés à cette France dont les
mœurs sociales avaient si heureusement façonné la
couronne industrielle.

Un contraste singulier, un contraste curieux tout
en ayant son côté triste, et que l'œil le moins exercé
pouvait saisir sans peine au Champs-de-Mars, venait
en outre, et dans notre pays même, témoigner par
des signes en quelque sorte vivants du prix qui
s'attache à l'influence signalée. Provenant d'une évolution toute récente, mais qui, grâce à Dieu, commence à s'affaiblir, ce contraste affecte plusieurs
branches des industries de luxe. En face des objets où
se reflètent les inspirations d'un goût éprouvé, où
brille le sentiment de l'art, toujours sobre et mesuré
dans son épanouissement même, il y en a d'autres où
semblent se déceler des ambitions, des impatiences,
des caprices visiblement couvés sous l'aile de ces fortunes parfois colossales, improvisées dans l'arène des
affaires. Le dirai-je en un seul mot? c'est ici le goût
engendré par la spéculation. La convoitise luxueuse
y apparaît effrontément séparée de l'éducation qui la
discipline et qui la règle. Pour tel cas isolé où une
naturelle intuition amène des choix judicieux, il y en
a vingt, il y en a cent où le débordement n'obéit qu'à
de vulgaires instincts.

Ephémère qu'elle est, cette influence emprunte à
l'esprit de prodigalité son trait le plus caractéristique:
prodigalité dans les attributs, prodigalité dans les
dimensions, prodigalité dans la matière. Le cher sera
toujours confondu avec le beau par les Turcarets de
tous les siècles. Ainsi, pendant qu'il tendait d'une
part à faire hausser le prix des choses les plus simples
et les plus usuelles, l'esprit de prodigalité venait abais-

ser de l'autre le niveau de l'art et substituer aux
délicatesses antérieures un goût que je pourrais
cette fois qualifier de masculin.

Cette évolution, que j'ai eu hâte de signaler comme
passagère, mais que trahissaient plusieurs étalages
dans les galeries de l'industrie parisienne, s'était
annoncée déjà lors de l'Exposition de 1855; elle ne
faisait encore que de poindre cependant. Le luxe, qui
peut d'ailleurs chez un peuple riche avoir une certaine
place dans les arts industriels, le luxe s'y révélait
sans doute, mais sous des formes attestant en général
à la fois la force de la conception chez le producteur
et la finesse du goût chez le consommateur. En 1867,
au contraire, dans les catégories auxquelles je fais
allusion, le sentiment de l'art semblait s'être émoussé,
la conception avoir faibli. On s'était égaré dans des
genres plus ou moins faux. Ne dirait-on pas qu'on
avait voulu surexciter chez un petit nombre des convoitises désordonnées, que désavoue d'une commune voix, — nous devons l'affirmer du point de
vue où dès l'abord ces études nous ont placé, — l'é-
conomie politique aussi bien que morale? La preuve
s'en trouvait dans les produits que nous allons laisser
parler maintenant.

CHAPITRE IX

L'ébénisterie parisienne. — Meubles de luxe et meubles d'utilité. — Deux écoles : fantaisie et style. — État économique et moral de l'ébénisterie. — Un exemple à citer. — Commerce extérieur.

La section des meubles offrait plus qu'une autre, malgré tant d'articles justifiant la renommée si légitime de l'ébénisterie parisienne, des traces visibles de l'exagération signalée tout à l'heure. Dès le premier coup d'œil on sentait quelque chose d'étrange, de forcé, heurtant les notions du goût, dans ce travail spécial. Cette impression toute spontanée, il importe néanmoins de lui mesurer sa place. Très-justifiée à l'Exposition, elle ne le serait pas autant dans les ateliers même collectivement envisagés. Les fausses directions ne touchent qu'à l'épiderme d'une industrie dont le savoir, le courage et l'habileté demeurent incontestables, et qui embrasse des intérêts si dignes de la plus vive sympathie.

On sait qu'un groupe notable de la famille ouvrière à Paris vit du travail de l'ébénisterie. Le dénombrement en a été fait dans deux enquêtes bien connues, l'enquête de 1849 et celle de 1860, opérées l'une et l'autre par les soins d'agents éclairés sous les auspices de la chambre de commerce. A prendre les choses depuis la première *Enquête*, il n'est pas douteux que la somme de travail ne se soit largement accrue dans cette catégorie des arts parisiens; l'augmentation est moins certaine, et à coup sûr elle est peu sensible à partir de la seconde (1). Les causes générales qui ont pesé sur les affaires ont aussi réagi sur l'ébénisterie. On peut donc, sans crainte d'en affaiblir l'importance, prendre les chiffres d'il y a quelques années comme des indices exacts de l'état des choses au moment même de l'Exposition. Selon ces données, le nombre des fabricants de meubles serait d'à peu près 1,650, non compris ceux qui s'occupent exclusivement de réparations. Ces fabricants emploient environ 8,000 ouvriers; l'importance de leurs affaires monte à peu près à 34 millions et demi de francs. Pour avoir une idée complète de cette industrie, il y faut joindre la fabrication des chaises et fauteuils, composant une spécialité distincte, et occupant plus de 3,400 ouvriers répartis dans 607 ateliers, pour une production annuelle de 11 millions de francs.

Très-importante, comme on le voit, par la somme du travail, l'ébénisterie parisienne est en outre fort intéressante à considérer dans son organisation intérieure. Ici plus de vastes établissements, plus d'agglomérations de travailleurs, plus d'appareils mécaniques, comme dans l'industrie textile, dans les filatures, les tissages, ou les impressions sur étoffes. Le nombre des ateliers réunissant plus de dix ouvriers n'est que de 133 pour les meubles et de 60 pour les chaises et fauteuils, tandis que 724 d'une part et 213 de l'autre n'en occupent que de 2 à 10. Ce n'est pas tout : il y a 785 petits fabricants de meubles et 334 fabricants de siéges qui travaillent seuls, ou bien n'emploient qu'un auxiliaire, apprenti ou compagnon. Ainsi, le

(1) Publiée en 1864. -

travail en famille prévaut dans cette catégorie des arts et métiers de la capitale. Le régime s'y rapproche, quoique avec certaines différences, de celui de l'industrie lyonnaise dont nous parlions plus haut; il se rapproche également de celui de deux fabrications très-curieuses répandues dans les montagnes du Jura, où elles font vivre, sur un sol peu favorable à la culture, une nombreuse population : la tournerie de Saint-Claude et l'horlogerie de Morez (1).

La colonie des ébénistes parisiens a son principal siége dans le faubourg Saint-Antoine et dans les rues avoisinantes du quartier Popincourt (quartiers de la Roquette, Sainte-Marguerite, des Quinze-Vingts). Là s'entassent les ateliers, les uns au-dessus des autres, à tous les étages des maisons, parfois dans des cours, des impasses, des allées étroites. Le petit comme le grand fabricant possède ses outils et achète le bois qu'il met en œuvre ; tous ne vendent pas leurs produits directement au public. Il s'en faut de beaucoup : la grande masse a pour intermédiaires obligés les marchands ou les fabricants qui ont des magasins ou des boutiques. Parfois le travail s'exécute sur la commande de ces derniers ; parfois après avoir confectionné un certain nombre d'articles, l'ouvrier en chambre se voit contraint d'aller les offrir de porte en porte à ces mêmes marchands de meubles. On devine combien la situation devient alors embarrassante pour lui, surtout si le commerce n'est point en pleine activité. La vente ne tarde pas cependant à devenir obligatoire, car il faut acheter des bois pour continuer à travailler.

(1) Nous avons eu l'occasion de décrire ces deux groupes dans notre livre *les Ouvriers d'à présent*, p. 230 et suivantes : *l'Ouvrier chez lui et le système manufacturier*.

C'était cette situation exceptionnelle qui, dans le courant de l'année 1848, avait fait affecter à des prêts sur dépôt de produits une somme de 400,000 fr. pour l'industrie des meubles. 200,000 fr. avaient été attribués, en outre, à l'industrie des bronzes. — Loi du 1er septembre 1848. — Rappelons que l'intérêt des prêts était fixé à 1 centime par jour (3 fr. 65 c. par année), sans parler d'un faible droit pour frais de dépôt. Après plusieurs atermoiements successifs, il fut décidé que la liquidation aurait lieu au 31 septembre 1851. A ce moment-là, le nombre des ébénistes qui avaient profité de la mesure montait à 369, et le chiffre des prêts à 318,788 fr., sur lesquels il avait été remboursé au trésor, par 338 emprunteurs, une somme de 231,158 fr. Sur les 200,000 fr. affectés aux bronzes, il n'y avait que 20 fabricants qui eussent recouru à ce mode de crédit et seulement pour 25,138 fr., sur lesquels 17 emprunteurs avaient remboursé 17,588 fr. On peut juger par ces chiffres que l'expédient ne s'appliquait avec une réelle utilité qu'à l'ébénisterie. Il projette un jour utile sur la situation présente dont il aide singulièrement à comprendre les inconvénients et les lacunes.

Pour peu qu'on réfléchisse aux conditions ainsi mises en lumière, on juge bien vite que le régime adopté multiplie trop les ateliers, éparpille trop le travail et grossit ainsi sans nécessité la somme des frais généraux. Dès que l'ouvrier en chambre n'a pas de moyens réguliers d'écoulement, et qu'il ne s'adresse pas immédiatement au public, il lui faudrait au moins certaines facilités de crédit, afin de pouvoir attendre, et discuter plus librement les prix de vente. Dans son état actuel, l'ébénisterie parisienne peut

passer pour une industrie mal constituée. On conçoit
dès lors combien les essais d'association, tentés déjà
et parfois avec succès, méritent de sympathie. L'ébénisterie paraît se prêter tout particulièrement à des
applications du système coopératif.

Reste la question des débouchés, dont les rapprochements et les parallèles que permettait l'exposition
universelle faisaient si vivement ressortir l'importance.
Sous ce rapport, nombreuses lacunes. On ne place
encore qu'en France la grande masse des produits. La
part de l'exportation n'est que de 4 millions et quelques centaines de mille francs pour les meubles, et
de 1,215,000 francs pour les chaises et les fauteuils. Les pays qui en prennent la plus large
part sont l'Angleterre, la Suisse, le Brésil, l'Allemagne, la Belgique, etc. On verra tout à l'heure, par un
exemple, qu'un vaste horizon pourrait s'ouvrir au-
devant d'une industrie qui ne redoute point à l'étranger de rivalité sérieuse. L'Angleterre compte un chiffre
d'exportations annuelles assez notablement plus élevé
que le nôtre, puisqu'il dépasse 7 millions de francs.

Combien n'aurait-il donc pas été désirable que la
solennité industrielle de 1867 ait pu servir à mettre
en évidence les solides mérites de l'ébénisterie parisienne! Mais pourquoi se flatter? Ce but n'a pas été
atteint, et il ne paraît pas même qu'on s'en soit beaucoup préoccupé. Sans doute les galeries du mobilier
ne devaient pas s'ouvrir à ces produits inférieurs ou
communs qui forment le gros lot des petits ateliers :
c'est incontestable. Il était possible du moins d'y représenter sur une suffisante échelle le niveau moyen
de la fabrication. On est si loin d'y avoir réussi, que
dans la galerie du mobilier chacun était tenté de

s'écrier : Où sont les meubles? Je suppose un hon-
nête visiteur arrivant au Champ-de-Mars avec le désir
d'y puiser des indications pour meubler sa maison, il
y aurait perdu son temps et sa peine, à moins qu'il
ne possédât 100,000 livres de rentes. Il n'était
presque pas un seul des fabricants admis qui n'eût
tenu à présenter un chef-d'œuvre. Ce n'étaient que
des tours de force, ce n'étaient que des pièces curieuses. L'ébénisterie· visait partout à des dimensions
grandioses, et cela, comme on s'en plaignait déjà en
1855, dans le temps même où l'architecture privée
rétrécit de plus en plus ses dimensions et ses formes.
Comment faire entrer dans nos maisons tous ces
édifices en bois? On dirait qu'il n'existe que des
palais et des châteaux. Et d'ailleurs, pour chaque
article, on demandait des sommes fabuleuses. Il fallait
se trouver fort heureux si le prix d'un buffet ou d'une
bibliothèque ne dépassait point 12,000 ou 15,000
francs. Rien de plus facile à expliquer que cette
élévation des prix, qui souvent même ne laissait pas
au fabricant un très-large bénéfice. Dès qu'on sort
de son genre habituel, on ne peut produire qu'à
grands frais. Tous les ébénistes qui avaient voulu
cette fois exhiber des meubles de grand style avaient
dû recourir à des dessinateurs, à des ouvriers qu'ils
n'employaient pas habituellement et qu'il avait fallu
payer d'autant plus cher. L'habitude de les diriger
était d'ailleurs indispensable. Si, en dernière analyse,
l'ébénisterie de luxe devait tenir son rang à l'Exposition de 1867, comme elle l'a tenu aux expositions
universelles précédentes, ce n'était pas une raison
pour lui laisser tout envahir.

Même dans ses limites naturelles, il est impossible

d'admettre que l'ébénisterie la plus fastueuse puisse
s'abandonner à des caprices exagérés qui lui font
perdre de vue sa destination véritable. Admirez les
dessins et les sculptures de ces créations de fantaisie,
j'y consens ; avouez toutefois que ce ne sont plus des
meubles. Jamais ces genres excessifs ne se recom-
manderont par eux-mêmes aux encouragements du
public. Loin de nous l'intention de contester l'art
qui s'y dépense, celui, par exemple, qu'apporte dans
ses compositions tel fabricant d'articles de grand luxe.
Tant s'en faut. Nous avons été des premiers à signaler
jadis le mérite des ouvrages de ce genre. Nous loue-
rons encore autant que personne l'extrême habileté des
artistes qu'on y emploie; mais on en arrive aujourd'hui
à des œuvres tellement enjolivées, à des amas si capricieux d'attributs et d'ornements qu'on ne peut
plus parvenir à les classer. Ce n'est point de la sculpture dans le sens ordinaire de ce mot, ce n'est plus
de l'ameublement. Autre remarque : si les pierres
incrustées dans le bois peuvent produire un bon effet,
c'est à la condition qu'elles ne seront pas prodiguées.
Sur ce point, peu de critiques à faire ; mais une observation analogue doit s'appliquer à l'alliance des différents bois. Sur un meuble dont le fond est en ébène,
gardons-nous de disséminer les nuances du poirier,
du prunier, du pommier, de tels ou tels bois exotiques, et surtout celle du buis, qui ferait croire à du
cuir repoussé. On ne saurait le proclamer trop haut
au milieu des industries de luxe : le goût, c'est la
mesure. Le goût n'étant en effet que la justesse de
l'esprit dans la sphère du beau, suppose nécessairement la réserve et la règle.

A la suite de ces remarques qui laissent volon-

tiers un vaste terrain aux libres allures de l'imagination, de ce que j'appelle l'école de la fantaisie, je ne
m'arrêterai pas devant des édifices comme ce lit gigan-
tesque qu'en style de livret on appelle un lit de parade et qui était estimé 80,000 francs. Un lit de parade!
ces deux mots répugnent à se trouver réunis. L'idée
d'intimité n'exclut-elle donc pas l'idée d'apparat?
Puissent ceux que la parade poursuit jusque sur
l'oreiller, y dormir et y mourir en paix! Puissent-
ils n'y jamais oublier que, pour les puissants de la
terre comme pour les plus simples d'entre les
hommes, la vie n'est point une parade!

La justesse dans la reproduction du genre des
diverses époques constitue ce qu'on peut nommer
l'école de style. Le concours de 1867 nous y a laissé
quelques excellents modèles. Telle réputation acquise
dans les expositions antérieures se trouve amplement
confirmée. Que de pareilles applications rentrent dans
l'ébénisterie de grand luxe, je n'en disconviens pas.
Les ateliers auxquels je fais allusion (1) ont fourni
trop de pièces aux palais de Fontainebleau, de Saint-
Cloud, de l'Elysée, aux appartements de l'Impératrice, à ceux de la reine d'Angleterre, etc., pour
qu'on se méprenne sur les genres qui s'y traitent le
plus habituellement. Cependant on sait ce qu'on a
sous les yeux : ce sont des meubles, de véritables
meubles dont le possesseur peut se servir journellement s'il le veut. Si vous considériez parmi les articles
exposés ce bahut de la Renaissance en bois de noyer,
cette table du style Louis XIII en ébène et en ivoire,
ce buffet à hauteur d'appui, à trois compartiments,
du style Louis XVI, variété dite Marie-Antoinette,

(1) Je cite ceux de M. Grohé.

vous reconnaissiez que vous étiez bien sur le terrain
de l'ébénisterie. On doit même le dire à l'avantage
des fabricants d'aujourd'hui qui s'attachent à l'étude
des anciens modèles : ils manient le bois avec plus de
soin et d'habileté que leurs devanciers des 17e et 18°
siècles. En un mot, ils sont meilleurs ébénistes. Cet
éloge s'applique à un grand nombre d'exposants,
quelle que soit d'ailleurs la valeur relative de leurs
produits. Il s'étend à ceux qui ont consenti à rester
fabricants de meubles, tout en sortant néanmoins de
la fabrication ordinaire (1).

C'était là le mérite, au degré voulu pour le genre
de sa production, d'un fabricant qui représentait dans
les expositions de l'industrie depuis une vingtaine
d'années, avec des qualités peu communes, l'ébénisterie domestique et courante. Il n'appartenait
point au groupe de la fabrication de Paris, mais il y
avait acquis droit de cité par l'ampleur et le succès
de ses opérations, et par d'excellents exemples sous
le rapport commercial. Il avait su organiser la fabrication des meubles dans un très-large cadre, et
découvrir des débouchés auparavant inconnus. Une
mort prématurée l'a enlevé, quand il avait obtenu
toutes les distinctions honorifiques qu'ambitionnent
les exposants. Son nom n'a donc pu figurer cette fois
dans les bâtiments du Champ-de-Mars, mais son souvenir et ses procédés ne sauraient trop y être présent
à la mémoire de tous. Je veux parler de M. Beaufils,
qui avait fondé à Bordeaux une sorte de succursale

(1) Dans le langage du métier, la fabrication ordinaire consiste à procéder par l'exécution simultanée d'un certain
nombre de meubles du même genre, 40, 50, ou même davantage. Sortir de la fabrication courante, c'est, au contraire, procéder par unité, ce qui implique toujours plus
d'étude et de soin.

du faubourg Saint-Antoine, avec des idées et des procédés absolument nouveaux.

De quel point était-il parti? Avant de le dire, je
tiens à indiquer où il en était arrivé. Dix ans déjà
avant sa mort, au moment de la dernière exposition
de Paris, en lui décernant alors une médaille d'honneur, le jury constatait que les produits fabriqués
annuellement dans ses ateliers dépassaient une valeur
de 750,000 francs. Or, à l'époque où sa maison avait
pris naissance, vingt années plus tôt, l'ébénisterie
bordelaise, en bloc, n'atteignait pas au chiffre de
90,000 fr. par année.

Pour juger de l'impulsion donnée par M. Beaufils,
il faut savoir que son exemple avait vivement stimulé
l'activité locale. Les anciens ateliers s'étaient accrus
autour de son établissement, et de nouvelles maisons
avaient été fondées par un grand nombre d'ouvriers
formés chez lui, dont il aimait à constater le succès.
Devenu possesseur d'une fortune considérable, doué
d'un sens très-sûr et très-pratique, connu pour une
honorabilité sans nuages, il avait été, à diverses reprises, promu à des charges municipales. Il était, en
outre, président du conseil de prud'hommes. Ses
avis pesaient d'un poids réel dans l'examen des
questions locales les plus délicates ou les plus importantes.

Le point de départ de cette existence si considérée
dans son milieu naturel nous fera mieux comprendre
maintenant les utiles indices, les solides encouragements qu'elle peut fournir à ceux qui débutent dans
le travail, sans posséder d'autres ressources que leur
savoir-faire, leur bonne volonté, et un vigoureux
esprit de conduite. Simple compagnon menuisier,

M. Beaufils était arrivé à Bordeaux, de Clamecy,
sa ville natale, à l'âge de dix-neuf ans, en 1831.
J'ai eu plusieurs fois l'occasion de l'entendre ra-
conter ses débuts, dont il se plaisait à parler. Pour
un jeune homme inexpérimenté, sans relations, sans
appui et n'ayant en poche que quelques francs, on
devinerait de soi-même que les commencements
durent être rudes et laborieux. Il lui en avait plus
coûté, m'a-t-il dit, pour amasser ses vingt-cinq premiers mille francs que le reste de sa fortune entière.
Son succès a eu pour source deux idées ingénieusement conçues et résolûment poursuivies : constituer
en grand la fabrication des meubles, profiter des
avantages qu'offre une ville maritime comme Bordeaux pour chercher des placements au delà des
mers. Que d'obstacles cependant ! Point d'ouvriers
sous la main, et à plus forte raison point d'artistes :
il fallait en former ; point d'outillage expéditif et sûr ;
il fallait en imaginer un nouveau ou perfectionner
l'ancien. Des prix de vente excessifs prévalaient, en
outre, dans les habitudes locales : il fallait atteindre
au bon marché.

Pénétré de l'utilité de ces réformes, M. Beaufils
réussit peu à peu à les accomplir. Il fut l'un des premiers à introduire la machine à découper dans la
préparation des bois. Pour l'exportation à travers
les régions tropicales, il réussit à neutraliser l'action d'une chaleur qui fend les meubles et fait tomber
le plaqué en écailles. Un système d'entrecroisement
des pièces et quelques procédés particuliers purent
prévenir complétement les déformations et les fissures.
A de telles conditions, la réussite était certaine; le
champ des affaires illimité. En 1835, M. Beaufils

commençait ses exportations, qui oscillaient durant les quatre premières années entre le chiffre de 9,000 fr. et de 35,000 fr. En 1848, il arrivait à 127,000 fr., et au moment de l'Exposition de 1855, à celui de 267,000 francs. Il était devenu armateur pour son compte : le navire qui portait ses produits sur les rivages des deux Amériques et dans les lointaines régions du monde austral lui rapportait les bois exotiques mis en œuvre dans sa maison. Ses expéditions à l'extérieur en étaient alors arrivées à compter pour plus d'un tiers dans sa fabrication totale.

Telle est la proportion, tel est l'exemple que nous avions en vue un peu plus haut devant les ouvrages des ébénistes parisiens. Certes, le chiffre des exportations opérées par eux a haussé depuis trente ans; on peut croire, sans leur faire aucun tort, que la connaissance des résultats obtenus à Bordeaux ne leur a pas été inutile. L'ébénisterie de la capitale exporte aujourd'hui en une seule année plus de marchandises qu'autrefois en vingt ans. Et pourtant, quels chiffres encore restreints! Cinq millions de francs à peu près sur une masse d'affaires touchant à quarante millions! Ce n'est guère que le huitième. Tous les efforts de ces fabricants si habiles dans leur métier, si ingénieux dans leurs combinaisons, devraient viser à grossir la proportion. Profits certains pour eux-mêmes, conditions de bien-être et d'aisance à tous les rayons de cette ruche laborieuse, au lieu d'une gêne fréquente et parfois extrêmement dure, voilà quels effets on en peut espérer. Point de succès néanmoins, si, dans cette voie nouvelle, loin de pousser à la cherté comme on semblait le faire à l'Exposition, on ne

recherche pas ardemment l'économie. Sachons-le
donc : il n'y aura jamais qu'une place étroite pour
les produits taxés à des prix énormes. Bonne et solide
fabrication, soumise aux règles de ce bon goût, rele-
vée par cette élégance dont le sentiment semble inné
dans la capitale, et livrant des produits à des conditions raisonnables, on ne doit point sortir de là, si ce
n'est à titre d'exception. Ceux qui contribueront de
cette manière à élargir les débouchés, rendront plus
de services et arriveront à de meilleurs résultats pour
eux-mêmes, que s'ils fabriquaient des bibliothèques
ou des cabinets à 25,000 francs la pièce. Notons,
comme dernier trait, qu'à ce point de vue le progrès
signalé dans l'art de traiter les bois, acquiert une
importance particulière.

La difficulté tient surtout, il faut l'avouer, à l'absence de relations établies au dehors. On ne trouve
pas, comme les ébénistes anglais, sur tous les points
du monde des établissements où flotte le drapeau du
pays et où sont installés déjà depuis plus ou moins
longtemps des comptoirs commerciaux avec tous les
moyens propres à faciliter les transactions. Qu'il ne
soit pas impossible pourtant d'y suppléer, du moins
en une certaine mesure, l'exemple cité en témoigne,
mais les choses ne vont pas toutes seules, sans difficultés, sans résistances à vaincre. Ce que ne peut pas
toujours l'action individuelle, doit-on se dire, devient
quelquefois possible pour l'action collective. C'est
donc en se groupant, en formant à plusieurs une
sorte de faisceau que les ébénistes de Paris pourraient
le mieux réussir à constituer au loin les agents ou les
correspondants indispensables pour de telles entreprises.

Nous n'en aurions pas fini avec l'industrie de l'ameublement si nous n'ajoutions pas un mot sur une branche spéciale qui la complète, celle des étoffes pour meubles et tentures et des tapis. Ici, point de restriction dans les éloges : les produits parlaient d'eux-mêmes. Quelques-uns ont été mentionnés précédemment dans la catégorie des tissus; il est juste de reconnaître d'une façon plus spéciale que toutes les fabriques françaises s'étaient surpassées elles-mêmes en 1867, chacune dans son genre particulier, aussi bien pour les articles les plus simples, comme les perses, que pour les étoffes les plus somptueuses, comme les soieries ou les tapis de luxe. Les améliorations étaient peut-être encore plus frappantes dans les articles à bas prix que dans les objets luxueux dont la situation est faite depuis longtemps. A Rouen comme à Mulhouse, à Amiens, Roubaix, Tourcoing comme à Lyon et à Tours, à Nîmes comme à Aubusson, on peut être fier sous ce rapport des résultats de l'épreuve récemment accomplie avec un si grand éclat.

CHAPITRE X

L'industrie des bronzes et ses variétés. — Les fontes d'art. — L'orfévrerie et ses caractères en France. — Une individualité marquante.
— Les ouvrages destinés au culte. — La joaillerie, la bijouterie, le
groupe des industries diverses. — L'utilité et le bon marché.

I — Rattachée comme l'ébénisterie et plus exclusivement encore au groupe du travail parisien, l'industrie des bronzes n'a pu s'acclimater nulle part en
dehors de la capitale de la France. On sait, du reste,
qu'elle se fractionne en une multitude de rameaux.
A côté des fabricants de bronze, nous avons les fon-
deurs de bronze, les monteurs, ciseleurs et tourneurs
en bronze, les doreurs, vernisseurs et metteurs de
bronze, etc. En considérant seulement ici les fabricants, chez qui viennent aboutir toutes les variétés
du travail, on voit que certaines affinités existent
entre le régime de cette fabrication et celui de l'ébénisterie. Sur 238 chefs de maison, il n'y en a que 79
qui occupent plus de 10 ouvriers, 124 en ont de 2 à
10, et 35 travaillent seuls ou avec un auxiliaire
unique. La tendance à la concentration devient cependant chaque jour plus marquée de ce côté-là. Au
lieu d'être implantée dans les faubourgs de l'ancien
Paris, l'industrie bronzière en occupe le centre. Plus
de la moitié des fabricants sont installés dans les
quartiers des Archives, des Arts-et-Métiers et de

Sainte-Avoie. Le chiffre total des affaires monte à 23,799,600 fr. dont 7,658,000 avec les pays étrangers : proportion plus satisfaisante que celle offerte par l'ébénisterie, quoique susceptible encore de s'améliorer. Les succès constants de cette industrie sont de nature à favoriser les transactions avec le dehors.

On pouvait relever dans les bronzes, comme dans les meubles, une propension trop marquée vers la haute fantaisie : il se rencontrait au Champ-de-Mars trop d'articles de grand prix, trop de pièces de larges dimensions. N'oublions pas, toutefois, que nous sommes ici dans un domaine qui touche de plus près à l'art, où du moins l'art proprement dit et ses caprices peuvent plus librement se donner carrière. Il n'en reste pas moins vrai que nombre d'exposants avaient voulu sortir de leur genre ordinaire pour la solennité de 1867. Leur propre intérêt les y ramènera sans aucun doute. Faut-il l'avouer? Les écarts n'ont pas été encourageants; ils n'ont abouti en général, au point de vue du bon goût, qu'à des effets médiocres.

Les nombreux articles qu'embrasse cette fabrication peuvent être ramenés à deux larges catégories, donnant naissance elles-mêmes à plusieurs ramifications : les bronzes d'art et les bronzes d'ameublement. Les bustes, les statues et statuettes, les groupes d'hommes ou d'animaux, les coupes, les vases et cent articles de fantaisie composent la première section. Dans la deuxième rentrent les pendules, flambeaux, candélabres, lustres, objets pour le service de la table, garnitures de foyer, lampes et suspensions, ornements pour meubles, etc. Il convient de ranger à part les bronzes d'église, qui se joignent le plus souvent dans le travail à l'orfévrerie destinée au culte.

Nulle part il n'y a eu d'essai bien hardi ou bien nouveau à signaler, sauf dans les délicatesses les plus raffinées, comme l'emploi des émaux. Les anciennes réputations ont reçu du public une sorte de consécration nouvelle : voilà le résultat le plus clair, et c'est beaucoup pour une fabrication aussi perfectionnée. Telle maison très-renommée a su conserver cette supériorité artistique due à un goût éprouvé, toujours sobre, toujours imbu de l'idée de la mesure. D'autres, qui se rapprochent davantage d'une bonne fabrication courante, quoique plus ou moins soucieuse de l'art, ont affirmé leur rang avec une incontestable autorité. Les cuivres polis étaient à citer comme formant un genre qui n'avait jamais été traité jusqu'à ce jour avec autant de hardiesse et qui offre l'avantage de s'allier aisément avec tous les mobiliers, somptueux ou modestes (1).

Notons encore les applications de plus en plus satisfaisantes de l'onyx ou marbre algérien, qu'un homme de goût, M. Pallu, a si fortement contribué à introduire en France. Les effets obtenus dans l'association du bronze doré et de l'onyx ont été très-justement remarqués (2). Un habile sculpteur, M. Cordier, avait, l'un des premiers, réalisé cette alliance. Les fontes d'art ont conquis leur rang à côté du bronze.

(1) On s'aperçoit que nous faisons allusion, d'abord à la maison Barbedienne, puis à des maisons comme celles de MM. Denière, Victor Pallard, Graux-Marly, etc., enfin aux envois de M. Lerolle.

(2) Observation analogue, quoique à un point de vue plus individuel pour les modèles et études en fait de bronzes d'art de M. Cain et de M. Mêne, et aussi pour les dessins de M. Guichard, quoiqu'ils se rapprochent davantage de l'ameublement.

Déjà, en 1855, celles qui avaient été envoyées de Paris à l'Exposition avaient été l'objet d'une approbation générale. Les statues, candélabres, vases et autres objets de décoration en fonte brute prennent aujourd'hui toutes les formes, toutes les grandeurs, et semblent destinés à trouver de plus en plus leur place dans les églises, dans les habitations, dans les parcs et les jardins (1).

II — Lorsqu'on passe de la section des bronzes à celle de l'orfévrerie, on sent que l'art fait un pas de plus, sinon pour la conception des modèles, du moins pour les détails du travail, la ciselure, par exemple. La matière employée relève encore le caractère de la pensée qui la transforme. Il faut distinguer l'orfévrerie de table et de fantaisie et l'orfévrerie d'église, qui étalaient çà et là, l'une et l'autre, une extrême opulence, mais une opulence guidée par la science et le goût, ayant au besoin à son service la chimie, la mécanique, l'archéologie.

De ce même groupe dépendent, comme une étincelante annexe, la joaillerie et la bijouterie en pierres fines, avec lesquelles la bijouterie fausse, de plus en plus favorisée par notre goût pour les imitations luxueuses, s'évertue à rivaliser d'éclat. D'après les documents publiés par la Chambre de commerce, la fabrication de la bijouterie fine en or roule sur un total de 69 à 70 millions d'affaires. Les bijoutiers qui font les chaînes, les chaînistes comme on dit, figurent à part avec près de 15 millions, et la petite bijouterie et orfévrerie en argent, avec un peu plus de 4 millions. La bijouterie fausse atteint à la somme

(1) On remarquait avant toutes les autres les fontes de M. A. Durenne, puis celles de MM. Ducel, Calla, Barbezat.

de 18,000,000 de francs, chiffre énorme si l'on tient
compte du peu de valeur de la matière employée.
Ajouterai-je à ces détails que la grande orfévrerie
d'argent, à Paris, représente, pour la fabrication des
couverts de table, une valeur annuelle d'environ
9 millions? Toutes les autres spécialités réunies ne
dépassent guère 14 millions.

Certes, l'importance de ces diverses fabrications
semble considérable. Cependant, pour donner une
idée de l'extension qu'elles pourraient prendre si elles
réussissaient, grâce à la supériorité de leurs formes,
à se frayer de plus larges issues au dehors, il suffira
de rappeler un fait concernant spécialement l'orfévrerie. Tous nos ateliers réalisent à peine une production annuelle égale à celle qu'avait à Londres
une seule maison, l'ancienne maison Mortimer. La
différence tient à plusieurs causes générales, mais
aussi à cette circonstance que notre industrie n'est
pas montée dans des conditions aussi manufacturières
que l'industrie britannique. De plus, les consommateurs français ne sont pas, d'ordinaire, assez riches
pour donner à l'orfévrerie des commandes d'un
grand prix. Qu'arrive-t-il? point ou peu d'ouvrages
coûteux, en dehors de ceux qui sont exécutés pour
le gouvernement, ou bien, ce qui revient au même,
pour la ville de Paris. Otez ces consommateurs opulents, dont l'impôt remplit incessamment la cassette,
et il ne reste presque personne pour payer de tels
objets. Les commandes directes de l'Empereur composent naturellement un ordre à part. — Le fait signalé
concourt à élargir encore chez nous le rôle de l'État,
qui tend ainsi à devenir le régulateur du goût. Si l'or
est le nerf de la guerre, il l'est aussi de l'industrie.

A ce titre, l'État se trouve l'arbitre suprême d'un certain nombre de fabrications, comme il l'est déjà de l'architecture, de la sculpture, de la peinture, etc. Je ne nie point les raisons sérieuses de ce mouvement; mais on ne contestera pas non plus qu'il ne soit entouré d'écueils, ne fût-ce qu'à cause de la mobilité de tout personnel administratif. Deux garanties pourraient limiter le péril que l'attention individuelle la plus scrupuleuse ne suffit pas toujours à conjurer. Ce serait, d'une part, l'action régulière du goût public sur les préférences administratives, facilitée par l'exhibition préalable de tous les plans et projets un peu importants; de l'autre, le soin même pris par le Gouvernement de restreindre son intervention dans l'unique sphère où l'action privée ne saurait absolument atteindre elle-même.

En Angleterre, où la situation sociale et la situation économique restent si différentes de ce qu'elles sont chez nous, le gouvernement demeure en dehors de tout le mouvement industriel. Ce n'est que par le développement des écoles de dessin, postérieur à la première exposition de Londres, qu'il a pu préparer certaines évolutions de l'art. On ne sera pas tenté d'attribuer au régime suivi chez nos voisins leur infériorité relative. Rien ne serait plus faux : les notions justes manquaient là-bas du côté du gouvernement comme du côté du public. L'épreuve de 1851 commença de part et d'autre d'en démontrer la haute utilité. Bon gré, mal gré, il fallut reconnaître que la France seule représentait l'art dans les traditions de son industrie. Elle a seule, oserai-je dire encore aujourd'hui, une philosophie de l'art : elle cherche la pensée dans la matière; ou, en d'autres termes, elle aspire à mettre quelque chose de l'âme dans l'objet fabriqué. L'Angleterre n'en est pas encore là : elle ne voit pas communément autre chose dans le produit que là matière dont il est composé et la destination qu'il doit recevoir. L'idée est presque toujours absente ici des œuvres purement anglaises. Un industriel parisien d'un goût éprouvé, et qui n'est point orfévre, nous disait récemment, dans un langage simple et sincère, qu'entre l'orfévrerie française et l'orfévrerie anglaise, il y avait toujours la différence du jour à la nuit. Ce jugement a été confirmé par l'Exposition universelle de 1867, comme par les trois précédentes.

Les exhibitions du Champ de Mars permettaient non-seulement de juger tous les genres qu'embrasse l'orfévrerie, mais encore de reconnaître le point où en sont arrivés les procédés du travail, ainsi que le caractère des innovations les plus récentes. Tous les raffinements en fait de goût et d'élégance s'étalaient dans certaines vitrines, tandis que les types en argent, riches et simples, pour les services de table, n'avaient jamais été mieux traités jusqu'ici qu'ils ne l'étaient cette fois par une maison très-connue, dont ils forment la spécialité, et qui avait déjà su en améliorer notablement les anciennes dispositions (1). Malgré son utilité toute domestique, même dans les applications les plus hautes, cette branche de la fabrication n'était venue que longtemps après l'orfévrerie consacrée au service des temples : celle-là ne remonte, en effet, qu'au 14ᵉ siècle, tandis que celle-ci n'a pas de date dans l'histoire. L'orfévrerie de table avait cepen-

(1) MM. Froment-Meurice, Fannière frères, Duponchel; la maison Odiot.

dant vu le terrain s'élargir peu à peu pour elle,
même avant l'épanouissement de l'activité industrielle
et de la richesse mobilière.

L'argenture et la dorure, dues aux inventions de
MM. de Ruolz et Elkington, ont donné de nos jours à
la production un essor tout à fait inespéré. Les acheteurs ont semblé sortir de dessous terre : ils appartiennent à toutes les classes sociales. Pour s'en
convaincre, il suffisait d'examiner attentivement
l'exhibition de la maison fondée par M. Ch. Christofle,
où l'on avait eu la pensée, très-opportune d'ailleurs
sous le rapport commercial, de placer un assortiment
complet de tous les articles les plus usuels à côté des
ouvrages d'art et de luxe les plus délicats et les plus
riches. Aucun détail des services ordinaires, aucun
échantillon des pièces accessoires n'y étaient oubliés.
Les grands surtouts, les surtouts de gala, avaient pu
néanmoins se déployer dans toute leur magnificence.
Ainsi nous avons vu là diverses pièces complétant
un service en argent doré, commandé par l'Empereur, qui figurait à Londres en 1862; nous avons
vu là le grand surtout de l'Hôtel de Ville de Paris, qu'on peut regarder comme l'exacte représentation du style actuel dans son expression la plus somptueuse.

C'est donc une œuvre historique, en ce sens qu'elle
caractérise l'orfévrerie contemporaine avec ses qualités
et ses défauts. Des artistes éminents ont exécuté les
différentes parties de cette vaste composition, modelée
et finie d'après les dessins et sous la direction de
M. Victor Baltard. L'aspect général ne manque pas
de grandeur. La pièce du milieu, figurant le vaisseau
symbolique de la ville de Paris, avait paru à Londres

en 1862. Depuis lors on y a introduit une modification que réclamait un goût correc tet pur. Une glace formait à l'origine, si nos souvenirs sont fidèles, le fond du plateau central; elle avait le tort de rappeler un genre vieilli, sans offrir elle-même rien d'antique. L'harmonie de l'ensemble était rompue. On aurait dit que le vaisseau se trouvait en l'air, à quelques lignes au-dessus du fond dans lequel il devait au contraire plonger. L'argent ondé, qu'on a substitué à la glace, se marie infiniment mieux avec les pièces oxydées ou dorées de ce travail.

Parmi les objets d'art de tout module placés à côté de ces grandioses compositions, on remarquait un service à thé en argent, posé sur un guéridon d'une extrême élégance de formes et dont le dessin fait honneur à l'artiste qui l'a conçu (1). Ce travail nous fournit d'ailleurs un motif pour constater une transformation récente introduite dans les procédés de la damasquinure et qui, tout en réclamant encore quelques compléments, n'en doit pas moins être considérée comme acquise à l'industrie. Le plateau est en cuivre incrusté d'or et d'argent; c'est précisément cette incrustation que concerne le nouveau mode. Jadis on gravait la pièce en creux, et on y faisait ensuite entrer l'or et l'argent à coups de maillet. A ce moyen très-coûteux, on a substitué des procédés mécaniques, qui suppriment absolument les frais de main-d'œuvre. Vous pouvez juger de l'avantage obtenu sous le rapport économique, en sachant que tel vase ciselé par l'ancienne méthode, qui coûte 5 ou 6,000 francs, en vaudrait seulement 5 ou 600 avec les nouveaux procédés. L'art cependant n'est pas

1) M. Ch. Rossigneux.

exclu d'une besogne qui ne saurait être exécutée sans le secours de sa direction immédiate.

Il ne sera pas hors de propos d'insister sur une observation déjà formulée au sujet des meubles, et sur laquelle il importe de revenir toutes les fois que l'occasion s'en présente, à savoir : la hausse des prix qu'un trop grand éparpillement du travail est de nature à engendrer. Dans tout le groupe de l'orfévrerie, la fabrication gagnerait à être plus concentrée. Un semblable système concourt largement au chiffre colossal des opérations de certaines fabriques anglaises. Nous n'avons en France qu'une seule maison, celle que nous venons de nommer, qui soit constituée sur des bases manufacturières analogues à celles des établissements britanniques. Sans l'organisation vigoureuse qu'elle avait ainsi reçue de son fondateur, jamais l'industrie de la dorure et de l'argenture électrochimiques n'aurait pris chez nous le rapide développement que nous avons vu se réaliser et dont un fait donnera l'idée. Depuis 1845, c'est-à-dire depuis vingt-deux ans, la fabrique originelle est arrivée, à elle seule, à un total d'affaires de 107,000,000 de francs. Les inventions de MM. de Ruolz et Elkington ne pouvaient se passer, pour s'acclimater sur notre sol, d'une expression commerciale, ou plutôt d'un germe de vie qui en manifestât les avantages aux yeux de tous.

Lorsque, au lendemain de la dernière exposition de Londres, où il avait reçu de nouvelles distinctions, M. Christofle était enlevé par une mort inopinée, on pouvait lui rendre ce témoignage que sous ce rapport sa tâche avait été entièrement remplie. Dans cet examen des caractères de l'orfévrerie contemporaine, je ne m'arrêterais pas cependant à son initiative, suffisamment récompensée par le succès, si sa carrière n'offrait pas quelques-uns de ces enseignements utiles comme nous en ont présenté plusieurs autres biographies industrielles de l'époque. La notabilité qui ne laisse après elle aucun exemple fécond est une notabilité passagère, que la richesse acquise ne garantit point contre un rapide oubli. Il y avait plus que cela chez M. Christofle.

Son mérite dans la création et dans la pratique de son industrie, ce fut d'avoir constamment à l'esprit cette juste observation, qu'avec la division de la fortune privée, un marché à peu près illimité, soit en France, soit dans les pays étrangers, devait exister pour une fabrication aussi économique que la sienne, s'adressant à des besoins aussi généraux. C'était beaucoup sans doute que cette première conception, et pourtant ce n'était rien si l'on n'était pas d'avance moralement armé contre les difficultés inséparables d'une entreprise nouvelle qui allait inquiéter deux fabrications puissantes, celle de l'orfévrerie d'argent massif et celle du plaqué. Dans l'industrie comme dans tout, le succès ne récompense que ceux qui persévèrent. Des relations d'un caractère administratif nous avaient permis de constater par nous-même à quel rare degré cette qualité de la persévérance appartenait à M. Christofle. Durant une terrible épreuve qu'il eut à traverser en 1848, ce trait de son caractère paraît même se lier par un côté à l'histoire industrielle de notre temps. Pressé par la stagnation générale des affaires et par des exigences inattendues, il s'en fallut peu que cet industriel ne vît une fortune laborieusement commencée sombrer dans la tempête. Il conçut alors l'idée de proposer à l'État l'acquisition de ses

brevets pour le temps restant à courir. Dans les rapports que sa proposition amena nécessairement avec
le ministère du commerce, auquel j'appartenais alors,
je pus d'autant mieux juger de la fermeté avec laquelle
il envisageait son péril, que j'avais une conviction
absolument opposée à son projet. Je ne le lui dissimulai
point; et, bien que la question ne pût se trancher que
dans les plus hautes sphères de l'administration, je le
vis souvent, et toujours sans qu'il eût l'air ni abattu
ni inquiet. C'était avec une présence d'esprit inaltérable qu'il défendait son idée, non pas, bien entendu,
au point de vue d'un intérêt particulier, mais en faisant valoir l'élan que la liberté de l'exploitation aurait
imprimé selon lui à cette fabrication spéciale. Quoique ce projet ne dût pas réussir, M. Christofle ne
s'abandonna point au découragement; et il eut bien
raison, car l'année 1849, pendant laquelle les affaires
reprirent un cours si actif, dissipa pour lui tous les
nuages de la veille.

Une autre épreuve non moins rude, qui fut peut-
être plus menaçante que la première, résulta de la
contrefaçon de ses produits, des luttes et des procès
qui en furent la conséquence. Le public sait, grâce à
l'éclat des débats judiciaires, qu'il lui fallut traverser
les plus cruelles alternatives avant d'arriver à une
solution favorable. La moindre hésitation, le moindre
doute, aurait compromis le succès d'une affaire à laquelle se rattachaient tant d'intérêts. L'exposition
actuelle nous apprendrait, au besoin, maintenant que
les brevets sont expirés, que le fondateur de l'industrie de l'argenture et de la dorure électro-chimiques
en France l'avait placée dans des conditions où elle
pouvait se passer de privilége. Que tous ceux qui tra-

vaillent, que tous ceux qui luttent, apprennent par ce nouvel exemple qu'il ne suffit pas d'avoir une idée juste sur une tâche à remplir, qu'il faut encore porter dans l'accomplissement de cette tâche la résolution que n'abattent ni les obstacles ni les revers. Utile leçon, qu'on est heureux d'avoir à recueillir au milieu des enseignements technologiques, et qui ne peut d'ailleurs qu'en vivifier l'étude.

III — La dernière branche du groupe qui nous fournit ce conseil de haute utilité pratique reste à caractériser dans son état actuel : c'est, nous le rappelions tout à l'heure, la plus ancienne de toutes, l'orfévrerie d'église. Or, jamais dans aucune exposition antérieure, elle n'avait présenté des modèles aussi nombreux, des formes aussi splendides ou plus correctes au point de vue de la reproduction des différents styles. Si notre temps possède pour les travaux de cet ordre une réelle supériorité sur d'autres époques, notamment sur le moyen âge, ce n'est pas toutefois dans l'originalité des formes et l'harmonieuse vitalité des conceptions. Non, certes; nous avons seulement l'avantage de connaître mieux ce qui tient au métier et d'opérer avec plus de justesse et plus de promptitude. Tous les moyens jadis mis en œuvre ont été simplifiés, tous les engins du travail extrêmement perfectionnés. Voilà quel est notre lot, lot précieux, quoique inférieur en réalité à celui de ces artistes inconnus du 10e siècle et des siècles suivants, dont nos orfévres s'efforcent de traduire pour nous la pensée.

Quand on examinait à ce point de vue les splendides exhibitions du Champ de Mars (1), on était con-

(1) L'exhibition de M. Poussielgue-Rusand et celles de quelques autres orfévres parisiens traitant les mêmes spécia-

duit à reconnaître qu'entre toutes les branches de l'orfévrerie, et même entre toutes les catégories de produits concernant l'ameublement, celle qui s'adresse au culte a réalisé plus de perfectionnements qu'aucune autre, depuis une dizaine d'années. Cette appréciation, chacun pouvait, du reste, en vérifier l'exactitude par soi-même. Rien de plus facile, soit dans le bâtiment principal de l'Exposition, soit dans une annexe à laquelle on avait cru devoir donner la forme d'une église, et qui était consacrée aux arts religieux. Là se présentaient en fait d'autels, de statues, de chemins de croix, de baptistères, d'ornements de toute espèce, les modèles les plus variés, et quant à la matière dont ils sont formés, et quant au prix auquel ils sont vendus. On n'avait pas seulement employé les différents métaux, mais le marbre, le bois, la pierre, les imitations de la pierre. On trouvait sur un autre point des articles en aluminium qui ont certainement leurs avantages (1).

Il importe surtout, ce nous semble, d'indiquer les applications les plus économiques, celles qui pourraient le mieux convenir à tant d'églises de campagne dont les ressources sont presque nulles. Je signale pour les autels, pour les fonts baptismaux, etc., diverses compositions simulant la pierre, et en particu-

lités, dont il serait injuste de séparer M. Caillat, de Lyon.

(1) Il est rare que le platine soit employé dans de pareils usages. On sait cependant que le platine est avec l'or et l'argent l'un des trois principaux métaux qualifiés de précieux. On ne lira pas sans intérêt, croyons-nous, au moment où nous quittons les emplois les plus habituels de ces mêmes métaux, quelques détails comparatifs à leur sujet. Ainsi l'or pur vaut communément 3 fr. 44 c. et demi le gramme, tandis que le gramme de platine pur ne vaut que 85 centimes et le gramme d'argent pur 22 centimes et un quart. L'or pèse environ 19 fois plus que l'eau, le platine 21 ou 22 fois, et l'argent 10 ou 11 fois.

lier les terres cuites (1). On ne sera pas fâché de savoir qu'on peut avoir en ce genre des types où le bon marché s'allie à un réel sentiment de l'art. Cet exemple pourrait servir à marquer un des caractères du progrès actuel. A la perfection et à la richesse du travail qui occupe le haut de l'échelle, correspondent à l'autre extrémité des améliorations considérables sous le rapport économique. Grâce aux artifices de l'industrie, on peut obtenir aujourd'hui, à bien meilleur compte qu'il y a douze ou quinze années seulement, des ouvrages satisfaisant beaucoup mieux aux convenances comme à la dignité du culte.

On ne saurait omettre de mentionner expressément, à propos des applications économiques faites dans l'orfévrerie, les développements qu'a reçus, soit en France, soit dans les autres pays, l'emploi de l'électricité. Sous la désignation d'*électro-métallurgie*, on embrasse deux sortes d'opérations très-distinctes : la *galvanoplastie* et *l'électro-chimie*. Quoique ces dénominations soient un peu scientifiques, les applications n'en sont pas moins devenues tout à fait usuelles dans la décoration des meubles, dans la reproduction des ouvrages de la sculpture, etc., aussi bien que dans l'orfévrerie. A l'aide de la *galvanoplastie*, on obtient des dépôts métalliques faciles à séparer du moule où ils se forment et dont ils représentent tous les contours et tous les détails avec une exactitude parfaite. L'*électro-chimie* permet, au contraire, de revêtir d'une couche de métal inaltérable et d'un aspect flatteur pour les yeux des articles fabriqués avec un métal oxydable et de sa nature plus ou moins commun.

(1) Je cite notamment celles qui provenaient d'une usine de Choisy-le-Roi, dirigée par M. Clémandot, dont le goût s'est longtemps signalé à la cristallerie de Clichy-la-Garenne.

IV — Ces ingénieuses préparations profitent visiblement à l'abaissement des prix; elles se relient donc ainsi, par un côté du moins, au double mouvement signalé. La tendance vers le bon marché mérite d'autant plus ici d'être mise en relief qu'elle est plus rare aujourd'hui, en particulier dans le groupe de la fabrication parisienne. La réduction des prix n'était, par exemple, qu'un fait exceptionnel dans les industries dont nous venons de préciser la situation et le caractère. Quant à la joaillerie et à la bijouterie que nous avons mentionnées, si elles se distinguaient par la richesse d'une exhibition collective où chaque fabricant gardait son nom et au besoin sa spécialité, et surtout par l'art extrême avec lequel les pierres précieuses sont montées, elles se faisaient également remarquer par l'augmentation des prix. Que la perfection du travail grandisse de toutes parts, c'est incontestable; mais le renchérissement va plus vite encore. Voyez les étalages des fleurs artificielles, des éventails, des plumes pour la parure, des articles de mode et de lingerie, des petits articles de maroquinerie, des fournitures de bureau, de la ganterie, des reliures, de la tabletterie fine, des articles de voyage, des armes portatives, etc., partout vous admirez l'exécution. Délicatesse, élégance, harmonie des couleurs, combinaisons ingénieuses, ces conditions et d'autres encore sont l'apanage de ces diverses branches du travail parisien, chacune selon son espèce. Dans toutes également notable élévation des prix.

On n'aperçoit plus guère dans le groupe des exhibitions de la capitale que deux industries qui fassent exception à cette loi du moment. Ne fût-ce qu'à ce titre, — et on reconnaîtra qu'elles en ont d'autres, — il

les faudrait citer. La première, c'est la fabrication
des papiers peints, dont les affaires atteignent annuellement à Paris un chiffre d'à peu près 19,000,000 de
francs, sans parler des fabriques existant sur quelques autres points du pays. En 1860, avant le traité
de commerce, le mouvement des exportations était à
peu près du tiers de la production totale. Brusque-
ment interrompu en 1860, il tend à regagner le chiffre
antérieur (1). Le goût français triomphe encore ici.
Quant à la réduction des prix, on la doit surtout à
l'extension et au perfectionnement des procédés mécaniques, soit dans l'impression des dessins, soit dans
la préparation des fonds.

L'autre industrie, à laquelle s'adresse une remarque
analogue, possède l'avantage de ne rencontrer au
dehors aucune concurrence sérieuse. Elle expédie, au
contraire, sur les marchés étrangers les trois quarts
de ses produits. Constituée chez nous sur des bases
manufacturières depuis une trentaine d'années tout
au plus, elle n'a point cessé de progresser, et la
somme de ses affaires annuelles est évaluée en ce moment à 45,000,000. Il s'agit néanmoins d'une spécialité en apparence fort modeste, celle des boutons. La
France, qui jadis tirait d'Angleterre les articles de ce
genre les plus soignés, subvient maintenant à la plus
grande part des besoins chez les autres peuples. Cette
fabrication compte plus de dix mille modèles, dans
lesquels on emploie tous les métaux depuis l'or et
l'argent jusqu'au fer et à la fonte, tous les filaments
textiles depuis la soie jusqu'au coton, et bien d'autres

(1) L'importation en France s'élève, en moyenne, depuis
trois ou quatre ans, à un demi-million par année; les marchandises proviennent d'Angleterre.

matières diverses, comme l'ivoire, l'os, la nacre, la
corne, la porcelaine, le cristal, etc. Ce travail, de
même que celui des papiers peints, n'est pas absolument concentré dans la capitale : quelques succur-
sales existent pour des genres divers dans des départements voisins de celui de la Seine, dans l'Oise, le
Loiret, Seine-et-Marne. Le noyau de la fabrication
demeure toutefois à Paris, où plusieurs fabriques importantes ont été montées et où se négocient d'ailleurs
presque toutes les affaires. Avant de les avoir vus à
l'Exposition, où ils étaient rangés avec beaucoup
d'art, on ne se serait pas douté que des assortiments
de cette espèce pussent tirer tant d'intérêt de leur
variété même. Le bon marché, en s'unissant au bon
goût, a été la clef d'or de cette industrie.

Pour la masse des produits industriels, l'augmentation des prix tient sans doute à des causes générales. Avouons-le cependant, elle tient aussi à des
causes accidentelles et arbitraires. La cherté a ses
entraînements, comme tant d'autres choses dans la
vie ; tout semble la favoriser dans les goûts actuels.
On n'en parle pas moins toujours du bon marché,
mais on en parle comme d'un bien perdu ou d'une
espérance sans cesse ajournée. Certes, l'accroissement
de la richesse privée amoindrit la différence entre les
prix actuels et ceux d'autrefois. Sachons pourtant que
l'augmentation de fortune n'a pas été et qu'elle ne
peut jamais être aussi générale que le renchérissement. Poussée par les circonstances, la cherté prend
les devants ; la proportion, qu'il est impossible de
maintenir avec une exactitude mathématique, est toujours en pareil cas rompue à son bénéfice.

Le mot de bon marché ne pouvait pas manquer de

se retrouver à l'Exposition. Il a même donné lieu à une catégorie particulière renfermant, comme disait la nomenclature, les *objets distingués par des qualités utiles unies au bon marché*. Déjà la même intention s'était manifestée, à l'Exposition de 1855, dans la classe de l'économie domestique. Ce n'était qu'un essai, sur une petite échelle, et de cette façon on pouvait le comprendre, sauf à profiter ensuite de l'expérience faite. En réalité, bon marché ou économie domestique, ces deux expressions ont le même sens; elles ont aussi le tort de n'aboutir ni l'une ni l'autre à des caractères nets et précis, réellement susceptibles d'une classification spéciale. On s'était gardé d'admettre une pareille division à Londres en 1862. « Toute question de nomenclature et de classement au point de vue pratique, écrivions-nous à cette dernière époque et dans ce même ordre d'idées, — revient à savoir si les éléments sont suffisants pour former un groupe à part. Il est de fait que si l'on voulait détacher de l'arbre immense où s'entrelacent tant de ramifications variées tout jet ayant un aspect tant soit peu différentiel, on se perdrait bien vite dans un inextricable désordre. Errant sans guide sur une infinité de petites sections, les yeux ne réussiraient pas plus à saisir les points de contact qui les rapprochent que les dissemblances qui les séparent. Donc, point de division raisonnable, si elle ne correspond à des différences positives, si elle n'embrasse un nombre assez grand d'objets analogues. Rien de plus séduisant, au premier abord, que la spécification d'*économie domestique*. Est-ce que tout le monde n'y est pas directement intéressé ? Et pourtant l'expérience tentée en 1855 a pleinement démontré qu'en cherchant à réunir les produits concernant l'économie domestique, on s'était condamné d'avance à embrasser trop ou trop peu : trop, si l'on visait à une démonstration significative, car il faudrait rallier, sauf les articles de luxe, toujours fort exceptionnels, presque tous les produits manufacturés; trop peu, si l'on se proposait seulement de grouper les objets d'un prix inférieur, car toute comparaison deviendrait impossible et l'on serait exposé à tomber dans les plus étranges méprises sur les vraies conditions du bon marché. Le terme où commence le domaine de l'économie domestique est impossible à déterminer, tout comme celui où elle prend fin. »

L'utilité et le bon marché sont effectivement des conditions relatives qui dépendent de mille circonstances diverses, dont l'appréciation présente d'inextricables difficultés et qui demanderaient des rapprochements et des examens comparatifs, auxquels les jurys d'admission n'auraient ni les moyens ni le temps de procéder. Aussi ne faut-il point s'étonner que, malgré toute la bonne volonté qu'on y a mise, il se soit glissé dans cette section en 1867 tant d'objets singuliers, étonnés de s'y voir compris. Que signifient, par exemple, sur les rayons d'une fabrique de verreries de la Loire, ces immenses verres à boire appelés *bocks*, d'une contenance, portaient les étiquettes, de 50 litres et de 90 litres? Jamais Titans n'auraient pu se servir de pareils hanaps. La curiosité peut trouver ici son compte, non pas l'utilité. Ailleurs, chez un marchand de meubles, voici un buffet coté 650 francs : un tel article est-il à sa place dans la galerie du bon marché? Il y aurait eu cent exemples analogues à relever. Contentons-nous de soumettre cette idée au juge-

ment de tous : il n'y a que le public, il n'y a que les
consommateurs qui puissent, à l'usage, reconnaître
les véritables conditions de l'utilité et du bon marché.
Rien n'empêche, à coup sûr, d'indiquer celles qu'on
rencontre sur sa route, mais sans prétendre y chercher
les bases d'une classification impossible. Toute distinction systématique en ce genre entraîne plus de
périls qu'elle n'offre d'avantages. La comparaison
devient d'ailleurs beaucoup plus aisée lorsque les
objets de même nature, quoique de prix différents,
sont placés les uns à côté des autres. Cette remarque,
commune aux diverses branches de la fabrication
française, ne pouvait nulle part, ce nous semble,
mieux venir qu'à la fin des observations relatives aux
industries parisiennes, qui ne sont pas toutes des
industries de luxe, et dont un grand nombre se rapportent, au contraire, à des applications d'utilité domestique. Elle nous a fourni d'ailleurs l'occasion de
mentionner un de ces cadres constitués arbitrairement,
quoique dans les meilleures intentions du monde, et
sur lequel il serait sans intérêt de revenir plus loin.
L'encombrement des objets sur un espace extrêmement restreint y aurait rendu bien difficile un examen
un peu détaillé (1). Ajoutons que, si l'on avait donné
trop de place dans l'édifice aux objets purement luxueux, cette mise à l'écart, cette distraction des objets
d'utilité générale n'avait pas dû y contribuer médio-
crement.

(1) Encore faut-il dire qu'un section, embrassant une partie des articles de poterie, en avait été détachée pour occuper une étroite annexe à une des extrémités du parc, du côté
de l'Ecole militaire.

CHAPITRE XI

Les arts céramiques. — Récents progrès. — Les porcelaines, les faïences, les cristaux, les glaces, etc. — Mouvement des échanges internationaux.

I — Le groupe des arts céramiques embrasse tous les produits dont la terre à potier ou même une argile quelconque forme la base, depuis les modestes briques jusqu'aux porcelaines, aux cristaux et aux glaces. Sauf pour quelques branches spéciales qui se rapprochent plus ou moins de l'art, la fabrication n'est point concentrée dans Paris, comme pour les industries dont nous nous occupions tout à l'heure. On s'éloigne moins cependant de la capitale qu'on ne le pourrait croire au premier abord. A défaut de leurs ateliers, les grandes industries céramiques y ont leur marché. Pas une fabrique un peu importante de porcelaine, par exemple, qui n'y ait son principal dépôt et le siége de ses affaires commerciales.

Originaire de la Chine, comme chacun sait, la fabrication de tous ces articles en porcelaine, dont l'usage nous est devenu si familier, n'est pas pratiquée en France depuis plus d'un siècle. Je ne parle pas de la porcelaine tendre, qui commença d'être traitée à Sèvres et dans quelques autres localités des environs de la capitale dès le début du 18ᵉ siècle; mais de la porcelaine dure, qui constitue la grande masse de la production française, et qui est celle dont nous nous servons journellement. Or, il faut venir jusqu'aux années 1765, 1767 et 1768 pour rencontrer les premiers essais tentés dans cette industrie, aujourd'hui si forte et si splendide. C'est que la porcelaine dure nécessitait l'emploi d'une substance terreuse appelée kaolin, qui en compose la base, et dont l'existence dans notre pays n'était pas encore connue. Des gîtes de kaolin avaient bien été découverts en Saxe et dans quelques autres contrées de l'Europe centrale vers le commencement du 18° siècle, mais l'exportation de cette matière était absolument interdite (1). Il ne faut point s'étonner si la découverte du kaolin, faite dans le Limousin aux dates déjà signalées, produisit une certaine sensation. C'était un événement. Des échantillons furent expédiés à Paris. Après quelques essais à Bagnolet en 1765, puis à Sèvres en 1768, une fabrique s'établit à Limoges en 1773 dans une ancienne manufacture de faïence. On y éprouva de cruelles déceptions, et dix ans plus tard on était à la veille d'une ruine complète, lorsque l'usine fut achetée par le roi Louis XVI, désireux de soutenir cette nouvelle branche de travail. Grâce à cette intervention, les essais ne furent point interrompus.

Telle fut l'origine de la fabrication française, dont le groupe principal est toujours resté à Limoges. Nulle part on n'a poussé plus loin la connaissance des détails du métier, nulle part on ne sait mieux qu'une des premières conditions pour produire à bon marché, c'est de s'entendre, comme on dit, à *mettre*

---

(1) C'est grâce à la découverte du kaolin que Bottger avait pu introduire en Saxe, vers 1706, la fabrication de la porcelaine dure.

au four et à faire cuire en même temps le plus grand nombre de pièces possible. On y sait aussi à merveille que la production en grand est indispensable pour vendre à bas prix, et soutenir la concurrence étrangère. Cependant ces conditions ne sont plus suffisantes aujourd'hui : le succès exige la recherche incessante des moyens de fabrication les plus expéditifs, c'est-à-dire l'emploi des moyens mécaniques, et non moins impérieusement l'étude attentive de la forme, c'est-à-dire le sentiment de l'art. La manufacture limousine ne reste point sourde à ces exigences (1). Tant s'en faut. Les essais les plus systématiques et les plus hardis dans cette double voie semblaient néanmoins appartenir, en 1867, à deux grandes fabriques du département du Cher (2).

On ne saurait trop insister sur la valeur qu'avec nos tendances actuelles la main de l'artiste peut ajouter à des produits de ce genre. C'est un point que les fabricants doivent toujours avoir en vue. On jugerait, à la rigueur, du progrès relatif des établissements par la place qu'on sait y attribuer à l'art.

La baisse des prix pour cet article spécial est le fait principal à dégager de l'Exposition de 1867. On la doit surtout à la substitution progressive de la houille au bois pour le chauffage des fours. J'avais eu l'occasion de voir ce changement à ses débuts, lors de l'exposition qui eut lieu à Limoges en 1857, et qui offrait un tableau si complet des ressources de l'in-

(1) Les envois de Limoges au Champ-de-Mars en témoignaient, ceux par exemple de MM. Alluaud aîné, Jullien, Haviland, etc.

(2) Celle de MM. Hache et Pépin-Lehalleur et celle de M. Pillivuyt. Peut-être dans la seconde usine y a-t-il une plus large place faite aux essais nouveaux, tandis que, à en juger par les articles exhibés, la première excelle par l'élégance des modèles. On y sent le tact d'un goût éprouvé.

dustrie locale (1). Le nouveau mode s'est notablement développé depuis cette époque, et il est appelé à se répandre encore davantage.

Que le chauffage ait lieu au bois ou à la houille, l'agent essentiel de la fabrication de la porcelaine, le feu, en est en même temps le redoutable ennemi. On est sans cesse obligé de se prémunir contre ses effets, surtout quand il s'agit d'articles colorés ou revêtus de peintures. Le succès le plus marquant de ces dernières années concerne précisément les pâtes colorées, et il présente tous les caractères de l'invention. Grâce au procédé nouvellement mis en œuvre, la matière même s'imprègne profondément de la substance colorante, dont rien ne peut ensuite la séparer. Les couleurs apposées jadis sur l'émail étaient au contraire exposées à s'effacer plus ou moins vite. La difficulté consistait donc à trouver une série de couleurs susceptibles de résister au grand feu, en d'autres termes, à préparer des pâtes dont le four ne dévorât point les nuances. On y a réussi. Le résultat obtenu relève directement de la science : on ne le doit point au porcelainier, mais au chimiste. Il appartient à la manufacture impériale de Sèvres et au savant qui la dirige. Une telle conquête, qui continue dans une application nouvelle les traditions des prédécesseurs immédiats de M. Regnault, MM. Brongniart et Ebelmen, marquera dans les fastes de l'art céramique.

Les premiers essais exhibés à Londres en 1862, et qu'on interrogeait alors avec une curiosité mêlée

(1) Notre livre *Les populations ouvrières et les industries de la France* contient des détails sur cette exposition et sur les industries du Limousin, t. Ier, p. 362 et suiv.

d'inquiétude, ont été confirmés par des expériences décisives. On les avait rapportés au Champ-de-Mars, où ils facilitaient la comparaison. Il était difficile de faire un meilleur emploi des ressources exceptionnelles que possède la manufacture impériale. Si nécessaire pour soutenir la renommée de ce grand établissement, la science chimique y possède toutes les garanties désirables, grâce à M. Regnault et à ses habiles collaborateurs. Seule pourtant elle ne suffirait point à l'accomplissement de la tâche. Il n'est pas moins nécessaire que les inspirations de l'art puissent y garder cette liberté, cette spontanéité, cette ardeur, en un mot ce feu sacré sans lequel le goût s'abaisserait au milieu même des triomphes les mieux avérés de la science.

II — Voisine de la porcelaine par sa destination, quoiqu'elle lui soit inférieure par la matière qui la compose, la faïence avait déployé en 1867 une puissance de fabrication dont elle-même ne se croyait pas capable il y a huit ou dix ans. On a dû, il est vrai, procéder à de coûteuses transformations; mais, au point de vue de la qualité des produits, la réussite demeure incontestable. Les perfectionnements frappaient tous ceux qui ont suivi les expositions universelles depuis 1851. Ils s'appliquent tout à la fois à la forme, à l'émail et aux couleurs. On les retrouve dans presque toutes les fabriques, à Sarreguemines, à Creil, à Montereau, à Choisy-le-Roi, à Gien, à Nevers, à Saint-Clément (Meurthe), etc.

La branche désignée sous le nom de *faïence artistique*, et qui pourrait compter au nombre des industries parisiennes, offrait cent objets de fantaisie de toute dimension, dont le goût était en général très-satisfai-

sant. Il y avait dans ce groupe d'exposants des noms
connus du public, qui ont encore gagné de nouveaux
droits à sa faveur. Je n'entends pas affirmer qu'il n'y
ait rien eu à critiquer dans leurs envois ; non : ainsi
les bustes de grandeur naturelle en faïence ne forment
point à coup sûr un genre à cultiver. J'oserai en dire
autant, malgré la tradition qui les protége, de ces poteries ornées de poissons, de lézards et d'autres attributs analogues, et qui ne seraient guère recherchées
sans doute si elles ne rappelaient le genre de l'inimitable modeleur du 16° siècle, Bernard Palissy. On
fera bien du moins de se prémunir dans ces compositions, comme semble l'avoir compris tel ou tel producteur, contre un réalisme souvent par trop accentué.

La faïence se développe largement aujourd'hui du
côté de la grande décoration, je devrais dire de l'architecture. Point de doute que des perspectives étendues et variées ne s'ouvrent devant cette tentative. On
ne fait que suivre ainsi un exemple dès longtemps
donné dans l'architecture orientale. Nulle part on ne
pouvait mieux se faire une idée de ce système décora-
tif que devant un pavillon persan orné de riches ara-
besques, contruit par un fabricant français visiblement passionné pour son art. Le genre d'émaux cloi-
sonnés sur terre cuite imaginé par cet exposant, et
qui décoraient plusieurs parties du pavillon, a
l'avantage de faire mieux ressortir les formes et les
couleurs (1). Le compartiment des faïences renferme
bien d'autres spécimens analogues, qui sont des signes

_____

(1) A propos de ce pavillon, formé avec les produits de
M. Collinot, et des emprunts faits au style persan, je cite un
travail publié par M. Adalbert de Beaumont, si habile appré-
ciateur des choses de goût, sur *Les arts décoratifs en Orient*
(*Revue des Deux-Mondes*, 1ᵉʳ novembre 1867).

notoires de l'évolution signalée. On est d'autant plus
disposé à soutenir cette tendance vers les arts décoratifs, qu'en dépit des améliorations accomplies, il serait
très-difficile à la faïence de lutter, pour les services de
table, contre les mille variétés de la porcelaine. Il faudrait des différences de prix impossibles à réaliser.

Une autre remarque, tout à l'avantage des fabricants qui représentent chez nous la faïence artistique,
c'est qu'ils ont à peu près tous leur manière spéciale.
Ils ne se copient pas les uns les autres, et ils ne copient personne au dehors. Point d'assimilation sous ce
rapport entre eux et les fabricants anglais, dont l'habitude n'est guère de créer des types ou de les renouveler incessamment, mais de s'en tenir à des données
traditionnelles, ou bien d'imiter les créations faites à
l'étranger, surtout en France. La plus puissante maison d'Angleterre, dont aucune de nos fabriques
n'égale l'importance commerciale, et dont l'habileté
professionnelle est d'ailleurs incontestable, la maison
Minton, ne saurait échapper à cette remarque. On
pouvait s'en apercevoir dans son vaste et splendide
étalage, bien que ce ne soit naturellement pas ce caractère qu'elle ait voulu mettre en évidence dans une
exposition universelle.

III — Si l'on s'arrêtait seulement aux dispositions
et aux formes, on devrait formuler une observation
identique au sujet des cristaux anglais; mais ici vient
une circonstance particulière. La fabrication du cristal possède chez nos voisins un mérite qui ne se
discute pas, et que nos usines ne parviennent que
d'hier à égaler : l'éclat et la pureté des cristaux
blancs. En indiquant que nos fabricants, certains
d'entre eux du moins, ont fini par égaler leurs con-

currents, je ne m'avance pas trop; j'en atteste les produits de Baccarat. Cette usine peut être considérée d'ailleurs comme l'expression la plus complète dans notre pays de la production en grand, réunissant à de larges ressources financières un personnel plein d'expérience et les moyens d'exécution les plus perfectionnés.

Il est deux genres particuliers dans lesquels la cristallerie française prime toutes les fabriques du dehors : les cristaux colorés et ces articles délicats aussi fins que la mousseline qu'on appelle les *minces*. Dans ces deux ramifications, on n'est que juste en faisant remarquer la supériorité d'une de nos cristalleries, celle de Clichy. Il était difficile de ne pas en être frappé au Champ de Mars. Les *minces* que cette usine avait exposés se distinguaient par leur extrême finesse comme par la pureté des dessins et l'élégance des formes. On admirait l'art avec lequel on avait évité que le bord des vases, comme il arrive parfois, ne fût plus ou moins coupant. Je pourrais mentionner encore avec avantage les verres craquelés et moulés de la même fabrique. Quant aux colorations, elles avaient une netteté et un éclat qui saisissaient tout d'abord les regards. La couleur dite rouge de Chine, dont la nuance est si franche et si riche, méritait une attention spéciale.

Cette observation sur les verres colorés des cristalleries françaises nous amène à faire remarquer tout de suite que la verrerie de Bohême, d'ordinaire si justement fière de ses couleurs, et qui avait érigé, en 1851 notamment, de si belles pyramides de ses capricieux produits, était un peu au-dessous d'elle-même à la dernière exposition. Déjà une même observation eût été juste en 1862. Il faut avouer que, loin de tenter de nouveaux essais, elle n'a pas même maintenu en 1867 ses spécialités traditionnelles à leur ancien niveau. L'art de la coloration ne réclame qu'une mention unique, mais très-méritée, en dehors de la France; elle s'adresse aux usines du comte Schaffgotsch, situées dans la Silésie prussienne, et que M. Pohl dirige avec une rare entente de son art.

Considéré dans son ensemble, indépendamment de tel ou tel genre de travail, le groupe de la cristallerie française a été l'objet d'une admiration que la concurrence extérieure n'a pas même songé à contredire. Jamais on n'avait encore contemplé un assemblage de produits aussi grandioses et aussi éblouissants. Il convient à ce propos de rendre justice à l'habileté de nos ouvriers dans un travail où, comme celui de la verrerie en général, la mécanique ne remplit qu'une tâche extrêmement secondaire.

Les machines ont un rôle bien plus large dans la fabrication des glaces. Il suffira de jeter ici un regard sur les produits de nos fabriques pour en caractériser le mouvement progressif. Les prix de vente ont baissé de 50, de 80, de 100 pour cent. C'est moins la conséquence d'un nouveau perfectionnement que celui d'une concurrence agrandie. Depuis l'année 1665, où s'était établie en Normandie, près de Cherbourg, la première fabrique française, on a réalisé peu à peu dans cette exploitation, qui nécessite tant de science et d'expérience, des améliorations multiples; mais il n'y a eu qu'une seule transformation radicale, remontant presque au point de départ. Elle résultait de la découverte bien connue d'Abraham Thévart, consistant à couler les glaces, au lieu de les

souffler suivant le procédé antérieur, depuis lors abandonné en France, quoiqu'il soit pratiqué encore pour
les articles de petites dimensions en Italie et en Allemagne. Notre célèbre fabrique de Saint-Gobain, connue
dans le monde entier, s'est maintenue en 1867 au
rang proéminent qu'on avait voulu lui contester lors
de la première exposition de Londres, et qui semble
lui rester aujourd'hui sans controverse (1). Mais ce
témoignage n'enlève rien au mérite des manufactures
étrangères, pas plus qu'à celui de la fabrique française de Montluçon, et, pour des genres bien plus modestes, de celle d'Aniche.

Les vitraux peints, qui se rattachent à la céramique par un point facile à saisir, ont offert quelques
caractères nouveaux. Non pas que les procédés des
peintres-verriers du moyen âge aient été reconquis :
les couleurs actuelles sont toujours, quoi qu'on en
dise, moins bien fondues, moins bien liées qu'autrefois; mais elles sont aussi belles d'aspect. On a pu
juger des effets admirables qu'on en sait tirer, devant
les panneaux de MM. Maréchal père et fils, de Metz.
Dans le pavillon particulier, bâti à l'une des extrémités du parc, qui renfermait leurs ouvrages, M. Maréchal père avait en outre placé des photographies vitri-
fiées de différentes grandeurs. C'est là une heureuse
application d'un art qui se rapproche, par quelques-
unes de ses conditions essentielles, de la science chimique, dont les conquêtes ont été si éclatantes de nos
jours, et qui exerce une si notable influence dans la
lutte industrielle des peuples.

Au point de vue de cette lutte, il est utile de faire

(1) Sur l'histoire de Saint-Gobain, on peut voir une curieuse et savante étude publiée, il y a quelques années, par
M. Augustin Cochin.

remarquer, avant de quitter la céramique française, que la progression suivie dans les exportations a été très-lente et très-faible. Après avoir fléchi à 27 millions de francs en 1861 et à 25 millions en 1862, les exportations n'étaient encore en 1865 que de 33 et en 1866 de 36 millions (1). Il s'agit là des poteries de toute sorte, comme des verres et des cristaux. Prenant en Angleterre les poteries seules, non compris les cristaux, les verreries ni les vitraux, nous assistons durant le même intervalle à un mouvement tout autre. Ainsi en 1861 les exportations, qui n'étaient que de 26 millions de francs, arrivaient à 30 millions en 1862; puis, après avoir encore gagné du terrain en 1863 et 1864, elles dépassaient en 1865 le chiffre de 36 millions. L'unique conclusion que je veuille tirer de ces chiffres comparatifs, pour la céramique comme pour l'ébénisterie, comme pour tant d'autres articles manufacturés, — porte sur l'immense différence existant entre notre pays et l'Angleterre, quant aux ressources, aux facilités, aux avantages dont jouit le commerce extérieur, et qui pèsent d'un poids si décisif dans la lutte industrielle. Parmi ces causes de nature si diverse et que l'homme d'État ne doit jamais perdre de vue, quelques-unes ont été signalées à propos de l'industrie roubaisienne; d'autres se présenteront plus loin dans le chapitre spécialement consacré à l'industrie britannique.

(1) En 1860, elles étaient de 35 millions de francs.

CHAPITRE XII

L'esprit inventif dans les arts chimiques. — Influence sur l'essor de l'industrie. — Distinctions entre les services rendus par la chimie et ceux qu'on doit à la mécanique, entre les progrès des arts chimiques industriels et des arts chimiques alimentaires.

La chimie a été l'un des plus énergiques agents du progrès industriel dans notre temps ; il n'y a guère que la mécanique qui puisse lui être comparée sous ce rapport. Il est de fait que, sans les conquêtes incessamment accomplies dans ces deux grandes branches des sciences positives, les mille applications qui étonnent le plus les regards eussent été absolument impossibles. Mais, en même temps que ces analyses et ces découvertes de la science profitaient à l'industrie, elles rencontraient elles-mêmes dans la pratique industrielle un contrôle qui les confirmait en les rectifiant au besoin. Elles en recevaient aussi une impulsion incessante ; elles y trouvaient une récompense. Utile et mutuelle réaction ! les triomphes remportés par la théorie et par la pratique, sinon en commun, du moins côte à côte, s'étaient depuis longtemps manifestés avec plus ou moins d'éclat dans la suite des expositions nationales et universelles. Anciens ou nouveaux, réunis à l'Exposition de 1867, ils frappaient comme un des traits les plus saillants du concours.

On pressentait instinctivement ce qu'on en peut encore attendre.

Une différence est à noter néanmoins entre les résultats dus à la chimie et ceux qui proviennent de la mécanique. Il est dans la nature de ces derniers de sauter aux yeux, pour ainsi dire, dès qu'on entre dans quelque grande usine. Voyez, par exemple, comme nous le faisions nous-même remarquer en une autre circonstance, voyez cet atelier de constructions mécaniques : « Les marteaux se soulèvent, les outils fonctionnent, le fer se meut et s'aplanit; les machines à mortaiser, à fileter, à raboter, marchent comme animées d'une vie qui leur serait propre. Quelle main conduit l'harmonieuse cadence de ces masses inertes? L'œil n'aperçoit même pas le foyer d'où part ce mouvement ininterrompu; on entend seulement mugir la machine à vapeur qui communique à tous ces appareils une vie factice, mais énergique. » A l'Exposition, dans la galerie des machines, malgré les inconvénients de l'installation circulaire, ces bancs de broches pour la filature, ces métiers pour le tissage, ces engins voués à mille rôles différents, étaient aussi des témoignages qui parlaient assez visiblement en faveur des services rendus par la science de la mécanique.

Il en est tout autrement pour la chimie. Les progrès échappent presque toujours à la première observation. Que disent au public ces substances diverses méthodiquement rangées dans les compartiments des industries extractives? Absolument rien. Il faut l'œil des hommes spéciaux les plus expérimentés pour en discerner la valeur. Et pourtant dans ces fioles, dans ces flacons, dans ces bocaux dédaignés de la masse des visiteurs, est caché tout le mystère des merveilleuses transformations qu'opère chaque jour l'industrie, comme avec la baguette d'une fée.

Après cette distinction essentielle des effets immédiats dus à la chimie et à la mécanique, occupons-nous d'abord des applications de cette première science, encore bien nouvelle, puisqu'il n'y a pas cent ans qu'elle s'est constituée, grâce aux travaux des Lavoisier et des Berthollet en France, des Priestley et des Cavendish en Angleterre, des Scheele en Allemagne. Auparavant, l'étude de la composition des corps et de l'action qu'ils exercent les uns sur les autres était livrée à cet empirisme vulgaire dont l'alchimie demeurait le dernier mot. Ces milliers d'individus abusés qui s'évertuaient jadis à chercher la pierre philosophale n'en savaient pas plus long en économie politique qu'en chimie; ils ne réfléchissaient point que s'ils avaient inventé un spécifique propre à changer tous les métaux en or, ils auraient abaissé du même coup la valeur de l'or au niveau de celle du plus vil métal. Ce n'était qu'à la lueur d'une science éclairée par l'observation des phénomènes que pouvait s'accomplir l'utile emploi des produits chimiques dans les manufactures.

Il en faut dire autant de la fabrication spéciale de ces produits—là qui constituent maintenant une industrie si importante, s'exerçant d'ordinaire en grand dans de vastes usines. La valeur annuelle des produits. chimiques a été estimée pour notre pays seul à douze cents millions de francs. Quand même ce chiffre serait un peu forcé, comme nous l'assurent quelques personnes fort compétentes, quand même on devrait le réduire d'un douzième ou d'un dixième, il serait encore assez significatif. Sur cette masse d'articles, il s'en exporte peu, la fabrication en étant répandue autour de nos frontières, sauf pour quelques rares spécialités. De 1863 à 1867, nos exportations ont oscillé entre 49 et 59 millions de francs. L'Exposition de 1867 fournirait au besoin la preuve du savoir-faire universel; elle atteste en même temps que cette industrie est poussée en France à un degré de perfection peu commun, notamment à Paris, à Lille, à Tours, à Lyon, à Marseille, à Bordeaux et dans vingt autres localités dispersées sur toute la surface du territoire. Notons cependant que, malgré l'état de la fabrication universelle, l'Angleterre, grâce à l'étendue et à la portée de son établissement commercial, arrive dans cette branche d'industrie à un chiffre d'exportation très—considérable. Pour une douzaine d'articles principaux, les alcalis, les matières de blanchiment, les bougies stéariques, le caoutchouc ouvré, les produits pharmaceutiques, les articles pour la teinture et pour la peinture, le naphte et les huiles minérales, la parfumerie, le sel gris et blanc, le savon et les allumettes, le total n'est pas de beaucoup inférieur à cent millions de francs.

Si multiples qu'en soient les variétés, les produits chimiques peuvent être groupés en deux larges catégories, suivant qu'ils se rapportent à l'industrie ou à l'alimentation. J'omets les emplois domestiques, qui ne se distinguent pas suffisamment des emplois industriels. Circonstance digne de remarque, quoique facile à concevoir, on n'a point marché avec la même vitesse dans les deux sens, on n'est point arrivé à des résultats identiques. Puissance extrême, action immédiate s'il est question d'éléments industriels; impuissance trop commune, lointaine influence, quand il s'agit de l'alimentation des hommes : voilà le trait différentiel entre les deux groupes. Chacun sait qu'on fabrique déjà à l'aide de la chimie certaines pierres précieuses, mais on réussirait à composer le diamant même plutôt qu'un grain de blé. La production des substances alimentaires n'appartient qu'à la nature, ou du moins elle nécessite son actif concours, et la science peut seulement l'aider, la stimuler, en accroître la puissance. Elle enseigne en outre à recueillir ses dons, comme à en tirer meilleur parti : rôle immense, oui certes, et qui n'ôte rien cependant à l'observation générale spécifiée tout à l'heure. Qu'est-il arrivé du reste sous nos yeux? En face de la chimie et de ses prodiges, — qu'on nous passe ce dernier mot, malgré l'abus qu'en a fait le mercantilisme contemporain, — les éléments de la vie matérielle n'ont point cessé de renchérir, tandis que le prix des produits chimiques destinés aux arts s'est de plus en plus abaissé. Oh! je le sais, l'arène des progrès n'est murée ni d'un côté ni de l'autre; on peut croire sans témérité qu'il s'y produira plus d'un phénomène inattendu, même sur les points les moins favorisés jusqu'ici. Et pourtant la distinction indiquée tient trop à la nature des choses pour perdre jamais sa raison d'être. L'examen de l'une et de l'autre catégorie, en nous donnant une idée des progrès qui s'y sont respectivement accomplis, le fera mieux ressortir encore.

CHAPITRE XIII

Les arts chimiques (suite). — Les produits chimiques industriels. —
L'éclairage, les couleurs, etc.

Au milieu des faits récents les plus remarquables
concernant les produits chimiques dans leurs applications à l'industrie, je ne fais que noter, à côté de la
baisse des prix et d'un notable accroissement de la
production, l'amélioration réelle des qualités, due à des
méthodes de fabrication de plus en plus inspirées par
la science. Quant aux innovations proprement dites
dont les effets ont été les plus sensibles pour les obser-
vateurs, il y en a deux principales, qui se recomman-
dent à l'attention non-seulement par les services
qu'elles rendent, mais encore par les recherches et les
essais qu'elles ne cessent point de susciter.

La plus récente se rattache aux bougies stéariques,
qui ont détrôné la chandelle de suif dans les ménages
un peu aisés, et qui remplacent la bougie de cire dans
les plus riches habitations. Rappelons que cette industrie avait dû beaucoup aux savantes études de
M. Chevreul sur les corps gras; mais un pas nouveau
a été fait récemment. A côté des bougies stéariques,
dont presque tous les pays nous avaient envoyé des
spécimens, figuraient de beaux assortiments de bougies en paraffine. Déjà, lors de la dernière exposition
de Londres, il était permis de considérer comme réso-

ue la question de savoir si la paraffine pouvait être
préparée en grand à des prix assez modérés pour
prendre sa place dans l'éclairage habituel. S'il avait
pu rester quelques doutes là-dessus, l'éclat des faits
les aurait dissipés. La paraffine, substance blanche et
fusible ayant quelque rapport avec le blanc de ba-
leine, permet la fabrication de bougies translucides,
d'un aspect plus agréable même que celui de la cire.
La paraffine à bas prix, c'est la nouveauté du jour,
ou tout au moins l'espoir d'un très-prochain avenir.
Cette matière, on la tire de divers corps gras, des
schistes bitumineux, des goudrons de bois, surtout de
la houille.

Quant à la seconde découverte, je n'entends pas la
décrire ici, tant l'objet en est connu ; elle n'appartient
pas, d'ailleurs, à notre temps pour son origine même ;
mais elle y tient par les efforts qu'elle provoque sans
cesse dans les travaux de la science chimique : il s'a-
git de la soude artificielle. L'invention primitive se
rapportait au moyen d'obtenir directement la soude
du sel marin traité d'une certaine façon, tandis qu'auparavant la soude dite naturelle se tirait des plantes
marines réduites en cendres. Le marché dépendait
alors absolument de l'Espagne, dont les côtes sont
abondamment recouvertes de cette végétation toute
spontanée. On n'apprend rien à personne, si l'on
ajoute que la soude artificielle a remplacé la soude
naturelle avec un complet succès, et qu'elle est indispensable à de nombreuses industries : la savonnerie,
la verrerie, la teinturerie, etc.

Ce qui est moins connu, ce sont certaines particu-
larités curieuses relatives à l'inventeur lui-même,
Leblanc, dont le nom a été longtemps laissé dans une

sorte d'oubli. Peut-être cet oubli venait-il de ce que d'autres noms s'étaient trouvés accolés au sien dans les titres originels. On n'avait pas su établir ensuite une distinction, dont la lecture un peu attentive des documents authentiques fait bien vite pourtant reconnaître la nécessité.

C'est en 1791 que la soude artificielle entre publiquement en scène. Par un acte du 27 janvier de cette année-là, une société est formée pour l'exploitation des nouveaux procédés. Dans cet acte, il est vrai, Leblanc et Dizé sont présentés comme les auteurs du système. L'invention avait trouvé un riche bailleur de fonds, le duc d'Orléans, qui s'obligeait à verser une somme de 200,000 francs. Une autre personne, Henry Shée, figurait encore dans l'acte social; le brevet d'invention fut pris quelques mois plus tard, le 25 septembre, et délivré tant à Leblanc qu'à Dizé et à Henry Shée. A regarder au fond des choses, ces premières indications n'ont qu'une signification purement commerciale : la suite l'a bien prouvé. Dizé n'avait fait qu'assister Leblanc dans les premières manipulations. Quant à la pluralité des noms inscrits dans le brevet même, elle avait seulement pour but de fournir une garantie, une sorte de gage aux parties intéressées.

Point de doute, d'ailleurs, dès ce moment sur la valeur pratique du procédé : on avait déjà produit environ 30 millions de kilogrammes de soude, lorsque des ordres émanés de la régie des poudres et mettant en réquisition les matières mêmes qu'on utilisait, firent cesser les travaux. La condamnation et l'exécution du duc d'Orléans, qui suivit de près, entraîna, en outre, le séquestre de l'établissement (germinal an II). Mais l'invention était acquise à l'industrie, et bientôt tous les doutes devaient cesser quant aux titres de Leblanc. La classe des sciences mathématiques et physiques de l'Institut saisie de la question adopta un rapport (14 fructidor an X), spécifiant que dans les années 1786 et suivantes, Leblanc avait communiqué à l'Institut plusieurs observations intéressantes sur la cristallisation des sels et les modifications qu'ils éprouvaient dans certaines circonstances déterminées. Après avoir passé en revue ces observations et les moyens proposés, le rapport déclarait que les procédés étaient inconnus antérieurement, que personne n'avait ni classé ni réuni les phénomènes de l'opération, et que Leblanc en était l'auteur. Notre temps n'a donc fait que rendre à l'inventeur sa légitime part de gloire. Leblanc avait été membre de plusieurs administrations publiques, notamment de celle du département de la Seine. Il avait été nommé administrateur des hôpitaux. Il a fait partie du comité consultatif des arts et manufactures (1).

A côté des recherches et des perfectionnements actuels se rattachant à d'anciennes découvertes, l'Exposition a mis en relief une série d'innovations chimiques ayant trait à la teinture et relatives à des principes colorants tirés du règne minéral. Ces découvertes sont toutes postérieures à l'exposition de Paris en 1855. Certaines de ces applications figuraient déjà en 1862 à Londres, où elles avaient été avidement interrogées par l'œil des connaisseurs. Elles se sont développées depuis lors, grâce à des investi-

---

(1) La veuve de Leblanc a reçu jusqu'à sa mort, arrivée à une époque encore peu éloignée, un modique secours annuel d'un millier de francs, du ministère du commerce.

gations qui n'ont pas cessé un seul jour : perfectionnements nombreux, résultats complétement nouveaux, telles en ont été les conséquences. Rien de plus curieux, j'allais dire de plus saisissant, que cette histoire des nouvelles couleurs artificielles. Ces substances connues d'hier menacent déjà de déposséder les couleurs naturelles provenant de l'indigo, de la garance, de certains bois exotiques, etc., tant leur éclat est incomparablement plus beau. Elles donnent le violet, le bleu, le vert, le jaune, l'orange, le rouge, le noir. D'où viennent-elles? Elles dérivent de la houille. L'action de certains réactifs chimiques sur le goudron de houille tient ici du prodige.

Qui ne serait émerveillé devant les propriétés cachées que chaque année voit ainsi découvrir dans la houille? Cette mystérieuse substance, sorte de résumé de toutes les matières organiques enfouies sous terre, où elles subissent depuis des siècles un travail impénétrable, devient le support de tout et se mêle à tout dans la vie industrielle. La houille fait mouvoir nos grandes usines; elle est la vie des chemins de fer; elle sert de plus en plus dans le chauffage domestique, à mesure que les forêts s'épuisent; elle s'emploie déjà depuis longtemps pour l'éclairage au gaz; la voilà qui paraît dans nos salons sous forme de bougies diaphanes en paraffine; et nous lui devons depuis quelques années une gamme complète de couleurs étincelantes. Où s'arrêteront ses succès? On l'ignore; mais on doit reconnaître dès à présent qu'elle est le premier des minéraux : l'or est décidément vaincu. S'il restait encore des alchimistes obstinés, la pierre philosophale devrait être pour eux la composition de cette noire substance, peu flatteuse à l'œil,

quoique si précieuse par les services qu'elle rend.
Celui qui trouverait le moyen de transformer, par
exemple, la terre en houille, serait l'arbitre de la
richesse universelle. On s'explique sans peine que
dans les deux hémisphères tout pays possédant de la
houille ait tenu à nous en envoyer des échantillons ;
là réside bien effectivement aujourd'hui le secret de la
puissance productive.

Ce sont les couleurs extraites de la houille distillée
à l'aide de divers acides, qu'on entend appeler journellement couleurs d'aniline. La première, le violet,
datant de 1856, a été due à un jeune chimiste anglais,
M. H. W. Perkin. L'année 1859 vit naître à Lyon le
rouge d'aniline. La liste s'enrichit l'année suivante
du bleu d'aniline, bleu de Lyon, dû à MM. Girard et
de Laire. Déjà M. Jules Persoz fils était parvenu à
obtenir une matière colorante rouge et une matière
colorante bleue tirées de l'acide phénique et exploitées sous les noms de péonine et d'azuline. Voilà où
l'on en était lors de l'Exposition de 1862. Aujourd'hui
on peut compter une douzaine de nouvelles variétés
touchant les couleurs verte, violette, jaune, bleue,
rouge, noire pour l'impression, et aussi depuis peu de
mois pour la teinture sur laine. Le jaune a été dû à
un Anglais, M. Nicholson ; le vert à M. Usèbe, teinturier à Paris, dont les applications avaient été précé-
dées des recherches faites par un contre-maître de
son atelier, M. Cherpin. Les violets exploités aujour-
d'hui résultent des recherches d'un savant allemand,
M. Hofmann, dont la compétence en ces matières est
si connue. M. Lightfoot a trouvé le noir pour l'impression, et M. Jules Persoz le noir pour la teinture
sur laine (août 1867.)

Maintenant, ce qui reste à conquérir, c'est un peu plus de solidité pour ces couleurs d'ailleurs si diverses et si brillantes. Des améliorations ont déjà été obtenues, mais sans que les couleurs naturelles aient perdu leur supériorité sous ce rapport. Aussi fait-on bien de préférer ces dernières pour des tissus destinés à durer longtemps, comme les draps, les étoffes d'ameublement, les tapis, etc. C'est pour cela qu'en parlant plus haut des tapis turcs, des tapis de Smyrne, nous avons conseillé tant de prudence dans l'emploi des nouvelles substances. Mais si les perfectionnements continuent à marcher aussi vite à l'avenir que par le passé dans la préparation des couleurs artificielles, le privilége dont elles jouissent encore pourrait être bientôt enlevé aux couleurs naturelles. Dès à présent, les couleurs artificielles ont une vogue incontestable; elles se frayent leurs voies dans le monde entier avec une humeur conquérante, fières de leur éclat et de leur bon marché. On les fabrique sur une vaste échelle, les principales du moins, soit en France, soit en Angleterre. Ce sont les usines de ces deux pays qui en approvisionnent l'Allemagne et le centre de l'Europe. On calcule déjà avec complaisance ce que l'abandon des cultures des plantes tinctoriales laisserait de terrain libre pour les cultures alimentaires.

Après les couleurs elles-mêmes, il était juste de signaler à l'attention publique les perfectionnements réalisés dans l'emploi même qu'elles reçoivent, c'est-à-dire dans la teinture en général. La remarque s'applique notamment au groupe des habiles teinturiers de la Seine et du Nord. (J'ai déjà eu l'occasion de citer les teinturiers de Lyon.) — Remarque analogue pour la draperie d'Elbeuf, de Sedan et des autres villes vouées à l'industrie drapière; pour les lainages de Reims, les mérinos du Cateau, les tissus imprimés de Mulhouse, de Paris, de Rouen, etc.; les articles d'Amiens, de Nîmes, etc., etc. Il en est de même pour des industries d'un autre genre faisant usage de couleurs, comme la cristallerie, les fabriques de porcelaines, de papiers peints, etc. (1).

CHAPITRE XIV

Les arts chimiques (suite). — Applications concernant les substances alimentaires. — Le sucre, les conserves, les extraits de viande, etc.

Par leur nature même, les applications chimiques relatives à l'alimentation offriraient un intérêt qui dépasserait de beaucoup celui des préparations purement industrielles; mais ici le rôle du chimiste est infiniment plus restreint. La création entendue dans

(1) Parmi les nombreux exposants qui se rattachaient à la catégorie des produits chimiques, mentionnons la *Société de la Fuchsine*, de Lyon, MM. Poirrier et Chappat fils, M. John Casthelaz, pour leurs couleurs; M. Kuhlmann (Lille), M. Kestner (Thann), la *Soudière de Chauny*, M. Alp. Fourcade, M. Merle et Cᵉ, pour leur fabrication en grand; MM. Descat, de Roubaix et de Lille, pour les applications qui ont rendu tant de services aux industries textiles de la contrée; MM. Tessié du Motay et Karcher, pour de nouvelles applications chimiques à la gravure sur verre et à l'extraction de la soude de la potasse; la *Compagnie parisienne du gaz*, pour le traitement des eaux ammoniacales, le goudron et ses dérivés; M. Menier, pour ses produits chimiques et pharmaceutiques; M. de Milly, à qui on doit la première fabrication des bougies stéariques; MM. Cogniet, Maréchal et Cᵉ (Nanterre), pour leurs bougies en paraffine, etc., etc.

le sens littéral du mot lui échappe bien davantage : accroître le domaine de l'alimentation, y porter des germes inconnus, y découvrir des ressources nouvelles, tâche difficile exposée à mille écueils et mille déceptions. Aussi n'aperçoit-on guère depuis un demi-siècle que la découverte du sucre de betterave qui en ce sens ait eu une bien large influence, constatée une fois de plus à l'Exposition de 1867.

Eclose dans la serre chaude du blocus continental, alors que le sucre des colonies valait de 8 à 12 francs le kilogramme, la sucrerie indigène a dû traverser de cruelles épreuves. Ce n'était pas le tout que d'avoir constaté la présence du sucre cristallisable dans la betterave. La science avait, en effet, projeté ses lumières sur ce point. Aux travaux de la première heure se trouve mêlé le nom d'un chimiste éminent, M. Pelouze, dont la mort récente a été si vivement regrettée. M. Pelouze, comme on l'a rappelé, s'était livré à la recherche des propriétés et de la composition du sucre indigène ; il a fait voir que la betterave contient à peu près 10 pour 100 de sucre cristallisable, tout à fait identique à celui que fournit la canne des colonies, et sans renfermer la plus petite trace de glucose.

Il restait après ces premières constatations si importantes, il restait à constituer industriellement l'exploitation de la nouvelle source de richesse. Ce fut la tâche et c'est l'honneur d'un industriel entreprenant et ingénieux, M. Crespel–Delisse, mort en 1865. Il avait débuté en 1810 en fondant une fabrique dans le département du Nord, à Lille. Il présentait presque aussitôt à la municipalité de cette ville le premier pain de sucre indigène confectionné en France. Les

résultats, au début, durent lui paraître encourageants;
ils semblaient lui présager un avenir favorable, et
pourtant jamais existence industrielle ne fut plus
tourmentée que la sienne. Constamment sur la brè-
che, il vit bientôt les événements politiques bouleverser
profondément les tentatives de sa jeunesse, et beaucoup plus tard les circonstances économiques renver-
ser les créations de son âge mûr qui avaient paru
garantir à sa vieillesse le repos et l'aisance. Tantôt
repoussé comme un rêveur, tantôt loué comme un
des bienfaiteurs de l'humanité, M. Crespel-Delisse
avait entendu contester les effets les plus positifs de
ses travaux. Les cultivateurs eux-mêmes avaient été
fort rebelles à la culture de la betterave. La fortune
croissante du sucre indigène le vengea sans doute des
attaques et des dédains de la première heure. Sa destinée n'en sembla pas moins être de ne jamais s'asseoir
tout à fait sur le char du triomphe, dont les roues
finirent par lui passer sur le corps. La tardive récompense qui vint le trouver à l'âge de 75 ans dans une
retraite modeste, aux portes de Paris, et qui consola
un peu ses derniers jours, n'a pas été sans doute la
seule satisfaction de sa vie industrielle, mais chose
triste à dire, elle était devenue la plus nécessaire. —
Rappelons qu'il avait été nommé, en 1832, chevalier
de la Légion d'honneur; en 1833, chevalier de l'Aigle
rouge de Prusse. Il obtint, en 1819, à l'exposition,
une mention honorable; en 1823, une médaille d'argent; en 1825, de la Société d'encouragement, une
médaille d'or; en 1827, à l'exposition, une médaille
d'or; en 1848, de la Société centrale d'agriculture,
une grande médaille d'or; en 1855, à l'exposition
universelle, une médaille d'honneur.

Il est bon de savoir où en est arrivée cette fabrication du sucre de betterave, dont les débuts avaient été si contestés. D'après un juge très-compétent dans ces matières, M. Constant Say, la France produit au moins 200 millions de kilog. de sucre de betterave (1). C'est une quantité équivalente à celle qui est importée chez nous des colonies françaises ou étrangères. Quant à la consommation dans notre pays, elle n'absorbe approximativement que 250 millions. Le surplus s'en va, après le raffinage, en Angleterre, en Suisse, en Belgique, en Italie, en Turquie, ou retourne en Amérique. Les progrès réalisés dans la fabrication et le raffinage du sucre, depuis une dizaine d'années, ont eu pour effet de réduire les prix dans une mesure sensible, que tous les consommateurs peuvent apprécier. On voit par les chiffres cités que la consommation en France est d'environ six kilogrammes par personne.

Après, et bien loin après la découverte du sucre indigène, dont M. Crespel-Delisse avait été le courageux metteur en œuvre, on pourrait placer l'art de conserver les viandes et les autres substances alimentaires. Les procédés imaginés par M. Appert, il y a une quarantaine d'années (1825), améliorés depuis par M. Fastier, rendent journellement des services de mieux en mieux appréciés. D'autres modes ont suivi ceux-là pour la dessiccation des plantes légumineuses. On a grossi de cette manière le lot de l'alimentation publique, soit en prévenant des détériorations et des pertes, soit en permettant les transports de pays à

(1) Note publiée à l'occasion de l'Exposition. — A une question que nous lui soumettions sur le chiffre de 200 millions de kilogrammes, M. Say nous a répondu *qu'on serait même plus près de la vérité en disant 225 millions.*

pays sur une plus large échelle. On facilite ainsi dans les familles les approvisionnements d'hiver, et de même les approvisionnements de la marine. Il est résulté de ces inventions une industrie spéciale, qui compte d'assez nombreux rameaux et qui a figuré dans toutes les expositions universelles, et même dans nos dernières expositions nationales.

C'est dans cette même catégorie que se place le plus naturellement la mention des extraits de viande dus au savant chimiste allemand M. Justus Liebig. On sait qu'au point de vue économique la combinaison consiste à fabriquer en grand cet extrait dans l'Amérique du Sud, à la Plata notamment, où l'animal est à très-vil prix. Cependant la composition qui coûte en France une trentaine de francs le kilogramme n'occupe encore qu'une place bien restreinte dans les usages domestiques. Nous avions, du reste, d'autres extraits de viande moins coûteux, mais peut-être moins perfectionnés, avant ceux de M. Liebig. Il n'y a d'avenir industriel pour des préparations de ce genre, que si l'on réussit à pouvoir les vendre à bon marché. Sans cette condition, tous les raisonnements sur la quantité de substance alimentaire qu'elles contiennent, n'obtiendront point de longtemps, avec les habitudes bien connues du public, de résultats vraiment significatifs.

Tout en applaudissant à ces combinaisons ingénieuses, à ces utiles réalisations des données de la science, on peut croire, sans être injuste envers les chimistes, qu'ils ne viennent qu'au second rang dans la phalange des pionniers de la production et du bon marché. Le premier appartient aux agriculteurs. Avant la chimie passe l'art de solliciter la nature, auquel du reste la chimie n'est pas elle-même étrangère. Développer les connaissances agronomiques, éclairer des pratiques trop généralement routinières, tel est le moyen le plus sûr pour amener la réduction des prix. Voilà pourquoi un intérêt si grand et si légitime s'attachait à l'exhibition du matériel agricole et des procédés des exploitations rurales. Il faut citer dans cet ordre de faits les nouvelles charrues envoyées de tous les pays, de l'Angleterre, de la France, de la Suède, de la Prusse, de l'Amérique du Nord, etc.; les locomobiles et les machines diverses pour l'agriculture, et notamment les nouvelles faucheuses et moissonneuses, expédiées de Chicago et de New York (États-Unis) et qui ont été mentionnées plus haut (1). Une influence plus haute, quoique non moins directe, appartient à certaines institutions représentées au Champ-de-Mars, comme les fermes modèles de l'Empereur Napoléon III, l'institut agricole de Saint-Pétersbourg, l'école de Grignon, le domaine royal de Ladegaardso (Norvége), etc., etc.

Les expositions de céréales, de farines, de plantes légumineuses et de tous les produits comestibles, présentaient, en outre, le résultat actuel de ces forces productives qu'il s'agit de féconder et d'élargir, soit à l'aide des bons exemples et de l'instruction, soit à l'aide d'instruments perfectionnés pour le travail. On a pu consulter avec beaucoup de profit plusieurs exhibitions collectives de ce genre, qui avaient l'a-

---

(1) Page 102. — Parmi les expéditeurs européens, nommons pour la France MM. Gérard (Vierzon), Cumming (Orléans), Pinet (Abilly), Albaret (Liancourt), Lotz (Nantes); pour l'Angleterre, MM. Howard, Fowler, Clayton, Shuttleworth et Cᵉ; pour la Suède, l'usine d'Oefverrum; pour la Prusse, M. Eckert.

vantage de réunir, dans un classement méthodique dû aux exposants eux-mêmes et fort bien entendu le plus souvent, les échantillons des produits de toute une contrée. Le pavillon occupé par le département du Nord, par exemple, était d'autant plus avantageux à étudier qu'il appartient à une région où l'agriculture est si intelligente et si avancée (1). On y trouvait un modèle à suivre pour toutes les futures installations analogues.

L'art de conserver les grains, celui de bluter les farines, de faire le pain, tous les arts, en un mot, qui évitent des déperditions de matières, peuvent équivaloir à une véritable augmentation des récoltes. Sur tous ces points, différents systèmes sont à l'essai. Le pétrin mécanique de M. Lebaudy semblait offrir de réels avantages; la conservation des grains dans le vide paraît promettre aussi les meilleurs résultats. Les peuples les moins avancés ont presque tous senti le prix de quelques précautions pour conserver les blés. Ainsi en Algérie, la population indigène a ses procédés particuliers bien connus depuis la conquête. Ne fût-ce qu'à raison de cette seule circonstance, le nom de notre possession du nord de l'Afrique, si éprouvée en 1867 et en 1868, devait se représenter ici. Il le devait encore à raison des substances alimentaires dont elle nous expédie dès à présent des quantités notables, susceptibles de recevoir, comme on l'a dit, de très-larges développements.

(1) Le conseil général du département du Nord, après avoir affecté à cette exhibition de ses produits agricoles une première somme de 9,761 fr. en 1866, avait voté une allocation de 10,000 fr. en 1867.

CHAPITRE XV

La métallurgie et les machines. — Le progrès dans les constructions mécaniques : moteurs; matériel de la navigation et des chemins de fer; mécanique industrielle. — Questions économiques. — L'esprit inventif et les principaux sujets offerts à ses recherches actuelles.

I — Si l'on se reporte à la première exposition universelle de Londres, en 1851, on demeure frappé de l'étendue des progrès réalisés en France depuis lors dans le traitement et dans les applications des métaux les plus usuels. Il n'y a point de comparaison possible entre nos applications mécaniques à l'heure qu'il est, et celles d'il y a dix-huit ans. L'outillage de nos ateliers s'est transformé, et par suite la puissance et la justesse de l'exécution; tout y a été, sous ce rapport, renouvelé de fond en comble. C'est bien, en effet, dans la différence de l'outillage qu'était jadis la cause principale de notre infériorité vis-à-vis de l'Angleterre. Nos constructeurs n'avaient pas eu de peine à le reconnaître devant les ouvrages exposés par nos voisins en 1851; ils s'étaient ensuite mis à l'œuvre avec une énergie qui n'a fait que s'accroître à partir de l'exposition de 1855. Il s'est produit là, de notre côté, pourrait-on dire, un mouvement analogue à celui qui se manifestait en Angleterre relativement aux industries touchant au domaine de l'art. Seulement, on ne s'avance pas trop, suivant nous, si l'on affirme, sans contester les avantages restant à nos voisins sous divers rapports et pour quelques articles, que la transformation opérée dans la construction a plus complétement réussi chez nous qu'en Angleterre celle dont les industries de goût et de fantaisie ont été l'objet. Il est certains mécanismes, certains métiers que nos fabriques, je n'en disconviens pas, tirent encore parfois des ateliers britanniques ; mais l'avantage qu'ils y trouvent tient surtout à une différence dans les prix, dépendant elle-même de circonstances étrangères au mérite du travail.

Toutes nos grandes usines — dont les envois en 1867 ne redoutaient aucune comparaison avec ceux des maisons les plus renommées du dehors — sont munies des appareils les plus perfectionnés. Citons le Creuzot qui, l'un des premiers, avait entrepris la réforme sur la plus grande échelle ; citons les anciens établissements Derosne et J.-F. Cail à Paris, à Denain et à Valenciennes ; la nouvelle compagnie de Fives-Lille (Parent, Schaken, Houel et Caillet), les ateliers de la marine à Indret, ceux de Graffenstaden (Bas-Rhin), ceux de MM. Farcot, Mazeline, Le Gavrian, P. Boyer, E. Gouin, Calla, Thomas et Powell, E. Bourdon, J.-F. Durenne, Farinaux, etc. Tel est le fait le plus saillant à signaler, pour ce qui concerne la France. Il est capital : point de succès sans d'excellentes machines et sans de bons outils. Point de lutte possible entre des concurrents qui ne seraient pas, sous ce rapport, sur un pied complet d'égalité. Le progrès réalisé éclate aussi bien dans la construction des moteurs que dans celle des appareils si diversifiés qu'ils servent à mettre en mouvement. Il faut avouer qu'en ce qui touche à la production même de la force, rien de réellement nouveau ne se révélait nulle part dans les essais placés sous les yeux du public, pas plus en France que dans les autres pays de l'Europe. L'objet des recherches actuelles se rapporte principalement, pour les machines à vapeur, à l'économie du combustible, à la simplification des organes qui rendent les installations plus faciles et à la régularisation des mouvements.

On reconnaissait aisément qu'une sorte de compétition s'établit à l'heure qu'il est entre les machines à vitesse modérée et les machines à mouvements accélérés. On n'a pas besoin d'être un homme du métier pour comprendre que les machines à petite vitesse sont les plus faciles à régler, comme aussi celles qui exigent le moins de combustible. Des avantages d'une autre espèce reviennent aux machines à mouvements précipités, qui exécutent plus vite une tâche donnée. Chaque genre peut recevoir, suivant les cas, une application utile, quoique la préférence semble se porter de plus en plus vers la vitesse accélérée. Le problème à résoudre consiste à procurer aux moteurs de ce genre-ci une partie, au moins, des avantages revenant aux premiers.

Sous tous les rapports signalés, je le répète, notables perfectionnements dans l'exécution du travail, mais point d'inventions réelles; tel est bien le dernier mot à prononcer après le concours de 1867. Si l'on voulait avoir une idée un peu précise de la nature des améliorations effectuées dans tous les pays, on la trouverait encore dans une appréciation du jury de Londres en 1862, qui prenait pour point de départ de sa comparaison les articles analogues exposés en 1851. « En ce qui concerne, disait-il, les machines à vapeur, on constate un plus grand emploi du sys-

tème à haute pression, plus d'expansion et de sur-
chauffage, et l'usage plus répandu de condensateurs.
de surfaces (ce qui est obtenu au moyen d'un grand
nombre de petits tubes horizontaux), une tendance
marquée vers la simplification des cages de machines
et des principales parties mouvantes, une renonciation
complète à certains accessoires plus curieux qu'utiles,
et enfin une plus haute perfection de la main-d'œuvre
et du fini. Il résulte de toutes ces améliorations une
plus grande économie dans le combustible, dans la force
motrice et les réparations. » A ces progrès, on peut
joindre ceux qui ont trait à la fabrication des grosses
pièces, ou qui s'appliquent aux morceaux les plus délicats des appareils. On peut dire encore, au point de
vue, non plus de la construction des machines, mais de
leur usage, qu'on s'est attaché depuis une douzaine
d'années à perfectionner notablement le chauffage des
machines à vapeur, trop souvent confié jadis à des
mains tout à fait inexpérimentées. Ainsi, en France,
dans le Nord, la *Société des sciences de Lille* avait
fondé dans ce but, en 1857, un cours gratuit pour
les chauffeurs. La même année, la *Société libre d'ému-
lation de la Seine-Inférieure* créa, de son côté, une
école de chauffeurs (1).

II — Les observations relatives à la recherche des
perfectionnements dans le sens spécifié s'appliquent
aux appareils de la navigation et au matériel des chemins de fer. On peut affirmer que les grands organes
des pièces maritimes, de même que les moindres dé-

----

(1) V. *Traité pratique du chauffage des machines à vapeur*, résumé
du cours public et gratuit professé à Rouen, par M. Eugène
Burel. — Sur un autre point qui se rattache au même ordre
d'idées, voy. une notice très-intéressante sur *Les générateurs à
vapeur inexplosibles de M. Belleville*, par M. Paul Dalloz.

tails de ces machines, sont traités en France avec une
perfection ne laissant rien à désirer. Les ouvrages du
Creuzot qui figuraient au Champ-de-Mars dans un
pavillon particulier, avec tant d'autres remarquables
articles de la même usine appartenant à la métallurgie et à la construction, — pouvaient supporter la
comparaison avec les meilleurs produits de l'Angleterre. Unanimes dans leur témoignage sur ce point,
les hommes du métier l'étendaient aux produits des
autres établissements, et, par exemple, à ceux d'Indret.

En ce qui concerne le matériel des chemins de fer,
il est manifeste, d'abord, qu'aucun autre groupe de
l'Exposition n'en pouvait dépasser l'importance, tant
sont nombreux et considérables les intérêts qui s'y
rapportent : intérêts touchant à la sécurité, à la
vitesse, à l'économie dans le service, à la responsabilité des agents des compagnies, au rôle même du
gouvernement. Aussi devait-on s'attendre à ce que
le concours de 1867, au point où en est arrivée
maintenant la construction des voies ferrées, aurait
offert de faciles moyens d'études comparatives entre
tous les systèmes usités dans les diverses dépendances
du service. Malheureusement, il n'en a rien été. Ce
n'est point que les éléments fissent défaut, mais ils
n'étaient pas disposés de manière à faciliter les observations. Au point de vue de l'arrangement des produits, on pourrait presque dire que cette partie de
l'exhibition était, je ne dirai pas manquée, ce ne
serait pas juste, mais assez peu satisfaisante. Point
d'unité, point d'ensemble; dissémination ou confusion,
tels en étaient les caractères. On lisait bien sur des
hangars construits dans le parc, à l'extrémité de
l'avenue Labourdonnaye, cette inscription : *Matériel*

des chemins de fer. Mais toutes les ramifications de cette grande industrie n'y étaient pas rassemblées. Tant s'en faut : il y avait aussi des locomotives, des voitures, des wagons, etc., dans la galerie des machines, à la suite des outils et des métiers de l'industrie manufacturière. Même partage dans les sections des peuples étrangers.

Certes, il serait injuste de nier qu'un classement méthodique était plus difficile à obtenir ici que dans d'autres spécialités, celles des tissus ou des meubles par exemple. Seulement on avouera qu'il y eût été tout aussi nécessaire, et, à raison de la difficulté vaincue, bien plus méritoire. Etait-il impossible, d'ailleurs, oserons-nous demander, de concevoir et d'appliquer un mode propre à simplifier l'examen et à faciliter les comparaisons? De bonne foi, nous ne le croyons pas. Prenons, par exemple, nos grandes compagnies françaises dont l'exploitation nous intéresse le plus directement. N'était-il pas facile, avec les larges espaces qu'offrait le terrain, et en y songeant dès le début, d'affecter à chacune, parallèlement l'une à l'autre, une certaine surface de 150 à 200 mètres de long, sur laquelle elles auraient coordonné tous les éléments de leur matériel? De cette façon, on aurait pu se rendre aisément compte tout d'abord des différents systèmes suivis dans la construction de la voie, du rôle des plus simples pièces qui s'y rattachent, de la part qu'on y attribue au fer, à l'acier, à la fonte, au bois, en un mot de l'établissement des rails et de tout l'appareil du chemin proprement dit. On aurait pu juger, en outre, les traits différentiels existant de compagnie à compagnie entre les dispositions prises, soit pour le changement de voie aux bifurcations, soit pour la manœuvre des aiguilles, des plaques tournantes, etc., soit pour le jeu des disques servant à signaler les mouvements et pour toutes les précautions matérielles relatives à la sécurité des voyageurs. Les modes d'éclairage dans les wagons, dans les gares, sur la voie, les appareils de chauffage dans les voitures auraient eu également là une place marquée. Il en eût été de même des dépendances si compliquées du matériel roulant : roues en fer forgé, bandages de roues, freins pour les wagons, boîtes à graisse, boîtes à huile, bâches, tampons et ressorts de choc, etc., etc. Les locomotives, les véhicules de toute sorte, seraient ensuite venus, de même que les grues, les bascules, les appareils particuliers de traction sur les rampes, etc., etc. Ainsi, les expériences, les tentatives, les études relatives à chaque branche de l'exploitation auraient pu tourner sans peine à l'avantage de tous, et le public aurait aisément saisi la chaîne ininterrompue des améliorations déjà réalisées ou encore à l'état d'essai. Un semblable système d'arrangement nous a paru digne d'être soumis à l'appréciation des juges compétents, en vue des expositions futures. Ou nous nous trompons grandement, ou il aurait fallu beaucoup moins d'efforts pour le réaliser que tant de combinaisons assez bizarres, de conceptions assez étranges, destinées à émerveiller les yeux du public et dont l'utilité ou l'attrait est au moins demeuré douteux.

Tout éparpillé qu'il fût, le matériel des chemins de fer présentait à ceux qui avaient la patience et les connaissances nécessaires pour en constituer un faisceau, des signes fort utiles à relever. Grâce à l'aide obligeante de quelques ingénieurs ou constructeurs, nous avons pu l'examiner dans ses détails, avec tous les précieux secours d'une compétence éprouvée. Disons en dernière analyse que les hommes du métier s'accordaient à reconnaître qu'à défaut d'élan significatif vers l'invention, à défaut d'éléments tout à fait neufs dans le matériel, on reconnaissait du moins partout une infatigable tendance vers l'amélioration de tous les éléments actuels.

La preuve en était d'autant plus frappante, que l'exposition embrassait effectivement, tout en les laissant éparses et désunies, les diverses modifications successivement introduites dans les mouvements quotidiens depuis cinq ou six années. Toutes les compagnies françaises avaient leur part dans ce large bilan. On se demande même si on ne devrait pas rattacher à une étude rétrospective comme celle-ci les services qu'elles avaient organisés en vue de cette grande solennité industrielle. Il y a eu là comme une scène animée où leur organisation semblait mise à l'épreuve. A ce point de vue, on devrait une mention particulière à la compagnie qui desservait le Champ-de-Mars, celle de l'Ouest. Quand on songe que ce chemin, si encombré à certains jours et à certaines heures, s'embranchait sur celui de la banlieue de Paris, et aboutissait à une gare d'où partent et où arrivent plus de 200 trains en vingt-quatre heures, on ne saurait rendre trop de justice à la prévoyance qui a su éviter tout accident sérieux. C'est beaucoup, sans doute, que de savoir rédiger de bons règlements ; mais il n'est pas moins indispensable de savoir les faire exécuter. Toutes les compagnies avaient d'ailleurs établi des services spéciaux dans des conditions plus ou moins libérales. Signalons entre toutes la compagnie du Nord pour les facilités accordées aux voyageurs (1).

III — Le parallélisme qui manquait si fâcheusement dans l'exhibition des chemins de fer, existait, au contraire, en une suffisante mesure, pour les outils, pour les machines—outils, pour les métiers. On pouvait examiner comparativement les ouvrages de nos différentes usines rangés à peu près tous sur un même point, ou formant quelques unités isolées faciles à relier au groupe principal. L'observation commune mise en tête de ce chapitre sur les progrès de la mécanique en général dans notre pays, trouvait dans ce vigoureux rameau une éclatante confirmation. Et ce n'était pas seulement nos grands ateliers, nos usines les plus puissantes dont les envois signalaient un mouvement ascendant. Non; des établissements de

(1) A ce propos, il ne sera pas inutile, croyons-nous, de citer une lettre que, dans une pensée facile à comprendre, nous avions eu nous-même l'occasion d'adresser à un journal qui publiait alors un bulletin relatif au service des chemins de fer :

« Paris, le 11 juin 1867.

« Monsieur, dans l'intérêt des voyageurs qui se rendent à l'Exposition par le chemin de Ceinture, il serait bien désirable que la Compagnie d'Orléans prît quelques mesures pour leur éviter un désagrément dont j'ai été témoin ce matin même. Le train n° 66, qui arrive à Paris vers neuf heures un quart du matin, et qui est un des quatre trains correspondant chaque jour avec la Ceinture, a déposé à la station des fortifications un assez grand nombre de voyageurs, mais juste à temps pour qu'ils vissent partir le convoi qu'ils auraient dû prendre. On disait autour de moi que ce mécompte se reproduit très-fréquemment, par suite de retards dans le service de la Compagnie d'Orléans. Il est vrai que, pour consoler cette masse abusée, l'employé chargé d'ouvrir la barrière répétait à chacun : Ne vous pressez pas, vous avez 50 minutes à attendre! Une administration aussi vigilante que celle dont il s'agit, se fera, sans aucun doute, un devoir de mettre fin à des retards aussi fâcheux. Mais il faut que quelqu'un prenne la peine de les signaler pour l'avantage de tous. C'est dans ce but que j'ai l'honneur de vous adresser la présente communication.

« Agréez, etc. »   !(*Constitutionnel*, 13 juin 1867.)

second et de troisième ordre avaient également révélé dans leur production une sûreté, une énergie, une régularité qui témoignaient, mieux encore que le succès exceptionnel de quelques-uns, en faveur des tendances progressives de la mécanique française (1).

On était moins satisfait, sous un certain rapport, de l'exhibition des machines de la filature et du tissage. Ce n'est pas que la construction ait faibli pour des articles si importants; mais nos fabriques sont bien mieux outillées partout, en Flandre, en Alsace, en Normandie, en Lorraine, que ne le faisait supposer l'Exposition. Si la forme circulaire de l'édifice offrait, surtout telle qu'elle avait été originairement comprise et décrite, et malgré l'aspect si lourd et si disgracieux qu'on lui a donné, des avantages positifs, elle présentait aussi certains inconvénients. Elle ne se prêtait guère à la mise en mouvement des mécanismes les plus étendus, par exemple, des bancs de broches de nos filatures. Les difficultés de pose étaient manifestes; le parallélisme devenait impossible entre les différents appareils recevant le mouvement. Ce n'était pas là un mince embarras. Aussi n'avait-on point dépassé

---

(1) Pour le travail du fer, outre les maisons citées plus haut et dont quelques-unes sont à la tête de la fabrication des machines-outils, nommons M. Ducommun (Mulhouse), la maison A. de Coster (Paris), MM. Bouhey, Minier, Varral-Elwell et Poulot, A. Duval, etc., etc. — Dans le travail des bois, mentionnons les envois de M. Périn (Paris); ceux de MM. Sautreuil, B. Normand, V. Frérot, etc., Rochette de Lempdes, etc. — La mécanique des arts divers comme celle de certaines manipulations intéressant l'agriculture en dehors des machines agricoles proprement dites, était grandement représentée. Je ne cite que les appareils de sucrerie, comme ceux dont la fabrique Cail avait un si grandiose assortiment. — Aux arts usuels, on peut rattacher un nombre considérable d'applications plus ou moins ingénieuses, et d'une importance économique plus ou moins notable, comme le système des blanchisseries, lavoirs et séchoirs, de MM. Bouillon, Muller et Cᵉ, etc.

500 broches dans les métiers exhibés, tandis que toutes nos usines créées ou restaurées depuis huit ou dix ans, possèdent des métiers de 800 à 1,000 broches. « On ne pourrait citer, a fait justement observer un juge très-compétent, un établissement de filature moderne, créé depuis 1857 ou 1859, avec des appareils aussi restreints (1). »

On désire peut-être savoir, en fin de compte, si nos machines et nos mécaniques de tout genre figurent pour une somme un peu forte dans le chiffre de nos échanges au dehors. Là-dessus les renseignements ne sont pas des plus favorables. C'est que la question de prix de revient, qui domine le prix de vente, est indépendante de la question même du mérite de l'exécution. Si nos produits, quoiqu'en général aussi bien établis que ceux des Anglais, sont obligés de se vendre plus cher, ils n'ont plus de clients; c'est tout naturel. La différence tient, du reste, à des circonstances auxquelles il a été déjà fait allusion. Aussi, depuis 1860, nos exportations demeurent-elles à peu près stationnaires, entre 7 et 9 millions par année. En 1865, on arrivait à 8 millions, tandis que les Anglais dépassaient l'énorme chiffre de 105 millions de francs. En dix années, de 1855 à 1865, la somme avait presque doublé chez eux. Ainsi les forces ne se comparent pas pour cette catégorie de produits. A dire vrai, la lutte industrielle n'existe point ici entre nous et

---

(1) M. Pouyer-Quertier fils : *Rapport au comité départemental de la Seine-Inférieure.* — Dans la mécanique des arts textiles on remarquait les métiers de filature et de tissage de MM. A. Mercier (Louviers), Schlumberger (Guebwiller), Stehelin (Bitschwiller) ; les cardes de M. H. Scrive (Lille) ; la machine à feutrer les fils de M. Vouillon (Louviers), le métier de M. Meynier (Lyon) pour les étoffes de soie, les métiers de bonneterie de MM. E. Buxtorf, et N. Berthollet, une machine à effilocher, de M. A. Busson, qui s'occupe de l'effilochage depuis 1844, etc.

nos voisins, faute de conditions pareilles dans la fabrication et de facilités analogues pour l'écoulement des marchandises.

IV — La quincaillerie, dans ses ramifications si diverses, a vu depuis huit ou dix ans se perfectionner tous ses produits. Petits outils, ustensiles de ménage, articles de taillanderie, de serrurerie, et mille objets d'un usage journalier, sont devenus plus maniables, plus expéditifs, mieux adaptés à leur destination. Les exemples les plus efficaces ont été donnés par les grands établissements placés à la tête de cette industrie, dans les départements du Doubs, du Bas-Rhin, de la Moselle, de la Seine, du Jura, des Vosges (1). La grosse horlogerie, celle qui s'exécute si bien et en de si larges proportions à Beaucourt (Doubs), et à Morez (Jura), participe à ce même mouvement d'amélioration. Semblable remarque pour les articles de coutellerie, pour les armes portatives qui rentrent dans la classification des métaux ouvrés.

A propos de la coutellerie, il est bon de rappeler qu'elle a dans notre pays quatre principaux centres de fabrication : Paris pour la coutellerie la plus fine, Thiers (Puy-de-Dôme), pour les qualités fines, moyennes ou communes, solidement exécutées, Nogent (Haute-Marne) et Châtellerault (Vienne), pour les articles ordinaires (2). On a surtout remarqué dans cette division les envois de la fabrique de Thiers, qui occupe soit dans la ville, soit dans la banlieue, plus de 20,000 ouvriers, et qui pourrait mériter sous

(1) Les noms de MM. Japy, Goldenberg, Karcher et Westermann, Coulaux, Peugeot-Jackson, etc., se lient intimement aux plus récents progrès.

(2) Saint-Etienne (Loire) et Nontron (Dordogne) fabriquent aussi les couteaux, les plus communs et les moins chers.

plusieurs rapports le nom de rivale de la puissante fabrique anglaise de Sheffield. La ruche laborieuse de Thiers ne peut que gagner à être mieux connue sur les divers marchés du monde.

V — Toute la série des arts mécaniques, toutes les constructions d'outils, en un mot toute la mise en œuvre des métaux, suppose une première fabrication, celle du métal lui-même. La possession de la fonte, du fer, de l'acier, du cuivre, etc., est évidemment la condition absolue de cet immense labeur. Or, sous quel jour la production métallurgique de la France, et en particulier celle du fer, est-elle apparue au milieu des industries similaires des autres pays? C'est là une question d'une importance capitale, sur laquelle il convient de donner quelque éclaircissement avant de quitter la catégorie des applications mécaniques.

Au sujet de la science même de la fabrication, de la qualité des produits, la dernière Exposition aurait fait une réponse décisive, si d'avance cette réponse n'eût pas été connue. Le métal ne se fabrique nulle part aujourd'hui mieux qu'en France. Point d'hésitation possible, en effet, pour les connaisseurs visitant le Champ-de-Mars, en face des envois de MM. Petin et Gaudet, de Rive-de-Gier, de MM. Schneider et Cᵉ, du Creuzot, des vastes usines de Châtillon et Commentry, de Fourchambault et Montluçon, de Niederbronn, de Firminy, d'Audincourt, de Montataire, d'Imphy–Saint–Seurin, de Fraisans, de Denain et d'Anzin, de la Providence, de Marquise, de Maubeuge, etc. Voilà un premier fait incontesté. Aussi la question concernant l'avenir de l'industrie métallurgique dans notre pays ne porte-t-elle point sur le mérite de la production; elle porte uniquement encore cette fois sur le prix de revient, plus élevé chez nous qu'en Angleterre et en Belgique. La source des difficultés si dures du moment est là tout entière.

Pour en comprendre le véritable caractère, il faut savoir qu'à la suite des traités de commerce de 1860, les embarras sont venus d'abord d'une surexcitation dans le sein de la fabrique française. Nos usines n'ont eu qu'un objet en perspective pour échapper au danger et survivre aux nouvelles conditions de la concurrence : réduire le prix de revient, et pour cela fabriquer des quantités plus considérables qu'auparavant, afin d'abaisser la part des frais généraux incombant à chaque article. Qu'est-il arrivé cependant? La consommation n'a pas suivi le même élan; dès lors les prix de vente ont fléchi de toutes parts. « Le prix du fer, disait la chambre de commerce de Saint-Dizier en se référant à un tableau officiel embrassant huit années consécutives, de 1860 à 1867, — le prix du fer sur le marché de Paris était encore, en 1860, de 252 fr. 50 par tonne. Il n'est plus, en 1867, que de 185 à 190. Il a donc baissé de 65 fr., c'est-à-dire de 26 pour cent. Le prix du fer, sur le marché de Lyon, qui était encore, en 1860, de 226 fr. 20, n'est plus, en 1867, que de 187 fr. 50, en moyenne. Il a baissé de 38 fr. 70 c., soit de 17 pour cent (1). » En même temps le prix des minéraux augmentait d'environ 10 pour cent; et devant le renchérissement général de tous les objets indispensables à la vie, il fallait bien, ce n'était que juste, élever le taux des salaires. Ces faits-là appartiennent à l'histoire de l'industrie contemporaine, pour une de ses branches

(1) Lettre adressée à M. le ministre du commerce, décembre 1867.

essentielles. Il n'est pas difficile de s'expliquer désormais comment tant d'usines de second et de troisième ordre se sont éteintes, et comment la situation est devenue partout si pénible et si incertaine.

Ce n'est point là, néanmoins, le fait qui a suscité les plaintes les plus vives. Elles concernent l'autorisation accordée par un décret impérial (15 février 1862), d'importer en franchise temporaire, des métaux étrangers destinés à être exportés, après leur transformation en machines et appareils divers. « Mais, répond la chambre que nous venons de citer, la forgerie française n'est plus ce qu'elle était encore il y a dix ans. La production dépasse aujourd'hui, de beaucoup, la consommation du pays : l'encombrement des usines et des magasins en est la preuve. Elle produit, sauf quelques exceptions sans importance, toutes les qualités de fonte, de fer et d'acier (1). » Tel est le grief le plus nettement articulé.

On sait, du reste, que la matière réexportée après avoir été mise en œuvre dans nos ateliers n'est pas celle-là même qu'on avait été admis à importer temporairement en franchise ; c'est impossible. Au moment de l'importation on a reçu un titre nommé *acquit-à-caution* qui donne le droit de faire sortir de France par un point quelconque du territoire, dans un certain délai que l'administration peut prolonger en certains cas, une quantité de produits d'un poids égal à celui qui est entré sans droits. L'*acquit-à-caution* délivré sur nos frontières du nord, pour des fers belges, peut se vendre et il se vend tous les jours à un constructeur dont les usines sont situées sur un point plus ou

(1) Mémoire sur la situation de l'industrie métallurgique dans le département de la Haute-Marne.

moins éloigné et qui emploie des fers d'une autre provenance. Les frais de transport se trouvent ainsi évités. C'est surtout à cause de cette réduction indirecte que la question touche à notre sujet, sans que nous puissions nous contenter de la signaler, comme plus haut celle de l'importation temporaire en franchise des toiles de coton destinées à l'impression (1). Autrement, qu'on y prenne garde, il y aurait plutôt dans les mesures spécifiées une question de privilége qu'une question de liberté. Etrange circonstance ! l'argument employé à l'appui de ces dérogations à la règle générale est, dans son essence même, un argument tout protectionniste, puisqu'on fait valoir l'avantage qui résulte pour le travail en France de la facilité, c'est-à-dire de la protection accordée de cette manière à une industrie spéciale. Dans une récente discussion au Sénat, discussion que M. de Forcade, ministre du commerce, a très-justement qualifiée de *si importante*, et où la question légale n'a pas été moins approfondie que la question économique, M. Dumas nous semble avoir présenté ou plutôt rappelé une observation antérieurement soulevée par lui, d'une sérieuse portée pratique. « Il n'est pas possible, a-t-il dit, d'exiger que l'objet exporté et l'objet importé soient identiques. Mais il arrive quelquefois dans la pratique, — souvent peut-être, — que, contrairement à la pensée de la loi et aux principes rappelés par le décret, on laisse entrer des métaux qui ont subi une élaboration plus considérable que celle qu'ont subie les métaux qui viennent les compenser pour l'exportation. Quand cela arrive, — et cela arrive peut-être souvent à ce qu'on assure, — les maîtres de forges se

(1) V. page 137, en note.

plaignent et ils ont le droit de le faire : la pensée de
la loi et celle du décret sont violées. » (Loi du 5
juillet 1836 et décret du 15 février 1862.) L'évidence
de la conclusion n'est pas contestable (1). Elle s'appuie d'ailleurs, en fait, sur la qualité des produits de
nos usines que la solennelle épreuve de 1867 a mises
en si grand relief et qu'on ne saurait laisser périr.

Il y avait sans doute à l'Exposition, soit dans la
section française, soit dans les sections étrangères, un
certain nombre de ces pièces qu'on appelle des chefs-
d'œuvre et qui sortent du cercle de la fabrication
commerciale ordinaire, mais elles servent à montrer le
degré de perfection auquel on peut arriver. Entre cent
exemples, je prends dans l'exhibition d'un tréfileur
français qui ne craint aucune rivalité extérieure,
M. Mouchel (de l'Aigle), cette pièce de fil de laiton de
130,000 mètres de longueur, sans solution de conti-
nuité : exception si l'on veut, mais exception entourée
de produits d'une finesse inimitable qui s'appliquent
dans vingt industries différentes, et qui attestent les
progrès de la tréfilerie dans notre pays. Comme vé-
téran de l'industrie n'ayant plus rien à demander à
personne, comme créateur de sa spécialité qu'il a
élevée si haut, comme ancien membre du conseil
général des manufactures qu'il aidait si utilement de
ses connaissances pratiques, M. Mouchel (de l'Aigle),
à l'âge très-avancé auquel il est parvenu, méritait
cette mention particulière que ratifierait au besoin
toute l'industrie française. Les succès individuels, de
même que les succès collectifs, l'histoire industrielle

---

(1) Ajoutons que M. de Forcade a déclaré que l'administration était décidée à entrer dans cette voie. — Discussion
sur une pétition relative au trafic des acquits-à-caution, *Moniteur*, 5 et 6 février 1868.

doit les enregistrer, car ils proviennent d'une longue
série d'études et d'efforts qui préparent les voies à de
nouveaux triomphes.

VI — Un dernier mot. Les futurs progrès que
doit le plus ambitionner aujourd'hui l'esprit d'invention ne semblent pas très-difficiles à déterminer dans
la vaste catégorie des arts mécaniques. Trouver une
force motrice d'une application facile et sûre qui soit
moins coûteuse que celle résultant de la vapeur d'eau,
voilà d'abord un objet essentiel pour les investigations
de la science. Il embrasse naturellement toutes les
études, tous les essais tendant à rendre plus pratique
l'usage des forces déjà connues. Certes, les nouveaux
moteurs ne manquent pas, mais il leur manque les
conditions nécessaires pour s'adapter avantageusement
aux exigences des ateliers industriels.

On est beaucoup plus avancé dans un autre ordre
d'applications auquel l'avenir réserve pourtant de
larges développements : la construction des locomobiles. Sur ce point-là on n'a pas perdu de temps.
Introduites en France après la première exposition
universelle de Londres (1), les locomobiles se sont
perfectionnées en même temps qu'elles ont reçu des
destinations de plus en plus nombreuses. On en
construit partout à l'heure qu'il est. Les services
qu'elles rendent dans l'agriculture, dans l'industrie,
dans le bâtiment, sont incalculables. On les voit
chaque jour remplacer pour de monotones et fatigants ouvrages le simple manœuvre, qui s'élève lui-
même sur l'échelle du travail en devenant un véritable ouvrier, et qui ne pourrait d'ailleurs plus vivre

(1) C'est M. Calla qui, le premier, a importé les locomobiles en France. — V. L'industrie contemporaine, p. 189.

aujourd'hui avec son modique salaire d'autrefois. Le système des locomobiles n'a pas essentiellement changé depuis qu'elles ont paru en France, à l'exposition de 1855. Les détails seuls ont été plus ou moins modifiés et améliorés. Le principal mérite de ces appareils résulte de la simplicité des organes. Il importe effectivement qu'ils soient faciles à manier, qu'ils soient dociles à la moindre impulsion. Il importe qu'ils réunissent des conditions de solidité à des conditions de légèreté; et que, sans rien perdre de leur énergie, ils se contentent d'une alimentation peu coûteuse. Une large place appartient encore, sous tous ces rapports, aux libres recherches de l'esprit inventif.

Autre ouverture dirigée vers l'avenir : il s'agit de trouver les moyens d'employer avantageusement la locomotive sur les routes ordinaires. Non pas qu'on puisse rêver de mettre ce mode de traction en concurrence avec les voies ferrées. Rien ne serait plus chimérique. Lorsque, il y a de trente-cinq à quarante ans, un constructeur ingénieux, à qui notre temps a dû depuis lors plus d'une innovation utile, sans être néanmoins assez juste envers lui, M. C. Dietz, de Bordeaux, mettait en circulation des voitures à vapeur sur la route de Paris à Versailles, les chemins de fer n'apparaissaient encore que dans un obscur lointain. Mais les locomotives routières, comme on les appelle, ne pourraient-elles pas être utilisées sur beaucoup de points où les chemins de fer sont inconnus? Ne pourraient-elles pas, là où ils existent, leur servir d'auxiliaires pour conduire jusqu'aux stations, comme un roulage accéléré, nombre de matières encombrantes? Ne seraient-elles pas éminemment avanta--

geuses dans les docks, dans les grands établissements industriels, pour faciliter le mouvement des marchandises et des gros colis, de même que pour aider ailleurs le bras de l'homme dans certains travaux, comme la construction des routes, l'exploitation des richesses forestières ou minérales, etc. ?

Autant de questions utiles à poser. Des résultats positifs viennent déjà répondre sur quelques points. Dans les docks de Londres et de Liverpool, les grandes pièces de machines à vapeur, les chaudières, etc., sont transportées par des locomotives glissant sur le sol. Il n'y a pas qu'en Europe que les besoins se prononcent dans ce sens. On porte à 300 le nombre des locomotives routières, déjà livrées à l'industrie par les constructeurs anglais, et principalement destinées aux Indes orientales et à l'Australie. A Paris nous voyons des locomotives servir dans le macadamisage des grandes voies publiques.

On est encore bien loin, cependant, d'avoir atteint pour ces machines le degré de perfection auquel on peut légitimement prétendre dans les services les plus compliqués. On n'a point dépassé la période des essais et des tâtonnements. Des vices essentiels s'opposent à un usage un peu prolongé des appareils tels qu'ils sont construits. C'est là une spécialité dont s'occupent principalement deux ou trois maisons anglaises. En France aussi, des tentatives ont eu lieu, dans ces derniers temps, comme on a pu le voir au Champ-de-Mars. Nulle part, je le répète, le terme n'est encore atteint. En entendant, toutefois, les demandes qui s'élèvent, en contemplant les essais qui se poursuivent, on peut espérer, sans se montrer téméraire, qu'un lendemain peu éloigné verra les locomotives circulant en dehors des rails, se multiplier pour le transport de certains articles, dans certaines conditions, comme pour l'accomplissement de certaines tâches industrielles. L'Exposition de 1867, qui a signalé, sous ce rapport, des besoins plutôt que des inventions réelles appelées à les satisfaire, pourrait ainsi former pour les locomotives routières, comme aussi pour les locomobiles et pour les appareils produisant la force, le point de départ d'investigations nouvelles et d'un essor nouveau. Il n'y a rien de comparable à la manifestation d'un besoin général, dès qu'il s'agit de féconder l'esprit de recherche et de stimuler l'amour des conquêtes dans le domaine de l'inconnu.

CINQUIÈME PARTIE

LES PAYS ÉTRANGERS. — LA GRANDE INDUSTRIE MANUFACTURIÈRE

CHAPITRE PREMIER

Les États européens. — Observations générales.

Ce sont les divers États européens, en dehors de la France, qui se présentent maintenant devant nous; mais au point où nous sommes de cette étude des progrès réalisés par l'industrie et qui se sont résumés sous nos yeux en si grands traits, — il se présente une remarque préliminaire concernant les pays étrangers. On n'a pas à revenir à leur sujet sur les indications générales déjà données, sur les signes essentiels déjà relevés. Les observations de ce genre sont évidemment communes à tous les peuples; les principes ne varient point de frontières à frontières : il n'y a que les applications qui puissent, qui doivent même parfois différer. Aussi nous avons été précédemment amené déjà par le cours naturel des choses à d'inévitables rapprochements entre différentes contrées. De ce que les généralités demeurent identiques partout, il suit que notre tâche actuelle se trouve singulièrement abrégée. Il suffit, pour chacune des nations étrangères dont nous avons à nous occuper, de spécifier le caractère de son initiative, l'influence de son concours dans le développement des forces industrielles de notre temps, et de déterminer sa situation et ses avantages dans les rivalités industrielles et commerciales existant aujourd'hui. Voilà bien dans quel sens nous devons interroger les manifestations de l'esprit inventif, préciser les signes du progrès, et signaler les moyens d'expansion vers le dehors, soit chez ceux des peuples européens qui sont arrivés à la plénitude de la vie manufacturière, soit chez ceux qui sont toujours aux débuts de cette même arène. On le voit : c'est ici, c'est en Europe que s'ouvre le grand terrain de la lutte industrielle, et que la rivalité commerciale des nations revêt le caractère imposant, décisif, qui en commande l'étude à tous les esprits préoccupés des destinées du travail et de la richesse du pays. Il importe autant, chacun l'a déjà compris, de bannir les fausses terreurs, les découragements intempestifs, que de se défendre contre des applications hâtives ou de périlleuses illusions. On n'a pour cela qu'à consulter les forces des autres peuples après avoir consulté les siennes.

CHAPITRE II

L'Angleterre. — Traits caractéristiques de l'industrie britannique. — Ses avantages par rapport à l'industrie des autres pays.

En tête des États étrangers où l'industrie occupe le plus de place, exerce le plus d'influence sur la vie publique et sur la vie privée, et déborde le plus sur le monde, il n'est personne qui n'ait déjà nommé l'Angleterre. Ce pays a eu le privilège d'avoir devancé tous les autres dans cette voie, de s'y être fermement assis lorsque ailleurs on ne songeait même point à y mettre le pied. Les qualités naturelles du peuple anglais, si visiblement tournées vers le côté le plus positif des questions, si bien appropriées aux exigences des entreprises industrielles et commerciales, convenaient à merveille pour féconder les ressources particulières à un pays qui possède en abondance les deux principaux éléments du travail matériel : la houille et le fer. Les envois britanniques à l'Exposition de Paris n'avaient rien à nous apprendre sur ce point. On savait, en outre, que nos voisins trouvent dans l'étendue de leur domaine colonial, dans l'ampleur de leur établissement maritime, des conditions exceptionnellement favorables pour l'écoulement de leurs produits. Facilités pour les approvisionnements de matières premières, pour l'expédition et la vente des marchandises sur les divers points du monde, pour le recouvrement des prix et les opérations de banque, habitudes prises, relations établies, toutes ces circonstances et d'autres encore qui se comprennent d'elles-mêmes, fournissent une assez claire explication de la fortune manufacturière de la Grande-Bretagne.

Autre différence essentielle à noter par rapport à la France. Chez nos voisins d'outre-Manche, le génie commercial semble avoir précédé l'esprit industriel, qu'il a pris pour ainsi dire par la main, couvert de son égide, animé de son souffle, pressé de son ardeur. Chez nous, au contraire, c'est l'esprit industriel, c'est l'intelligence des données intimes d'une fabrication régulière, c'est le génie du bon goût dont l'observateur reste frappé d'abord dans notre histoire économique. Au lieu d'être stimulée par le commerce qui lui ouvre, qui lui garantit des débouchés, comme en Angleterre, l'industrie a été obligée en France, et elle l'est encore, de solliciter l'assistance, d'éveiller l'énergie d'un commerce trop faiblement constitué, trop peu sûr de son lendemain, trop dépourvu de ces points d'appui solides que possèdent nos voisins sur tous les points du monde et qui ont été les colonnes de tout leur édifice industriel.

De ces distinctions premières planant au-dessus de toutes les expositions universelles, dominant toute la suite des rivalités industrielles contemporaines, sont résultés des traits différentiels fort notables dans la pratique quotidienne des affaires. S'offrant à l'industrie nationale comme un auxiliaire, ou plutôt comme un patron puissant et hardi, le commerce anglais devait lui inspirer une prompte confiance. Dès lors les fabricants étaient enclins à prendre un intérêt direct

dans les expéditions lointaines. Il y avait entre le
commerce et l'industrie comme un pacte spontané,
comme une solidarité réelle, d'où naissaient de part
et d'autre une énergie plus grande et de plus fortes
chances de succès. Si l'on avait appelé chez nous les
manufacturiers à s'intéresser dans les exportations,
on n'aurait obtenu aucune réponse; ou bien cette
réponse n'eût été qu'un refus invincible, et tout cela
faute de confiance envers une organisation reconnue
si débile. Pour ménager l'alliance à laquelle je fais
allusion, il y aurait à coup sûr une initiative à prendre; qui l'osera? L'action privée seule pourrait
intervenir utilement : c'est là un domaine qui lui
appartient en propre; mais il lui faudrait vaincre bien
des obstacles, à commencer par l'habitude où elle est
de porter sans cesse ses regards vers le gouvernement
pour en obtenir un appui. Si l'Exposition de 1867
avait pu suggérer sous ce rapport quelque résolution
pratique, de nature à nous pousser vers l'étude des
procédés anglais, elle aurait rendu à notre industrie
et à notre commerce un inappréciable service. Il ne
faudrait pas croire, du reste, qu'il ne se soit jamais
présenté chez nous de circonstances propices pour des
tentatives de ce genre; ce serait une erreur. Il y a eu
des moments où certaines combinaisons auraient pu,
sans trop de difficultés, ménager à l'industrie les
moyens de s'intéresser dans les exportations lointaines, à longue échéance, et ouvrir ainsi à notre
commerce extérieur des horizons tout nouveaux.

Ainsi, une occasion favorable pour agir en ce sens
s'était offerte, il y a une douzaine d'années, et quoiqu'on n'en ait pas profité, il est bon de la rappeler pour
qu'on puisse se former une idée des combinaisons

susceptibles de conduire au but. Je fais allusion à l'établissement de la *Compagnie générale maritime*, constituée vers la fin de l'année 1855, dont les destinées n'ont pas été prospères et qui, sans l'énergique persévérance de ses fondateurs et les moyens dont ils disposaient alors, aurait abouti à un complet désastre. Eh bien, supposez qu'au lieu de se lancer dans de grandes affaires commerciales, cette société se fût donné la mission de faciliter à l'industrie les moyens de s'intéresser dans les exportations tansatlantiques, qu'elle se fût présentée comme son intermédiaire, qu'elle eût mis à son service les bureaux et les comptoirs créés par elle, elle aurait pu de cette façon amener peu à peu une transformation des plus utiles dans nos habitudes commerciales. Alors un tel rôle était possible; je ne doute pas qu'il eût été de nature, s'il avait été proposé, à séduire les hommes qui patronnaient la *Compagnie maritime* de leur influence et de leur crédit, quoiqu'il semble aujourd'hui convenu, par un de ces retours déplorables trop fréquents dans notre pays, de nier absolument leurs qualités et leurs services. Il y a des consciences que ces travers révolteront toujours instinctivement. Aussi n'est-on pas fâché, quand on n'a jamais vu passer tant d'entreprises hardies, jadis si vantées, qu'en spectateur désintéressé, quand on a toujours cru que la libre discussion et le grand jour sont la seule base solide du succès, — d'avoir une occasion de s'inscrire contre ces entraînements passionnés, où l'on semble se complaire dans la vue du malheur, et que suivra sans aucun doute une critique plus scientifique et plus impartiale. Eh bien, oui, je pense qu'il n'a manqué qu'un interprète pour faire prévaloir la combinaison indiquée dans les conseils de ladite compagnie. Dans tous les cas, il n'y a point d'autre manière de concevoir chez nous, en dehors d'une spéculation effrénée et pleine de périls, la tâche d'une société pour favoriser les exportations. La route à préparer pour un avenir plus ou moins prochain se dessine donc à travers nos mécomptes passés, surtout quand on les compare aux succès obtenus chez nos voisins. Notons en effet que la physionomie même de l'industrie britannique à l'Exposition de 1867, l'examen de ses progrès les plus récents, étaient de nature à nous éclairer sur les innovations et les réformes que réclament nos intérêts commerciaux. Les directions générales et les points d'appui essentiels des manufactures anglaises étant ainsi connus, nous n'en serons que plus à l'aise pour procéder à l'examen de leurs produits.

CHAPITRE III

L'Angleterre (suite). — Classification de l'industrie anglaise. — Les articles de grande consommation et les articles de luxe ; la politique industrielle de l'Angleterre. — Les métropoles de l'industrie textile.

En face de l'énorme quantité d'articles envoyés par l'Angleterre au concours de 1867, et qui malgré certaines omissions, calculées peut-être, permettaient d'apprécier la colossale puissance manufacturière de nos voisins, il est une première justice à leur rendre. Ce témoignage concerne l'ordre merveilleux, l'ex-

cellente méthode suivie dans le classement, en dépit
des difficultés résultant de la division même de l'emplacement obtenu, et qui, là comme partout, rejetait
une notable partie des objets dans les annexes du
parc. En hommes pratiques, les Anglais avaient assuré
l'exécution de leur plan avec une suite et une fermeté
peu communes. Ils avaient réussi à éviter sur divers
points, — les exhibitions des colonies par exemple (1),
— les inconvénients d'un fractionnement excessif.

Autre trait non moins digne d'être signalé quoiqu'il
ne fût pas nouveau, quoiqu'il se retrouvât aussi dans
les expositions antérieures : dès qu'il s'agissait de
faciliter les recherches, d'aider les observations, de
seconder les études, les représentants de l'Angleterre,
les agents de tout ordre se sont montrés d'une obligeance infatigable, d'une courtoisie parfaite. On
trouvait sans doute autant d'empressement dans d'autres sections étrangères, mais nulle part on n'en
trouvait davantage. Ces dispositions conciliantes, mêlées à une naturelle aversion pour les exigences puériles
ou tracassières, qui entraînent de si fâcheuses pertes
de temps, ont été comme un trait de caractère, dont
profitent, en fin de compte, tous les intérêts sérieux.

Le soin de ces intérêts-là se manifestait à chaque
pas dans les galeries britanniques. Du point de vue où
nous nous plaçons, on peut ranger dans deux larges
catégories toutes les applications industrielles de l'Angleterre. Viennent d'abord les industries qui s'adressent à une nombreuse clientèle, les industries de
grande consommation ; puis se présentent celles qui
ne peuvent fournir au travail qu'un aliment plus ou
moins limité, comme les industries touchant au do-

(1) V. plus haut, p. 80.

maine de l'art. Du côté des premières se tourne ardemment l'ambition de nos voisins, si ardemment
même, qu'ils aspireraient volontiers à les posséder
sans partage. On dirait du moins que toute nation qui
veut y porter la main leur dérobe une part de leur
bien légitime. Le secret le plus intime de la politique
anglaise est là. L'esprit de conciliation signalé tout à
l'heure ne germe plus sur ce terrain. Tout y aboutit à
un calcul rigoureux et inflexible. Que l'Angleterre
se préoccupe de conserver, de grossir la masse de sa
production manufacturière, occupant les bras de sa
population à l'intérieur et fournissant un fret si utile
à sa marine marchande, c'est évidemment son droit.
Seulement ce n'est point une raison pour se montrer
si peu traitable lorsqu'il s'agit du droit des autres.
L'équité n'est pas satisfaite à ce compte-là.

Quant aux industries de la seconde catégorie, à ce
qu'on peut appeler les industries de luxe, l'Angleterre
se montre moins exclusive. Elle est envers les autres
un juge assez impartial. Cette distinction entre les
deux branches peut servir à caractériser la politique
industrielle des Anglais. Indispensable pour qu'on pût
saisir le sens réel de leurs exhibitions en 1867, elle
l'était bien davantage pour faire apprécier la rivalité
commerciale de la Grande-Bretagne en face de notre
pays, et la lutte industrielle qui retentit désormais si
haut dans le monde économique.

Parmi les industries anglaises de grande consommation, la plus importante, celle qui occupe le plus
de bras, qui met en mouvement le plus de capitaux,
livre au commerce la plus forte masse de valeurs,
c'est l'industrie cotonnière. Elle est l'industrie populaire par excellence. Fortement ébranlée durant la

crise américaine, elle n'avait pas néanmoins perdu son rang sur l'échelle des productions nationales. Aujourd'hui, grâce aux efforts tentés sur divers points du monde, et notamment dans les Indes orientales, pour développer la culture du cotonnier, grâce surtout à la réouverture du marché des États-Unis, elle se retrouve en possession de tous les éléments de sa puissance. A la fin de l'année 1866, on était déjà revenu pour la consommation du coton aux chiffres de l'année 1860, c'est-à-dire antérieurs aux déchirements de l'Union américaine.

La moyenne des importations de coton brut était montée, entre 1856 et 1860, à 1,129 millions de livres par année, dont 869 millions venaient des États-Unis. L'essor de la culture du cotonnier dans les autres pays avait été si considérable, qu'en 1865, l'Amérique du Nord ne figurait que pour un peu moins de 190 millions de livres dans le total des importations montant à 978 millions. L'Inde anglaise avait fourni cette année-là 446 millions, l'Égypte 177 millions, le Brésil 55 millions, la Chine 36, les autres pays 74. En 1866, les États-Unis comptaient déjà pour 474 millions de livres dans l'importation totale, qui était de 1,260 millions pour les onze premiers mois seulement.

Il eût été impossible de se faire une idée de l'ampleur et des ressources de l'industrie cotonnière chez nos voisins par leurs envois à la dernière Exposition de 1867. Le cadre était trop exigu. Notez, par exemple, que la catégorie des fils de coton, y compris les fils à coudre, comptait seulement une quinzaine d'exposants, lorsque la Grande-Bretagne renferme près de 3,000 filatures. Si l'on veut apprécier l'état réel de cette fabrication, il faut savoir que ces usines à elles seules

donnent du travail à près d'un demi-million d'individus, que la valeur des fils et des tissus livrés à
l'exportation dépasse 57 millions de livres sterling ou
1,426 millions de francs (1), que la force motrice
utilisée est d'environ 3,000 chevaux-vapeur et 12,000
chevaux-hydrauliques. Considérez encore que les
établissements anglais atteignent souvent des proportions colossales, renfermant parfois une population
supérieure à celle de nos villes de troisième ordre :
les frais généraux y sont d'autant moins lourds qu'ils
se répartissent sur une plus forte masse de produits.
Telles sont les principales circonstances d'où l'industrie cotonnière de la Grande-Bretagne tire sa séve et
sa vigueur. La seule rivalité sérieuse qu'elle puisse
avoir à redouter dans l'avenir sur les marchés extérieurs est celle des Américains du Nord, si fermement
résolus et si ardents à développer chez eux, comme
on l'a vu, la mise en œuvre du coton récolté sur
leur propre territoire.

Il est à remarquer, d'ailleurs, que les Anglais
n'ont pas paru tenir beaucoup jusqu'ici à mettre sous
les yeux du monde, dans les expositions universelles,
le tableau complet de leur fabrication cotonnière.
Même à Londres, ils ont toujours laissé dans l'ombre
telle ou telle spécialité, telle ou telle branche particulière, comme s'ils voulaient, pour une raison ou
pour une autre, que la question de comparaison
fût écartée du débat. Dans les impressions sur tissus
de coton, par exemple, les étalages ont toujours été

(1) Les prix en 1865 étaient supérieurs d'à peu près un
dixième à ceux de 1867, par suite du renchérissement de la
matière première. — La valeur des tissus de coton importés
en Angleterre reste insignifiante en face de celle des tissus
exportés : elle n'est que d'environ un million de livres.

trop restreints. Peut-être pour ces derniers articles, une raison spéciale retenait-elle nos rivaux : comme ils imitent souvent nos dispositions et nos dessins, ils ne se souciaient pas d'étaler cette coutume au grand jour.

Quant aux derniers progrès accomplis en Angleterre dans la fabrication des fils et des tissus de coton, ils s'appliquent moins aux produits qu'à l'outillage des fabriques. Ils consistent surtout dans les perfectionnements donnés aux machines, en vue d'assurer une exécution plus économique, comme aussi dans certains remaniements des métiers destinés à des opérations secondaires, le dévidage, les apprêts, etc., et qui ont leur valeur dans une industrie où les plus faibles économies sur le prix de revient décident le plus souvent des résultats de la lutte. La série des articles de goût offre bien aussi quelques améliorations. Toutefois la progression en ce sens-là est assez faible depuis plusieurs années. Malgré les emprunts fréquents aux compositions de nos industriels, auxquels nous faisions allusion à l'instant, on est bien loin de la délicatesse ou de l'élégance des légères étoffes de Mulhouse, de Paris, etc., etc.

La ville de Manchester, si prodigieusement agrandie depuis trois quarts de siècle, est le plus large siége de l'industrie cotonnière existant dans le monde entier. La plupart des exhibitions venaient de cette vaste agglomération d'usines. Quelques autres cités du même district avaient aussi fourni des contributions plus ou moins notables : Bolton, Preston, Oldham. Il faut nommer aussi certaines villes d'autres provinces : Bradford, Huddersfield, Coventry, et pour diverses spécialités, pour les tulles, les dentelles, les guipures, la bonneterie ou la lingerie, Nottingham, Dublin, Londres, etc. Partout grande activité et visibles dispositions à profiter des facilités actuelles d'approvisionnement pour pousser avec vigueur la concurrence internationale qu'avait paralysée la détresse cotonnière.

Les villes que nous venons de nommer et qui toutes, à l'imitation de Manchester, et à une époque encore plus rapprochée de nous, ont pris des développements si considérables, sont, de l'autre côté du détroit, les grandes métropoles de l'industrie textile, notamment de l'industrie cotonnière. Le traitement de la laine s'y joint parfois à celui du coton. Notez qu'Oldham, par exemple, qui ne comptait, il y a 50 ou 60 ans, que 10,000 habitants et 12 filatures, avait en 1866 une population de 80,000 âmes et 120 fabriques, réunissant trois millions de broches. La fabrication des fils de coton n'y était pas au-dessous d'une valeur annuelle de 275,000,000 de francs. Plus renommée pour ses étoffes de laine de tout genre, ses alpagas, et en un mot tous les articles du genre de ceux de Roubaix, la cité de Bradford, qui renferme plus de 100,000 habitants, possède aussi des établissements où le coton est mis en œuvre. Bolton joint à ses filatures des ateliers où se traitent la soie et le lin, puis d'autres encore qui manipulent le fer et l'acier. Sur tous les points où florit l'industrie du coton, des fabrications d'un ordre différent viennent lui prêter un point d'appui, en y multipliant les capitaux et en continuant à y développer toutes les institutions favorables au commerce. Voilà comment se constituent ces unités puissantes, en mesure de consentir, sans succomber, les plus larges sacrifices, dans les moments de crise, pour échapper à ces temporaires encombre-

ments, et renouveler ainsi leur vigueur productive.
C'est alors qu'on les voit verser à tout prix, sur le
dehors, le trop-plein qui les étouffe.

Une pareille observation s'applique à d'autres industries textiles, à celle du lin, à celle de la laine et
des tissus mélangés. — A côté du coton, le lin et le
chanvre, qui constituent une des grandes industries
de l'Angleterre, étaient principalement représentés
par la fabrique bien connue de Belfast en Irlande, et
par celle de Leeds en Angleterre. Les progrès constatés touchent ici au traitement même de la matière, je
veux dire aux opérations préparatoires précédant la
filature. Quant à la finesse et à la beauté des fils, la
Grande-Bretagne n'avait rien qui fût comparable aux
produits mentionnés plus haut de certaines maisons
du nord de la France, et notamment de la maison
Doulers et Agache, de Lille. Nos filateurs du Nord
sont sur le premier rang dans cette industrie : point
de controverse là-dessus, quant au mérite de la fabrication. Seulement, il ne dépend pas d'eux de changer
le milieu dans lequel ils sont placés et les conditions
moins favorables qui leur sont imposées.

On a pu déjà se rendre compte de ces dissemblances dont les effets se sont produits d'une façon si
sensible à la suite de la détresse cotonnière. En temps ordinaire, les importations des fils et tissus de lin et de
chanvre en Angleterre sont très-faibles relativement à la
masse des exportations de ce même pays chez les peuples étrangers. Le vide causé par la crise américaine
dans la production des fils et tissus de coton avait seul
un peu dérangé les proportions habituelles. Et cependant la valeur des marchandises (fils et toiles) exportées
d'Angleterre en 1865 dépassait 225 millions de francs.

Il faut qu'on sache qu'à la différence de ce qui a lieu en France et sur tout le continent, la plus large part du tissage des toiles s'exécute aujourd'hui à la mécanique de l'autre côté de la Manche.

Parmi les matières textiles qu'il est d'usage de rattacher à la catégorie du lin et du chanvre, la jute mérite d'être mentionnée à cause de l'extension qu'en a reçue l'emploi. Les villes de Dundee et de Glasgow, en Écosse, qui tirent la matière première des Indes britanniques, après qu'elle a reçu sur les lieux mêmes quelque grossière préparation, sont à la tête de cette industrie. On sait que la jute est une plante fibreuse dont les filaments ressemblent beaucoup à ceux du chanvre. L'application la plus lucrative donnée à cette matière concerne les toiles d'emballage. Ce commerce a pris des proportions chaque jour croissantes, surtout depuis que les toiles de jute ont été adoptées pour l'exportation du coton par les États-Unis, qui ont demandé jusqu'à ce moment à l'Angleterre tout l'approvisionnement dont ils avaient besoin. L'exportation des tissus de jute, après s'être élevée en 1865 à quatorze millions de mètres, a touché le chiffre de dix-huit millions en 1866. On a réussi à introduire des modifications fort avantageuses dans les mécanismes employés pour le traitement de cette matière. On la mélange parfois avec le coton, la laine, le chanvre, le lin, et on la fait entrer ainsi dans la confection des tapis, des étoffes communes, des cordages et même de quelques articles pour l'habillement. C'était bien en Angleterre qu'il convenait de rechercher les applications de la jute. Il est nécessaire de savoir cependant que dans notre pays son emploi n'est pas inconnu, quoiqu'il n'ait été tenté que sur une échelle relativement assez

restreinte. Nos fabricants ont cependant envoyé parfois au delà du détroit, pour combler certains vides
causés par l'accroissement de la consommation, une
quantité notable de fils de jute. Il n'en reste pas moins
vrai que l'emploi de cette matière serait susceptible
d'un réel développement chez nous. L'utile parti qu'en
tirent nos voisins ne doit laisser aucun doute à ce sujet. Dans le tissage, assure-t-on, les essais n'ont pas
été communément très-favorables, par rapport à divers usages domestiques. On aurait trouvé que les tissus de jute résistaient mal à l'humidité et se fatiguaient
rapidement par le lavage; c'est possible. Est-on sûr,
cependant, que la mise en œuvre n'a rien laissé à désirer? De plus, le mélange avec d'autres matières
textiles n'est-il pas de nature à diminuer l'inconvénient allégué? Il est sage de se montrer au moins fort
réservé sur la question.

L'industrie de la laine occupait plus de place que
celles du coton, du lin et du chanvre dans les envois
britanniques. Le seul groupe des laines cardées, c'est-
à-dire des laines correspondant en général aux besoins de la draperie, comptait cent sept exposants. La
fabrique d'Huddersfield en avait le plus grand nombre, quoiqu'elle soit précédée par celle de Leeds,
quant à l'importance des affaires annuelles.

Les draps de l'une et de l'autre provenance étaient
fort appréciés des connaisseurs. Si, dans les articles de
nouveauté et dans la draperie noire, on pouvait relever d'assez notables indices tout à l'avantage des fabriques françaises, on devait reconnaître que pour les
draps unis de couleur, surtout pour certains genres
spéciaux destinés à l'aristocratie du *sport*, la perfection
du travail semblait avoir atteint ses dernières limites

en Angleterre. Il faut mentionner aussi les *tweeds*, cachemires et manteaux écossais de Galashiels (Ecosse), et les flanelles d'Halifax, les lainages communs de Dewsbury, provenant de l'effilochage des chiffons, opération pratiquée depuis longtemps dans notre pays même, mais qui, grâce à de nouveaux procédés et à de nouveaux mécanismes, a pris chez nos voisins une très-forte extension. La spécialité des laines peignées employées dans le mérinos, dans les tissus mélangés, etc., était représentée par l'exposition collective de Bradford, siége principal de cette fabrication, immense assemblage d'usines produisant en masse les mérinos de Reims et les tissus mélangés de Roubaix, — et par quelques envois individuels de la voisine cité d'Halifax, connue par ses damas et ses tissus épais.

Dans ces deux divisions du travail de la laine, — laine cardée, laine peignée, — les principaux progrès effectués récemment concernent la teinture et les apprêts. Les métiers, en outre, ont été perfectionnés, en vue de ménager une exécution plus parfaite des fils et des tissus. Quoique loin encore d'être aussi général que dans le coton, le tissage mécanique a cependant gagné et il gagne journellement du terrain. On sait qu'un mouvement analogue, moins rapide toutefois, s'est produit chez nous depuis une dizaine d'années, surtout depuis 1860. Ce qu'on ne sait pas, ce qu'on ne pourrait trop savoir, ce sont les prodiges accomplis dans ces ingénieuses fabriques de Roubaix, de Reims, d'Elbeuf, de Sedan, de Tourcoing, d'Amiens, etc., sous le rapport du fini de l'exécution, de la variété des étoffes, ou de l'entente des combinaisons manufacturières pour le mélange des matières diverses. En face d'une concurrence jouissant d'incontestables avantages matériels, on ne s'est donc point abandonné, comme les exhibitions françaises nous en ont fourni d'irréfragables preuves. On a usé au contraire de toute son énergie, de tous ses moyens. Si de tels efforts étaient pour nos usines une question d'existence, — question qui s'impose dès à présent à l'examen des hommes d'Etat, ils n'en laissent pas moins une trace éminemment honorable dans les annales de notre industrie. La ville de Roubaix, si menacée dès l'abord, est celle qui a su puiser en elle-même les plus vigoureux éléments de transformation. On sait par quelles alternatives on y a passé jusqu'à ce jour. L'expérience avait été comme suspendue devant les profonds changements que la famine cotonnière apportait dans la consommation des tissus. Lorsque le coton a repris sa place habituelle, et que les manufactures d'étoffes de laine de tous genres se sont trouvées encombrées en Angleterre, en même temps que des circonstances diverses ralentissaient les ventes à l'intérieur, la situation est devenue des plus difficiles. La cité rivale de Bradford s'est alors montrée dans la lutte avec tous les immenses priviléges de sa constitution commerciale et financière. Dans cette puissante fabrique du comté d'York, on a sans cesse les yeux sur le marché français, sur Roubaix notamment. J'ai entendu comparer Bradford à une forteresse inexpugnable, comme un autre Gibraltar, qui s'élèverait, non pas immédiatement au-dessus de notre fabrique du Nord, mais à une faible distance de ses murs, et d'où les projectiles, sans être sûrs d'y atteindre toujours, auraient par moments la plus grande chance d'y parvenir. En bonne conscience, je n'aime guère le langage figuré dans les matières économiques. Comme Paul-Louis Courier, je suis convaincu qu'il faut se défier de la métaphore. Toutefois, il nous semble impossible de le contester, , situation économique de Roubaix est exposée à devenir dans les moments de crise singulièrement précaire et inquiétante. Raison majeure pour que la politique tienne compte des circonstances indiquées. Les principes ne sont point en cause, je ne saurais trop le répéter ; mais l'application réclame un esprit de pondération sans lequel on courrait gros risque de partir d'une injustice pour aboutir à une ruine (1). Au sein de quelques autres fabrications, nécessité analogue : dans la spécialité des tulles, par exemple, Nottingham est à l'égard de Calais comme un autre Bradford.

Pour l'industrie des soies, que l'Angleterre aurait tort de regarder comme une industrie de grande consommation, la lutte ne pouvait être aussi vive sur les divers marchés du monde que pour les autres industries textiles. Elle ne pouvait se traduire par des lignes aussi accentuées dans le concours de 1867. Malgré diverses améliorations, les soieries de Manchester, les tissus de fantaisie de Macclesfield, les rubans de Coventry restent toujours à une notable distance, sous le rapport du goût, des articles de Lyon et de Saint-Étienne. Pourvu que la fabrique lyonnaise puisse conserver le noyau des différents éléments qui constituent son unité et sa force, et qui profitent plus ou moins directement à l'industrie de la soie dans notre

(1) On peut juger de l'intérêt de la question par cette déclaration empruntée à un document anglais et relative aux *seuls* tissus de laine peignée : « Un grand commerce s'est fait avec la France depuis la conclusion du traité de commerce ; la valeur des exportations s'est élevée, en 1865, à la somme de 1,332,000 livres sterling (plus de 33 millions de francs). »

pays, pourvu qu'elle puisse se renouveler et se rajeunir au besoin, en évitant les allures vulgaires, elle n'a point à craindre les entreprises de ses concurrents britanniques. L'industrie de la soie a été, en Angleterre, une industrie de serre-chaude, couvée longtemps sous l'aile du monopole. On ne saurait nier que dans l'état donné des choses la concurrence étrangère ne soit venue fort opportunément stimuler ses efforts, et qu'elle ne lui ait été fort utile ; mais elle n'a pu lui ravir son caractère comme industrie de luxe et de goût ; elle n'a pu l'assimiler, par exemple, quant à ses conditions intrinsèques, à la fabrication du calicot ou des flanelles à la mécanique.

Laissant donc à part cette splendide industrie, nous pouvons considérer les trois autres fabrications textiles, celles du coton, de la laine, du lin, et surtout la première, comme les branches de travail s'adressant à la grande consommation, auxquelles sont immédiatement applicables les réflexions relatives à l'organisation commerciale de l'Angleterre et aux avantages industriels dont le pays est en possession.

Il est des industries d'une autre nature, la quincaillerie par exemple, certaines divisions de la céramique, la fabrication des métiers et des machines-outils qui tombent sous le coup d'observations pareilles. Ce sont là encore des branches spéciales que la politique économique de l'Angleterre veut embrasser dans la catégorie de la grande consommation. On voit du reste, ici comme ailleurs, que nous demeurons absolument dans le cercle des faits, sans toucher à des principes qui ne sont point, qui ne sauraient être en question.

A ce même point de vue, il est utile de constater

que, si le concours de 1867 nous a révélé chez nos voisins des améliorations, des perfectionnements nombreux, il ne nous offre nulle part de ces inventions qui ont le caractère de véritables conquêtes sur l'inconnu. En cela, l'Angleterre n'a pas été plus heureuse que les autres pays de l'Europe. Perfectionner, en un certain sens, c'est aussi inventer : d'accord. Ce n'est pas, néanmoins, manifester cette force de l'esprit qui dévoile tel ou tel mystère de la nature et qui constitue seule bien effectivement l'invention. On est donc contraint de se contenter de ce mot *perfectionner* pour ramener à sa donnée essentielle le sens du progrès de l'industrie à l'heure qu'il est, dans le pays même où l'on est le mieux placé pour en tirer profit.

Cette distinction admise, cette ligne de démarcation tracée entre l'invention considérée dans son essence et le perfectionnement envisagé dans les applications journalières, on n'en comprendra que mieux le caractère des améliorations indiquées. Je cite pour exemple la quincaillerie, ou l'Angleterre s'applique avec ardeur à lutter, sur notre marché même, contre les produits de nos fabriques. Eh bien, on a visé à des formes plus régulières, moins éloignées de ce goût correct qui peut se retrouver jusque dans les plus simples ustensiles. Une amélioration a-t-elle été obtenue? Oui, je le reconnais, mais avec des réserves et sans qu'il y ait eu là aucune manifestation de l'esprit inventif. A force de vouloir imiter nos modèles, les usines de Birmingham, de Wolverhampton, de Sheffield, ont un peu trop sacrifié le signe originel, le cachet anglais, et cela sans réussir d'ordinaire à y substituer les attributs de nos articles.

Au surplus, dans toutes les catégories de produits

ouvrés ou bruts des industries métallurgiques, le progrès le plus saillant se rencontre dans l'augmentation de la production. Voilà bien le signe du mouvement depuis quelques années. La masse de fer en gueuse a augmenté de 50 pour cent, celle de l'étain de 66 pour cent. La production de la houille s'est accrue de 59 pour cent. On évalue la valeur du charbon extrait annuellement des mines du Royaume-Uni à 600 millions de francs, et celle des métaux aux deux tiers de cette somme. En fait d'objets en métal, l'Angleterre ne reçoit presque rien du dehors. Contre des importations n'arrivant pas à 12,500,000 francs (1865), elle exporte elle-même une valeur supérieure à 700 millions. — Les arts céramiques, et notamment la poterie, ont vu se réaliser des économies de main-d'œuvre permettant d'abaisser les prix de vente. Parmi les innovations relatives à ces articles, il convient de faire ressortir celle qui remplace dans le vernissage les produits chimiques vénéneux par des substances inoffensives.

Si l'on voulait se faire l'idée du progrès industriel chez un peuple quelconque entre deux dates précises, on pourrait presque se borner à y comparer à ces deux époques l'état de la fabrication des machines et des outils. Nulle part on ne trouverait de présomptions plus sérieuses et plus concluantes. Cette idée que nous rencontrions à propos de la France, n'est pas inapplicable à l'Angleterre. Tant s'en faut; vraie partout, elle le semble encore plus qu'ailleurs de l'autre côté de la Manche. On n'en doute point : la colossale fortune manufacturière de la Grande-Bretagne tient principalement, en effet, à l'avance qu'elle a eue si longtemps sur tous les autres pays dans la carrière

des constructions mécaniques, et dont elle est redevable au privilége d'être abondamment pourvue des
matières nécessaires pour les établir, et de la houille
servant à les mettre en mouvement. Aujourd'hui le
progrès de l'art de l'ingénieur constructeur ne s'est
ralenti dans aucun des grands centres de fabrication,
ni à Manchester, Leeds, Birmingham, ni à Sheffield,
Newcastle, Glasgow. Sur tous ces points, au contraire,
on a tendu à conquérir des conditions de plus en plus
satisfaisantes. Rien de transcendant à signaler néanmoins ; mais exécution presque toujours irréprochable
soit dans les machines motrices, soit dans les machines-
outils, soit dans les métiers de l'industrie textile. Voilà
le témoignage qu'il fallait rendre devant les beaux
modèles exposés par nos voisins. Ce sont toujours, au
point de vue pratique, les mêmes remarques qui se
reproduisent : telle amélioration a permis d'écono-
miser le combustible, telle autre de diminuer les frais
d'entretien, d'autres enfin de ménager une action plus
sûre ou plus énergique des appareils mêmes.

On avait sous les yeux la preuve manifeste de ces
résultats non-seulement dans la catégorie des constructions destinées à l'industrie manufacturière,
mais aussi dans celle du matériel des chemins de fer
et de la navigation (1).

Il n'y a plus d'éloges à faire des machines marines
sortant des mains des constructeurs anglais. Quant à
leurs locomotives, nous avions eu l'occasion de nous
en expliquer lors de l'exposition de 1862 en des termes qui trouvent encore aujourd'hui une juste appli-

_____

(1) Je cite les envois de MM. Whitworth et Cᵉ, de
MM. Sharp, Stewart et Cᵉ, Shepherd, Hill et Cᵉ, de MM. R.
Stephenson et Cᵉ, Kittson et Cᵉ, de MM. J. Penn et fils, etc.

cation. « Certes, personne ne contestera, disions-nous, la façon magistrale avec laquelle leurs appareils sont traités. De l'aveu de tous les connaisseurs, la construction en est irréprochable ; il n'est pas jusqu'aux moindres détails extérieurs qui ne soient l'objet d'une attention minutieuse. Tout est limé, poli, peint, paré avec un soin extrême. Seulement on ne peut signaler presque aucune tentative d'innovation. Aucun des constructeurs les plus renommés, ni M. Robert Stephenson, le fils du célèbre George, et qui a soutenu si honorablement la réputation paternelle, ni M. Armstrong, l'inventeur du canon qui porte son nom, ni M. Fairbairn, qui a construit tant de locomotives, n'ont songé à s'écarter de la ligne frayée, à changer ce qui se faisait il y a dix ou douze ans. Ils se montrent, au contraire, attachés à leurs types, comme s'ils y voyaient le dernier mot de la science (1). »

Dans le même moment, nous faisions remarquer que l'art de la construction ne s'est pas écarté autant qu'on le pourrait croire des types primitifs. Le système n'a pas été changé dans ses conditions essentielles. Si vous comparez les locomotives actuelles à celles dont il était fait usage il y a trente ans, vous êtes frappé sans doute par de nombreuses modifications : vous rencontrez la dimension accrue, la force augmentée ; vous rencontrez dans tous les détails d'ingénieuses améliorations, et dans l'exécution même une perfection de travail jadis inconnue, mais point de transformation radicale. Nous n'avons rien aujourd'hui à retrancher de ce jugement et rien à y ajouter.

(1) *Revue des Deux-Mondes*, 15 septembre 1852 : *les Chemins de fer à l'Exposition de Londres*. — V. notre livre *l'Economie de la paix*, p. 157 et suiv.

Ne craignons point de le répéter, car il y a là un trait carastéristique du temps actuel. C'est toujours, c'est partout en Europe, la même pensée, le même désir de perfectionnement; ce n'est nulle part l'invention d'éléments nouveaux venant détrôner les méthodes antérieures et modifier un peu profondément les conditions du travail. Etrange circonstance! L'invention semble assoupie même chez les esprits inventifs : tel constructeur anglais connu par des applications anciennes vraiment neuves s'en était tenu cette fois à l'apparence de la nouveauté (1). On peut signaler néanmoins, dans l'ordre d'idées qui nous occupe, un fait nouveau, mais avec un autre caractère et une autre signification. C'est que l'Angleterre ne règne plus seule dans l'exploitation des arts mécaniques.

Grâce au terrain regagné par d'autres pays, surtout par la France, il ne reste que certaines spécialités dans l'établissement des métiers, dans la construction des outils où l'ancien avantage se fasse encore sentir. Seulement, la Grande-Bretagne profite toujours dans le champ des rivalités commerciales des circonstances dont nous avons parlé et qu'il est impossible d'anéantir. On touche ainsi du doigt la raison intime des priviléges dont elle jouit dans la lutte industrielle, soit pour les constructions mécaniques, soit pour toutes les industries de grande consommation.

(1) On pourrait, sans manquer de déférence envers un constructeur habile à qui on a dû tant d'ingénieuses modifications dans les métiers des industries textiles, nommer M. Bullough. Il avait, en 1867, un *ourdissoir à casse-fil*, ainsi nommé parce que la machine s'arrête d'elle-même aussitôt qu'un fil se casse. Certes, sur la juste réputation de M. Bullough, on a pu croire à une invention; mais au fond, d'après des connaisseurs fort autorisés, rien de neuf.

CHAPITRE IV

L'Angleterre (suite). — Les industries d'art et de goût. — L'établisse ·
ment commercial de la Grande-Bretagne. .

Le mouvement qui vient de s'offrir à nos regards
dans les industries de grande consommation se
retrouve-t-il dans les fabrications touchant au domaine de l'art? Oui, en un certain sens ; mais il faut
se rappeler d'abord que cette branche si diversifiée
projette quelques-uns de ses rameaux au sein des
industries mêmes qui s'adressent à la grande consommation. Les tissus imprimés ou brochés, par
exemple, doivent plus ou moins, même les plus simples, au goût du dessinateur. La question s'étend
donc à tous ces articles-là aussi bien qu'à certains
autres qui, par leur nature ou leur destination, impliquent en une mesure quelconque le concours de
l'artiste. Eh bien, étudiez les dépendances multiples
de cette catégorie, et vous ne découvrirez nulle part,
pas plus que dans la précédente, de bien vives manifestations de l'esprit inventif. Voilà donc où se trouve
le point de ressemblance que j'indiquais à l'instant : oui, le progrès consiste encore ici dans le perfectionnement du travail. Tantôt on a su s'écarter
plus ou moins de traditions erronées, tantôt on a
réussi à s'assimiler plus ou moins certains éléments
tirés du dehors. Ce sont là des faits à reconnaître,

quoique la réforme de ce goût étrange, qui choquait
si fortement les regards à la première exposition de
Londres, soit loin encore, au bout de seize années
d'efforts, de s'appliquer à toutes les branches de l'art
industriel.

On voit que nous n'entendons pas nier le moins
du monde les utiles modifications dont l'Angleterre
est redevable aux exemples recueillis par elle dans les
galeries françaises en 1851, et à la création des écoles
d'art et de dessin qui en ont été la conséquence immédiate. Rien ne serait moins exact; seulement nous
constatons des distinctions indispensables.

Ainsi nous déclarons tout de suite que l'Exposition
de 1867 a mis en saillie d'heureux changements dans
une industrie qui a pris en Angleterre, à Londres
surtout, des développements considérables; je parle
de l'ébénisterie. Le progrès y est réel, même depuis
l'exposition de 1862. Ici on a fait appel avec succès
au goût parisien, et le perfectionnement a consisté à
se rapprocher le plus possible de l'école française, à
s'inspirer de ses traditionnels modèles. Il est rare
toutefois qu'on n'ait pas à relever, au moins dans les
détails des pièces les mieux réussies, quelques fautes
d'attention ou de goût. Pourquoi, par exemple, sur
ce riche buffet si bien exécuté, d'ailleurs, a-t-on mis
un dessus en onyx d'Algérie, dont les tons se joignent
si mal avec les nuances de l'ivoire incrusté dans l'é-
bène, formant le fond du morceau? En France, on
aurait probablement préféré un marbre vert, beaucoup mieux approprié en effet à l'ensemble de la
composition. Quant au genre anglais proprement dit,
ce n'est que dans le style appelé style Tudor, où le
cuivre est si heureusement associé au chêne, qu'il se-

recommande par de sérieuses qualités. Il est là dans
son domaine propre. Partout ailleurs laissé à lui-
même, il perd complétement le sentiment de l'élégance
pour se livrer à une sorte de culte de la matière, où
les lignes, les dessins, les attributs prennent des proportions excessives et où l'on semble confondre la
prodigalité avec les conditions éternelles du beau (1).

On s'est moins séparé des anciens types nationaux,
si malheureux qu'ils fussent, dans l'orfévrerie que dans
l'ébénisterie. Là, point ou peu de progrès à constater
depuis dix ans. Assez sensibles dans la période quin-
quennale qui suivit le concours de 1851, les innovations se sont depuis notablement ralenties. D'abord,
pour la consommation courante, les formes si lourdes, si disgracieuses d'autrefois, sont toujours en
honneur. Puis, même dans l'orfévrerie la plus riche,
si vous exceptez quelques splendides pièces d'exposition comme la maison Hancock nous en avait envoyé,
on recherche encore trop souvent ces complications, ces
bizarreries, ces assemblages qu'on songeait à répudier
jadis. Quand on recourait, après 1851, à nos artistes
et à nos ouvriers, on imitait en cela ce que nous avions
fait nous-mêmes, au 15ᵉ et au 16ᵉ siècle, à l'égard
des ouvriers et des artistes italiens. Rien de mieux ;
seulement on n'a pas su utiliser suffisamment cette
aide extérieure pour se créer un genre national épuré
et correct. — La joaillerie anglaise, avec son cachet
particulier et son mérite propre, soulève bien moins
de critiques que l'orfévrerie. Peut-être elle-même ne
ménage-t-elle pas assez la matière, peut-être demeure-

(1) Les ouvrages de MM. Jackson et Graham, et de M. Grace,
offraient les plus beaux types de l'ébénisterie en Angleterre,
et la preuve la plus saillante des progrès récemment accomplis.

t-elle trop invariablement vouée aux mêmes directions; mais enfin elle évite les lourdes bévues, en
même temps qu'elle améliore les conditions techniques du travail.

De ces observations qui sautent aux yeux, on a déjà
déduit la conclusion suprême : la ligne du progrès,
défini dans le sens d'un perfectionnement systématique et soutenu, devient beaucoup moins apparente,
beaucoup moins générale dans les industries touchant
à l'art que dans les fabrications proprement dites.
Dans ces dernières, elle est constamment en évidence
et entourée de réels succès. Elle ne se révèle au sein
des autres que par intervalles, et mêlée à de fréquentes
méprises.

S'il fallait résumer ces observations sur les industries
de goût en Angleterre, nous dirions volontiers : Oui,
nos voisins ont su à merveille tirer parti des enseignements que leur avait fournis l'exposition de 1851.
Frappés alors de la supériorité de la France, ils ont
entrepris de régénérer leur fabrication. On ne saurait
trop les louer de la persévérance qu'ils ont mise à
développer chez eux l'enseignement du dessin, en
créant des écoles spéciales dans tous les centres industriels. Ils y ont puisé de meilleures directions. Cependant le génie industriel des Anglais pourra-t-il fran-
chir les dernières distances qui le séparent du but?
Sentira-t-il ce feu sacré provenant de la race ou du
sol, condition indispensable pour un succès complet?
On ne saurait l'affirmer. L'amélioration est beaucoup
moins sensible chez eux depuis huit ou dix années
qu'elle ne l'était au début. Il se rencontrait plus d'un
exemple de défaillance dans l'exhibition de 1867. Ce
qui est vrai, ce que la justice commande de recon-

naître, c'est l'abandon, au moins partiel, de certaines tendances dans lesquelles on semblait jadis se complaire, et qui avaient paru quelque peu grotesques, en 1851, dans le palais de Hyde-Park.

Les Anglais peuvent se flatter d'avoir eu l'initiative la plus entreprenante et la plus heureuse en fait d'exploitations manufacturières. Tel est leur lot incontestable dans le passé, et ce lot leur profite encore immensément dans les échanges de peuple à peuple. Répétons-le : ils avaient sous la main les ressources essentielles pour les applications de cet ordre-là ; ils en ont merveilleusement tiré parti. Mais quand le goût avait, au contraire, une part plus ou moins marquée à prendre dans l'exécution d'un travail, leur infériorité a toujours été frappante. Le sentiment exquis des formes et des nuances, ce n'est point leur affaire. En vain ils ont poursuivi des imitations serviles ; l'œil semble avoir dévié de la ligne droite, et ils n'ont abouti le plus souvent qu'à des pastiches plus ou moins défectueux. Un moment, les singularités du genre anglais avaient paru séduire chez nous, pour quelques articles, les regards d'une partie du public. L'engouement a été très-court. On peut dire qu'au grand jour de l'Exposition de 1867, ces singularités n'ont obtenu qu'une médiocre attention. Il y a là un sérieux témoignage en faveur du goût public dans notre pays. Incontestables pour la généralité des cas, ces réflexions laissent bien entendu toute la place voulue à des tentatives exceptionnelles, à des résultats isolés, qui ne sauraient modifier en rien les traits généraux d'une situation désormais universellement appréciée. On a pu atteindre un certain niveau à l'aide d'efforts courageux et coûteux ; on ne réussit point à le dépasser. Tel est, du moins jusqu'à cette heure, le dernier mot à prononcer dans l'histoire de l'art industriel sur le sol de l'Angleterre.

Au point de vue plus général de l'ensemble de l'industrie britannique, et si l'on embrasse les articles de grande consommation, on peut juger désormais que l'établissement industriel emprunte surtout sa force à l'établissement commercial du pays. Je laisse de côté l'entente du négoce, l'art d'écouler les produits que possèdent les Anglais à un degré merveilleux et qu'ils ont acquis dans une longue pratique; je laisse même de côté l'élément commercial inséparable de toute constitution industrielle. Je ne fais allusion qu'à l'immense marché dont l'Angleterre se trouve en possession. Quoique nos voisins ne courent pas d'ordinaire après les succès d'apparat, quoiqu'ils aiment mieux grossir leur lot que d'en faire un vain étalage, ils avaient pourtant cédé à un visible mouvement d'amour-propre lorsqu'ils avaient suspendu, dans la galerie des machines, ces vastes stores où ils énuméraient avec tant de complaisance et le chiffre de leurs exportations dans tous les pays du globe et l'étendue de leur domaine colonial. Ainsi on comptait les millions d'acres qu'embrasse la superficie des colonies anglaises; on comptait les millions d'êtres humains qui les habitent (1). Mais ce qui devait saisir davantage, c'est la masse énorme de marchandises qu'on y écoule et qui s'élève à plus d'un milliard de francs par année. Plus d'un milliard de francs! tel est en effet le chiffre des exportations de l'Angleterre dans ses colonies. Quant aux importations, elles dépassent quinze cents millions de francs! Quel aliment

(1) V. plus haut, p. 82.

pour la marine marchande, quels stimulants pour le commerce! Songeons, en outre, que les acheteurs des produits manufacturés de l'Angleterre, et notamment ces flots d'Indous emboîtés dans l'immobilité de leurs castes, sont les clients les plus commodes qu'on puisse imaginer. Ils ne connaissent point les caprices de la mode; ils ne changent point de goût dans la manière de se vêtir; ils n'imposent aucun sacrifice pour la recherche des dessins aux fabriques de la métropole. Constitué sur de telles bases, l'établissement commercial, colonial et maritime de l'Angleterre, a pour effet de placer son établissement industriel dans des conditions que les autres Etats européens ne sauraient pas même rêver d'atteindre.

CHAPITRE V

Le continent européen. — L'Europe centrale : l'Autriche, la Prusse, les États allemands, la Belgique, la Suisse, la Hollande.

I — Sur le continent européen, la lutte industrielle entre la France et les autres pays n'a plus le même caractère de généralité qu'entre la France et la Grande-Bretagne. Là où elle existe le plus vivement, elle n'est que partielle : elle ne porte que sur quelques articles assez peu nombreux, quoique parfois, à raison de certaines circonstances spéciales, avec une âpreté qui ne saurait être passée sous silence.

Et d'abord, si nous considérons l'Europe centrale, nous pouvons reconnaître que la grande industrie manufacturière y possède une représentation plus ou moins large, plus ou moins complète, plus ou moins saillante dans presque tous les pays, en Prusse, en Autriche, en Belgique, en Suisse. Sur beaucoup de points, il est vrai, dans les Etats mêmes où elle est le plus développée, la richesse agricole n'en efface pas moins entièrement la richesse manufacturière. L'exploitation du sol reste la source la plus importante de la vie locale. On y trouve, en réalité, un fond solide auquel on ne saurait trop s'attacher, et à l'aide duquel on peut avoir pour tributaires directs les pays arrivés à la plénitude de la vie industrielle. Qu'on y prenne garde : s'il existe une solidarité étroite entre la production des champs et la production des usines, si le mouvement d'échanges qui s'établit de l'une à l'autre profite également à ces deux branches de travail, il n'en est pas moins évident que la vie même des hommes dépend surtout et qu'elle dépendra toujours principalement de la terre et de ses produits. Prétendre que l'usine domine la grange, rien ne serait moins exact; c'est plutôt, selon le sens indiqué, la grange qui domine l'usine; mais les développements mêmes de l'industrie tournent à l'avantage immédiat des campagnes, parce qu'ils leur ouvrent de nouveaux débouchés, parce qu'ils élargissent devant leurs denrées les canaux d'écoulement.

Ce n'est pas tout : l'industrie profite au travail agricole en lui fournissant des moyens d'exploitation plus expéditifs et plus sûrs : elle l'initie peu à peu à l'emploi d'outils, d'appareils, de méthodes qui décuplent sa puissance. Ce qui est certain, ce qui éclatait aux yeux à la dernière Exposition, c'est que l'état de la production agricole est d'autant plus satisfaisant dans un pays qu'il peut s'y inspirer davantage des exemples de l'industrie manufacturière.

Les témoignages que fournissait déjà sur ce point notre propre pays, l'examen des contrées centrales de l'Europe ne peut que les confirmer. L'évidence du fait était incontestable devant les produits du sol qui occupaient une si large place dans les envois de chacune d'elles. N'y eût-il que cette raison, elle suffirait bien pour qu'on cherchât à saisir les caractères généraux et les traits saillants du progrès industriel chez des peuples d'ailleurs si voisins de nous; mais il en existe bien d'autres qui tiennent aux procédés suivis dans le travail et aux résultats obtenus, sans parler même de la concurrence commerciale qui doit toujours occuper plus ou moins pour nous le fond de la perspective.

Sachons-le avant tout : le progrès s'offre ici sous un double caractère. Parfois il n'a qu'une signification purement locale, c'est-à-dire qu'il marque un certain essor dans les applications industrielles d'une région quelconque. Parfois, au contraire, il signale un résultat intéressant aussi le dehors et susceptible d'affecter la situation relative de telle ou telle branche du commerce extérieur.

II — En Autriche, le progrès s'offre sous l'un et l'autre de ces deux aspects, quoique principalement sous le premier. Notons d'abord que par ses envois à Paris, l'Autriche avait semblé vouloir donner au monde une idée exacte des immenses ressources que possède son domaine encore si vaste, ou plutôt qui n'a vraiment rien à ambitionner sous le rapport de

l'étendue. Excellent calcul, qui doit avoir pour elle
une effective portée économique. On a dû demeurer
convaincu devant ses étalages si bien rangés du reste
et où l'on retrouvait les traditions des expositions
antérieures, qu'il y avait sur ce sol une accumulation
de richesses à peine exploitées, ne demandant qu'à
germer et à s'épanouir.

Il suffit pour cela que le gouvernement persévère
dans la route où il a commencé d'entrer. En donnant
pleine sécurité aux intérêts, en les plaçant de plus en
plus sous l'éclat fécondant de la libre discussion, en
laissant aux initiatives individuelles cette liberté d'allures sans laquelle un élan un peu soutenu devient
impossible en industrie comme en tout, on est sûr de
favoriser l'essor de la richesse privée, et par suite celui
de la puissance de l'Etat. Depuis que le mouvement
paraît s'effectuer en ce sens, l'amélioration a été
incontestable, en dépit des circonstances les plus difficiles.

L'exploitation des richesses forestières, qui tend à
se régulariser, peut être offerte à titre de premier
exemple. La question intéresse grandement en Autriche la fortune publique et la fortune particulière. Le
sol forestier appartenant à l'Etat comprend à peu près
le cinquième de la superficie totale des forêts de l'empire (19 0/0), et en tout 3,402,432. Les deux tiers
dépendent du ministère des finances, et le dernier
tiers — ce qui doit être un mauvais arrangement
— du ministère de la guerre. Celles des contrées
forestières qui gravitent vers l'Adriatique et vers
l'Italie, — la Croatie, l'Esclavonie, les provinces
illyriennes, le Tyrol méridional et la Carinthie supérieure, — trouvent pour la plupart un avantageux

moyen de transport dans le réseau des voies ferrées
de la grande compagnie du Sud de l'Autriche, relié au
système des lignes italiennes et à coup sûr l'un des
mieux placés de l'Europe continentale. Les pays du
nord et du nord-ouest de l'empire ont aussi des chemins de fer et parfois des voies fluviales. — Pareils
avantages pour l'exploitation de toutes les richesses
tenant au sol, et en particulier de la richesse minérale
dont la progression est si manifeste depuis quelque
temps. Les ressources territoriales si vastes et si diverses que possède le royaume de Hongrie, dont
nous ne connaissons guère encore que les vins justement renommés, semblent destinées à profiter, dans
un avenir prochain, de ces énergiques moyens de développement. Si l'on réussit à faire entrer les produits
du sol hongrois dans la grande circulation européenne,
ce pays verra bientôt quadrupler et quintupler sa richesse. Comme exemple d'expansion locale dans
l'empire d'Autriche, considérez la ville de Trieste. Il
n'y a guère plus d'un siècle, on n'y comptait encore
que 6,000 habitants; le nombre s'en élevait à
29,000 en 1810; il était de 100,000 en 1850, et il
dépasse aujourd'hui 120,000.

L'avancement signalé tout à l'heure dans l'exploitation des ressources territoriales, et qui n'est qu'à
son début, se retrouve parmi les industries proprement dites. Pour quelques-unes il date de plus loin
et il est plus apparent. C'est dans la sphère de ces industries qu'on pouvait le mieux découvrir le mouvement d'ascension et les conquêtes progressives. Là se
révélait en effet le signe caractéristique de l'exposition autrichienne. On ne hasarde rien quand on
affirme que ces tendances de la fabrication ont dû

se fortifier encore sous l'influence des observations recueillies à Paris. Cette remarque concerne toutes les branches du travail manufacturier : industries textiles, industries métallurgiques, industries d'art et de goût, industries diverses (1).

C'est dans la Moravie, la Bohême et la basse Autriche que sont groupées les principales fabriques de tissus. On y emploie toutes les matières textiles, la laine, le coton, le lin, la soie, etc. Entre les différentes étoffes qu'on y confectionne, les draps méritent une mention hors ligne. La draperie était très-largement représentée dans ses diverses dépendances par l'association des fabricants de Reichenberg, en Bohême, par des manufacturiers de la Silésie, de la Gallicie et aussi du royaume de Hongrie, mais surtout par ceux de la Moravie, où cette fabrication a reçu une impulsion si profitable, grâce aux soins intelligents de la chambre de commerce de Brünn. Bien connue dans le monde commercial de l'Europe, cette chambre est une des institutions du même genre dont les travaux sont le mieux dirigés. On s'y tient au courant de toutes les améliorations effectuées en dehors de l'Autriche. La draperie de nouveauté est en progrès partout. En fait de draps unis de couleur pour uniformes, on peut dire que ni la France, ni l'Angleterre, ni aucun autre pays, n'avait exposé d'échantillons, surtout pour les nuances les plus tendres et les plus délicates, qui fussent supérieurs aux produits autrichiens. Pour ses draps, et pour quelques autres tissus de laine, les tapis de luxe et les châles par

(1) On peut consulter, sur la situation industrielle de l'Autriche, un important travail par M. Neumann, professeur d'économie politique à Vienne, chargé de la rédaction du rapport officiel sur l'Exposition de Paris.

exemple, surtout les châles ordinaires, l'Autriche a sa place sur le tableau des rivalités internationales. La fabrication des tapis y est même assise sur les bases manufacturières les plus étendues et pratiquée avec un esprit industriel des plus remarquables.

Les produits minéralogiques et métallurgiques, les minerais, les fontes, les fers, les aciers, etc., venaient surtout de la Styrie, de la Carinthie, de la Transylvanie, de la basse Autriche, de la Bohême. Les appareils mécaniques, les outils de toute espèce, avaient la même origine. Il y avait des assortiments d'outils pour travailler le bois, et en même temps des applications de l'art du menuisier et du parqueteur, parfaitement exécutés et d'un bon marché très-notable. La fabrication des siéges et meubles en bois massif recourbé est une spécialité du pays, dont la vogue s'est beaucoup accrue depuis une quinzaine d'années, et tend à s'élargir encore. Dirai-je un mot des pendules nommées *pendules d'applique*, et de leurs modèles si variés, parfois si capricieux, et qu'on rencontre partout de l'autre côté du Rhin? On les établit dans plusieurs contrées de l'Allemagne, mais nulle part d'une façon plus satisfaisante qu'à Vienne.

Quant aux industries d'art et de goût et aux industries diverses, c'est bien encore la capitale de l'empire qui en est le siége principal. Il y a là un reflet visible de l'art français ; on s'inspire soigneusement de l'exemple des artistes et des ouvriers parisiens, et sur quelques points on réussit à s'en rapprocher. Telle maison de Vienne est pour ainsi dire naturalisée en France. Le progrès des fabrications touchant à l'art reste peut-être le fait le plus saillant dans l'essor actuel des forces productives et des applications industrielles de l'Autriche. C'est un bon présage pour l'avenir.

III —Dans l'autre grand pays de l'Europe centrale, la Prusse, ce n'est point de ce même côté que le mouvement frappe l'observateur. Bien s'en faut : l'art, en général, laisse plus ou moins à désirer dans l'industrie prussienne. Je ne conteste point sous ce rapport le mérite de certains ouvrages dépendant de la céramique, de l'orfévrerie, etc. J'ai même eu l'occasion de citer précédemment avec éloges les produits d'une fabrique de cristaux colorés de la Silésie; j'applique ici très-volontiers une mention analogue à la spécialité des fontes moulées de Berlin, quoiqu'elles aient généralement paru moins belles en 1867 que dans les précédentes expositions universelles.

Dans les spécialités délicates qui supposent l'élégance, le sentiment exact des proportions, des formes, des couleurs, les fabricants prussiens ont évidemment besoin de réformer leurs habitudes, de rectifier leur goût, d'étudier des modèles pris à l'étranger. Depuis dix ou douze ans, depuis l'exposition de Paris en 1855, le progrès en ce sens est à peu près insaisissable chez eux. Il éclate grandement, au contraire, dans le traitement des métaux, dans la fabrication du fer, du cuivre, de l'acier, dans l'exploitation des mines et des carrières, comme dans les industries textiles pour les marchandises à bas prix. Sur tous ces points, la Prusse avait à soutenir en 1867, et elle a soutenu avec un réel succès, une réputation dès longtemps établie en Europe. Les expositions collectives des hauts fourneaux et des forges, des aciéries et surtout de l'ancienne et splendide usine de M. Krupp à Essen (Prusse rhénane), des fabriques d'outils et de machines à vapeur, témoignaient d'une puissance productive très-énergique, sérieusement appliquée à se perfectionner elle-même.

Quoique les provinces de la monarchie prussienne figurent en tête de ce mouvement, il serait injuste de ne pas comprendre dans cette même appréciation diverses contrées des États designés aujourd'hui sous le nom d'États de l'Allemagne du Nord et qui n'avaient point au Champ-de-Mars une représentation distincte de celle de la Prusse. La Saxe surtout possède dans plusieurs des catégories spécifiées une individualité, une notoriété, qui ne permettent pas de laisser tomber son nom sous l'ombre d'une désignation collective. Nécessaire déjà pour les applications métallurgiques ou minéralogiques et pour la porcelaine dure, dont la Saxe a été le berceau en Europe, cette réserve le devient encore davantage pour certains genres de tissus en lin, en coton ou en laine.

Prises dans l'ensemble des envois de la Prusse et des États de l'Allemagne du Nord, les industries textiles peuvent être rangées en deux groupes différents, selon qu'elles utilisent le travail à la mécanique ou le travail à la main. Les progrès les plus marqués, les seuls mêmes qui soient plus ou moins saillants, n'appartiennent aujourd'hui, et ils ne peuvent plus guère appartenir désormais qu'au domaine des machines. Ici comme ailleurs, le bras de l'homme réduit à lui-même ne suffit plus pour traduire les conceptions de son esprit. Il lui faut l'emploi des forces naturelles disciplinées et obéissantes pour pouvoir marcher en avant. Inutile de répéter à ce propos qu'il lui faut aussi l'usage de sa raison, elle-même dirigée par la loi morale, pour qu'il puisse se maintenir au-dessus

des agents matériels qu'il met en œuvre. Le triomphe
de la mécanique, déjà constaté tant de fois et que
nous retrouvons partout, n'est un triomphe qu'à ce
prix. Et d'ailleurs ce n'est qu'à cette condition que
le succès peut se consolider et se poursuivre, car il a
besoin d'invoquer sans cesse la meilleure partie de
notre être, c'est-à-dire les facultés de notre esprit, les
qualités et les vertus de l'âme qui constituent la dignité de la vie.

C'est à l'aide des engins mécaniques que l'Allemagne du Nord a pu depuis une dizaine d'années
donner aux fabriques de tissus une impulsion analogue
à celle que nous venons de constater dans les industries
métallurgiques. Pour le coton, c'est la Prusse rhénane, c'est principalement la cité de Gladbach, qui se
met en tête du mouvement ; pour le lin, ce sont Bielefield dans la Westphalie, Dresde dans le royaume
de Saxe, et diverses fabriques éparpillées dans les différents Etats ou provinces. Quant au travail de la
laine, pratiqué depuis de longs siècles dans le pays,
la cité carlovingienne d'Aix-la-Chapelle y domine sans
rivale. Les draps, draps unis et draps de nouveautés,
forment la principale branche qu'elle exploite. A côté
des articles de ce genre expédiés par cette fabrique, il
faut noter ceux de quelques cités de la Silésie où l'industrie manufacturière possède, comme dans la Prusse
rhénane, une base ancienne et solide.—La soie, qui ne
figure ici dans l'ensemble de la mise en œuvre des matières textiles que pour un chiffre restreint, s'emploie
principalement pour la fabrication des rubans, des velours, des peluches, des tissus mélangés ; la production
est à peu près concentrée à Elberfeld, à Creveld, à Berlin.
Les métiers mécaniques se sont installés dans plusieurs

fabriques, même pour des articles légèrement façonnés.

Dans l'Allemagne du Nord, on vise surtout vers la
production à bas prix. Tel est le trait culminant de la
constitution économique, dont il importe de tenir
grand compte sous le rapport des rivalités commerciales. Telle est bien l'issue par laquelle la Prusse
pénètre le plus dans le champ clos de la lutte industrielle. Ce pays avait déjà présenté aux expositions
précédentes divers tissus dont les prix excessivement
faibles avaient éveillé les doutes des juges les plus
compétents. Il est certain, néanmoins, que le fait d'un
bon marché presque sans exemple, *almost unequalled*,
comme le disait dans le temps une feuille anglaise,
demeure acquis pour certaines étoffes communes, en
coton, en fil, en laine, à la fabrication germanique.

Ce n'est pas seulement à l'emploi des machines,
qui leur est commun avec tous leurs concurrents du
dehors, que nos voisins de l'est doivent ce résultat ;
non évidemment : car, dans le tissage de la laine et
du lin, les métiers à vapeur sont encore en petit
nombre relativement à la masse de la production.
Avant tout, ils en sont redevables au prix de la main-
d'œuvre, notablement moins élevé chez eux qu'en
France ou en Angleterre. En ce qui nous regarde,
toute comparaison serait impossible sous ce rapport
entre notre pays et la Saxe, le Hanovre, la Silésie, et
même la Prusse rhénane. Mais l'avantage est neutralisé
dans la catégorie des impressions sur tissus et des articles de fantaisie par des différences tenant aux dispositions et aux couleurs. L'observation générale formulée
plus haut sur la supériorité du goût français retrouve
ici une juste application. En ce genre les produits de

l'Allemagne du Nord ne sauraient prendre rang au niveau de ceux de la Flandre, de l'Alsace, de la Normandie, de la Picardie, de l'Ile-de-France, etc. Le désir des améliorations dans cette sphère s'est même très-peu prononcé dans le cours des dernières années, trop remplies par des ambitions d'un autre ordre. Le progrès industriel en général n'a point franchi les limites spécifiées tout à l'heure : il se rapporte à peu près exclusivement à l'industrie des métaux et aux fabrications textiles de grande consommation.

Dans les quatre États composant l'Allemagne du Sud, — la Bavière, le Wurtemberg, le grand-duché de Hesse et celui de Bade, — l'activité industrielle semble notablement moins développée que dans les régions du Nord. Sans vouloir introduire ici la moindre allusion politique, on est bien obligé de reconnaître, en outre, que par le caractère des applications, ou plutôt par les allures du travail, on s'y rapproche surtout des mœurs manufacturières de l'Autriche. En nous faisant toucher du doigt les habitudes laborieuses des populations, les envois de ces pays n'ont mis en relief aucun trait nouveau qui distinguât leur initiative sur le tableau général de la production allemande. Ils suivent le mouvement qui s'opère au dehors, voilà tout ; mais ils le suivent avec des qualités solides qui, sans suffire d'ordinaire pour ouvrir les voies à des innovations véritables, peuvent du moins valoir à ceux qui les possèdent, et dans une sphère donnée, tous les avantages commerciaux provenant ailleurs d'initiatives plus larges et plus résolues.

IV — Restent dans l'Europe centrale les trois États indépendants, — la Belgique, la Suisse, la Hollande, dont l'importance, industrielle, quant aux deux pre-

miers du moins, ne saurait être mesurée d'après les
étroites limites de leur territoire. Aucune assimilation
n'est possible entre les régions que nous venons de
quitter dans l'Allemagne du Sud et la Belgique où
nous pénétrons maintenant. La vie manufacturière est
infiniment plus développée dans cette dernière région.
On y retrouve, sur une base plus ou moins étendue, la
plupart des grandes industries françaises. En ce sens-
là, c'est notre propre pays qui semble se prolonger au
delà de nos frontières. Les filatures et les tissages de
Gand, par exemple, rappellent trait pour trait, quant
au lin et au coton, nos filatures et nos tissages de Lille
et des environs. Pour les toiles, Courtrai est l'Armentières de la Belgique, d'où nous sont venus de si utiles
exemples. Dans plusieurs articles, les cités belges
peuvent se prévaloir de l'antériorité.

Nos voisins du nord ont d'ailleurs certaines spécialités qui leur sont propres, comme tels ou tels genres de
dentelle. Singulière circonstance! les dentelles qu'on
peut regarder comme les véritables dentelles belges
sont précisément celles qu'ils fabriquent le moins à
l'heure qu'il est. Quand tout passe dans le monde, la
dentelle ne pouvait guère échapper à cette loi suprême. Ainsi, la dentelle de Malines est à peu près
délaissée par le goût public; il en est de même de la
dentelle de Bruxelles, ce tissu si fin, si délicat, qui
nécessitait des fils d'un prix toujours élevé, montant
parfois à 8,000 et même à 10,000 francs la livre.
Voilà qu'au contraire, une dentelle française d'origine,
mais qui a complétement disparu, sans qu'on sache ni
pourquoi ni comment, dans la cité qui lui avait donné
son nom, la valencienne, se fabrique en vingt endroits
de l'autre côté de la frontière, à Ypres, à Bruges, à

Courtrai, à Gand, à Alost. Il est vrai qu'on ne reproduit pas tout à fait l'ancienne dentelle de Valenciennes, mais on s'en rapproche beaucoup. Ce qui paraît
moins explicable, c'est que nous sommes de tous les
peuples étrangers celui qui achète la plus grande
quantité de ce même tissu où nous excellions jadis.

Quant à une autre dentelle belge, dite dentelle de
Grammont, elle n'est qu'une imitation de nos dentelles
du Calvados, imitation laissant l'original assez loin
devant elle, mais s'efforçant de compenser cette supériorité par la différence des prix. Les fabricants de
cet article étaient nombreux au Champ-de-Mars, où
toutes les dentelles belges avaient d'ailleurs de riches
étalages, celles qui ne comptent plus guère dans le
commerce aussi bien que les autres. Par la place attribuée à cette catégorie de produits, on pouvait juger
de l'importance que nos voisins y attachent. Disons à
ce propos que nos dentelles françaises n'ont rien perdu
dans ce voisinage. Je ne parle pas seulement de nos
dentelles du Calvados, auxquelles je faisais allusion
tout à l'heure, mais de tous nos autres genres. Le
point d'Alençon notamment conserve sa prédominance
incontestée.

Quoique la Belgique tienne et qu'elle ait raison de
tenir à sa réputation dans la délicate spécialité des
dentelles, ce n'est pourtant pas de ce côté-là que se
révèlent à l'heure qu'il est chez elle les signes effectifs
du progrès, ni l'ardeur de la lutte industrielle. Des
produits d'un ordre bien différent, le fer et le drap,
en sont la manifestation la plus complète ou le sujet
le plus important. Citons aussi le fil. On a dit que les
manufactures de la Belgique n'avaient pas été suffisamment représentées en 1867 : c'est vrai, si l'on entend

parler de la variété des articles et de l'importance des établissements. Oui, la Belgique est plus industrielle encore qu'elle n'en avait l'air au Champ-de-Mars. Toutefois, pour les deux grandes applications nommées les premières, on n'avait rien à désirer de plus.

On pouvait notamment se rendre compte des forces réelles de l'industrie métallurgique. Ce sont les fers belges qui font aux nôtres la plus redoutable concurrence, qui les refoulent sur notre propre marché. Ce sont les fers belges qui sont en jeu dans le mécanisme naguère si relâché des acquits-à-caution. En vain cette même fabrication a été poussée chez nous à un degré de perfection qui a surpris les Anglais eux-mêmes; il faut céder devant le triple avantage dont jouit la Belgique d'avoir à meilleur compte la houille, le minerai et la main-d'œuvre. Notons donc le progrès accompli par nos voisins dans l'industrie sidérurgique et dans quelques-unes des applications qui en dérivent, comme un des signes les plus proéminents de leur état économique.

Pour le drap, remarque analogue. Cet article figure, et figure grandement, dans la somme des exportations belges; il y marque pourtant, en ce qui concerne la France, avec cette différence essentielle, qu'il ne réussit point d'habitude à lutter chez nous contre les produits de nos fabriques. La concurrence n'a lieu que sur les marchés du dehors. Les draps provenant, par exemple, de l'importante cité de Verviers, qui sont déclarés à l'exportation pour la France, ne font qu'emprunter notre territoire, en transit pour les États-Unis ou pour l'Amérique du Sud. Les étoffes de nouveautés se concentrent de plus en plus à Verviers, le drap proprement dit est abandonné à la voisine cité

de Dison. Partout on se montre infatigable dans les
entreprises, et le matériel est des plus perfectionnés.
Il faut à nos fabricants, à ceux d'Elbeuf par exemple,
pour garder leur prédominance, ce bon goût, ces
facultés ingénieuses, cette entente des effets qui ne
sont égalés nulle part au dehors.

V — Moins saillant peut-être qu'en Belgique pour
quelques spécialités données, le mouvement progressif
dans l'industrie helvétique s'étend en revanche à un
plus grand nombre de ramifications. Il est très-visible
dans les tissus, notamment dans les tissus de coton
de tout genre, comme aussi dans la broderie et dans
la rubanerie la plus ordinaire. On doit en dire autant
des diverses applications de l'horlogerie, si répandues
à la Chaux-de-Fonds, au Locle, à Neufchâtel, à
Genève. On sait que Genève est le centre commun et
le grand marché de cette belle industrie divisée en
tant de mains, et procurant en hiver un si précieux
élément de travail aux habitants des montagnes. Ne
dédaignons pas de citer la fabrication des boîtes à
musique et celle des sculptures en bois, qui prennent
aussi du développement et perfectionnent leurs outils
et leurs modèles longtemps invariables. De même que
l'horlogerie, ces derniers travaux remplissent les loi-
sirs forcés de la saison rigoureuse; ils se joignent sans
peine durant l'été à la culture des champs, laissant
le laboureur pleinement libre de prendre et de quitter sans dommage sa tâche au logis. Travail industriel
et travail agricole tendent, d'ailleurs, à se mêler ainsi
de plus en plus dans toute la Suisse, ce qui n'empêche point les manufactures d'avoir une place plus ou
moins large dans presque tous les cantons.

Le propre de l'industrie helvétique, plus encore

peut-être que celui de l'Allemagne du Nord, consiste à s'adresser à la grande consommation. On ne doit guère excepter de cette règle que certaines rares dépendances de l'horlogerie ou de la bijouterie de Genève, de la broderie des cantons d'Appenzell et de Saint-Gall, et quelques tissus de soie de Zurich et de Bâle. Par son commerce d'exportation en fait de tissus et d'autres articles, la Suisse tient dignement sa place dans la lutte industrielle. Sa neutralité politique ne nuit point à son rôle actif au milieu des rivalités commerciales de notre époque.

Dans son isolement au milieu des grandes aspérités d'un sol partout montagneux, loin de la mer, loin des centres d'approvisionnement et de consommation, comment la Suisse peut-elle expédier au dehors, comme elle le fait, une masse notable d'objets manufacturés? La concurrence de nos voisins de l'est ne saurait être dédaignée par personne dans diverses catégories de produits, par exemple, — en laissant à part l'horlogerie dont la situation est bien connue, — dans les soieries et les rubans unis, dans les cotonnades, dans les mousselines unies ou brochées. Répondons d'abord que, laborieux, appliqué, sobre, surtout dans les campagnes et pour le courant de la vie ordinaire, le peuple suisse se trouve posséder ainsi des qualités industrielles solides et fécondes.

A elle seule, cette explication néanmoins serait insuffisante. La meilleure raison tient à ce fait qu'en Suisse la fabrication coûte moins qu'ailleurs, à cause surtout du bas prix de la main-d'œuvre. De plus, les capitaux abondent dans ces districts montagneux où ils se sont accumulés, grâce à la vertu de l'économie, et d'où un luxe effréné n'est pas venu les faire sortir.

Autre avantage : le capital engagé dans les usines est d'ordinaire amorti déjà depuis longtemps, et les fabricants peuvent dès lors se contenter de bénéfices plus réduits. Disons même qu'ils ont le bon esprit de se montrer très-modérés sous ce rapport, ce qui est d'un bon calcul. Ils suivent ainsi le système adopté aux Etats-Unis d'Amérique, et décrit plus haut (pag. 105, en note). Voilà comment ils ont gagné du terrain peu à peu, ne s'aventurant guère en avant sans être sûrs de l'espace déjà conquis.

Etrangers, comme nous l'indiquions tout à l'heure, à ces fastueuses dépenses de la vie privée que l'économie politique n'admet pas plus que la morale, ils sont encore exempts de ces lourdes charges publiques qui viennent entraver dans d'autres pays l'activité individuelle. On se sent partout au milieu d'un peuple âpre au travail et maître de ses mouvements. Sous un autre rapport, je veux parler de l'habileté commerciale, de l'art de faire valoir leurs produits, — les Suisses ont transformé leurs habitudes anciennes : ils savent comment on parle aux yeux. Leur exposition dans les bâtiments du Champ-de-Mars, quoique conçue sur des bases très-économiques, était une des mieux entendues. Nulle part on n'avait ménagé avec plus de soin l'effet des contrastes et ce demi-jour si favorable aux produits.

VI — On n'en est pas encore arrivé, en Hollande, à saisir ces dernières conditions du succès, conditions secondaires, je le veux bien, mais que ne peut plus dédaigner, avec l'ardeur des rivalités actuelles, le manufacturier jaloux de maintenir et de rehausser son rang sur les marchés extérieurs. En réalité, ce n'est pas dans la fabrication que se manifeste le génie intime du peuple néerlandais. L'industrie des transports maritimes lui va mieux que l'industrie des fabriques. Un pays baigné et en quelque sorte déchiqueté par la mer, ne comptant en Europe qu'environ trois millions et demi d'habitants, mais possédant, dans les grands archipels de l'extrême Asie, des régions peuplées par plus de vingt millions d'individus, doit s'adonner avant tout à la grande navigation : c'est évident.

Inutile d'affirmer après cela que l'industrie néerlandaise ne ressort pas bien vivement sur le tableau des luttes manufacturières internationales. Elle ne ressent pas davantage à l'intérieur ces impulsions vigoureuses que supposent les progrès rapides. On la trouve partout ce qu'elle était à l'Exposition où elle se présentait sans parure et sans détour : calme, attentive, peu jalouse de s'emparer des yeux, et cherchant à livrer d'utiles plutôt que de séduisants produits. La taille des diamants installée à Amsterdam sur une échelle grandiose et dans des conditions curieuses que nous avons eu l'occasion d'observer sur les lieux mêmes et de décrire ailleurs avec détail (1), est à peu près la seule industrie hollandaise qui ait une importance européenne. On pourrait citer encore à la rigueur les fabriques de garance et de garancine, les distilleries, les chantiers de constructions, les raffineries, quelques applications de l'industrie des laines, etc. C'est vrai ; et pourtant l'activité régnant sur tous ces points n'est qu'une activité de second ordre, dirai-je de seconde main ? Pour trancher le mot, l'industrie manufacturière prise dans son ensemble ne représente dans les Pays-Bas qu'une branche d'applications im-

___

(1) *Les Populations ouvrières et les Industries de la France*, t. II, p. 355 et suiv.

plantée du dehors, non certes dépourvue de mérite, mais n'ayant point en elle ce souffle puissant qui doive suffire pour la pousser, menaçante ou timide, dans le jeu périlleux des concurrences extérieures.

CHAPITRE VI

L'Europe septentrionale. — La Russie, la Suède, la Norvége, le Danemark.

I — Les perspectives ont bien changé devant nous travers les pays étrangers déjà visités. Partis de l'Angleterre, où les forces industrielles sont si développées et pèsent d'un poids si grave dans la balance des rivalités commerciales de nation à nation, nous sommes arrivés en Hollande où la production manufacturière n'occupe plus qu'un coin du tableau, sans influer sensiblement sur les échanges extérieurs. On croirait que ce dernier pays, quoique inséparable du groupe de l'Europe centrale, s'est trouvé là en dernier lieu pour nous préparer à la visite de ces autres régions de l'Europe où la vie industrielle est plus ou moins loin de la phase des larges développements. Des progrès y ont été accomplis, néanmoins, et ils méritent qu'on les signale, ne serait-ce que parce qu'ils comptent d'une façon ou d'une autre dans l'histoire de l'industrie contemporaine, dans l'essor de la richesse universelle. Et d'ailleurs, si de tels progrès ne sont pas en général de nature à présager une concurrence aux produits de nos propres usines sur les marchés du dehors, ils pourraient affecter indirectement nos échanges avec les pays mêmes où ils s'opèrent. Les fabriques locales en viendraient à fournir des objets qu'on importe aujourd'hui de l'étranger ; c'est incontestable. Toutefois une telle conséquence serait plutôt favorable que désavantageuse : un développement dans l'aisance générale ne ferait qu'élargir le cercle dans lequel nous pénétrons aujourd'hui, et où nous pourrions introduire des articles qui n'en sauraient encore trouver l'accès. Ces réflexions concernent à la fois les États du nord et ceux du midi de l'Europe. Occupons-nous d'abord des premiers.

II — Rien de plus vrai que ces observations économiques en ce qui regarde la Russie, où l'impulsion donnée aux forces productives du pays est si frappante depuis quelque temps. Qu'on se place au point de vue agricole ou bien au point de vue industriel, on ne saurait s'empêcher de reconnaître qu'à partir de l'exposition universelle de 1851 et surtout de celle de 1862, l'exploitation des ressources locales a pris d'amples developpements. Un territoire aussi vaste, où règnent les températures les plus différentes, se prête naturellement aux productions les plus dissemblables. Ainsi, à l'Exposition du Champ-de-Mars s'étalaient les lins des provinces du nord-ouest, voisines de la Baltique, les bois et les poissons salés des districts de l'extrême nord, touchant à la mer Glaciale, à côté des huiles d'olive, des soies, des vins expédiés des provinces transcaucasiennes et des régions qu'arrose la mer Noire. — Quant aux produits de l'industrie, évalués à 3 milliards 494 millions de francs, ils ne montent guère ainsi qu'à la moitié de la valeur des produits naturels (6 milliards 316 millions). A elle seule la masse des céréales dépasse annuellement 4 milliards de francs; l'élève du bétail, 762 millions; la production des forêts, 600 millions.

On ne saurait attendre cependant du côté du sol de sérieuses améliorations, de transformations fécondes qu'à la suite des progrès de l'industrie. Ici, comme partout, c'est l'industrie qui stimulera les efforts, qui fera répudier les systèmes routiniers, qui par-dessus tout amènera l'établissement de ces voies de communication manquant à peu près sur tous les points aujourd'hui, et dont l'absence occasionne dans le prix des choses, entre les diverses provinces de l'empire, les différences les plus choquantes. Ainsi les beaux froments, comme il y en avait à l'Exposition, qui se vendent communément 3 roubles le tschawert à Kieff ou à Poltawa, en coûtent 8 et 9 à Moscou, et sur d'autres points 11 et 12. Le prix de la laine, de la soie, du lin, du chanvre double parfois avant d'atteindre le lieu de consommation ou d'exportation.

On conçoit dès lors sans peine l'intérêt capital que doit prendre aux yeux du gouvernement russe l'avenir de l'industrie. La richesse générale comme la puissance politique de l'empire s'y trouve fortement engagée. Aussi la Russie avait-elle mis un grand empressement à répondre à l'appel de la France pour le concours de 1867. Elle y comptait 1,302 exposants, sans parler bien entendu de la section des œuvres d'art. Par une exception très-rare, elle était prête pour le jour même de l'ouverture; ses produits avaient été rangés avec beaucoup de goût, de recherche et de méthode.

En étudiant les compartiments russes en détail, on

pouvait s'y convaincre que jusqu'à ce jour les entreprises industrielles se sont fixées de préférence dans les gouvernements du centre. Moscou est la capitale manufacturière de l'empire, entraînant dans son orbite les cités de Vladimir, Toula, Kalouga, Nijni-Nowgorod, etc. La plus importante des fabrications russes est celle de l'eau-de-vie et celle de la bière, qui donnent à elles deux environ 1,312,000,000 fr. par année. Bien au-dessous de cette évaluation, mais avec une signification plus industrielle, viennent les chiffres concernant la mise en œuvre du lin (400,000,000 fr.), du chanvre (160,000,000), de la laine (180,000,000)); la fabrication du fer (212,000,000), etc. (1).

Ces industries et celles qui en dépendent plus ou moins directement sont en voie de progression. Dans le groupe des ouvrages qui tiennent à l'art et au bon goût, l'amélioration était manifeste. Quoique un peu trop chargée d'ornements, l'orfévrerie russe ne manque point de correction et d'originalité. Dans la céramique, en fait de porcelaines comme en fait de cristaux, on trouvait de bons essais, en dehors même des envois de la manufacture impériale, fidèle aux méilleures traditions. Çà et là les formes de la poterie la plus simple rappelaient un peu le goût du monde oriental auquel confinent les extrémités méridionales de l'empire. Même analogie dans plusieurs catégories d'articles d'un tout autre genre. Ainsi, la beauté des couleurs qu'on remarquait dans les tissus, parfois les plus communs, peut tenir au même voisi-

(1) *Aperçu statistique des forces productives de la Russie*, par M. de Buschen, membre du comité central de statistique de Saint-Pétersbourg.

nage. Cependant la Russie doit infiniment plus aux États de l'Europe centrale et de l'Europe occidentale qu'aux pays orientaux. C'est de ce côté-ci que lui viennent les exemples féconds. Si l'on considère l'action sans cesse croissante des influences industrielles, loin d'avoir à craindre, suivant une parole fameuse, que l'empire des tzars puisse jamais rendre l'Europe cosaque, on peut espérer que l'Europe finira par arracher entièrement ce pays à l'ignorance et à la solitude. Le peuple russe est visiblement un peuple qui se débrouille. A peine échappé des langes de la barbarie, il tend à élever la tête au-dessus de son berceau, et il aspire à marcher librement en plein air. On avait eu raison de proclamer jadis, dans un moment solennel, que la puissance moscovite avait besoin de se *recueillir;* oui, sans doute, pour répudier des éléments surannés et pour s'assimiler des germes nouveaux. Aujourd'hui, à la suite de l'Exposition, on peut affirmer, dans l'intérêt des relations commerciales entre les deux États, qu'il n'y a point de pays où la Russie doive puiser plus qu'en France les enseignements nécessaires à ses progrès futurs.

III — La famille des États scandinaves, qui se rapprochent par tant de côtés de nos idées et de nos sentiments, reste plus loin de nous que la Russie au point de vue industriel. Expression exacte des forces productives qu'ils possèdent, leurs envois en 1867 auraient attesté au besoin l'infériorité de leurs ressources. En outre, ces contrées ont notoirement fait moins de chemin que les contrées moscovites depuis 1854 ou même depuis 1862. Loin de s'étendre sous des zones diverses comme le vaste empire dont la Baltique les sépare, ils sont, il est vrai, des pays complétement septentrionaux, et ils en subissent les naturelles entraves. Ce n'est pas, du reste, que les aptitudes industrielles leur fassent défaut : il n'en est rien, témoins pour la Suède, par exemple, ses fers si renommés, ses tissus de différents genres, ses produits chimiques, ses machines, ses instruments de précision, etc. Reconnaissons même que le chiffre des valeurs produites par l'industrie suédoise est loin d'être resté stationnaire au milieu du mouvement ascensionnel constaté chez tous les autres peuples. De 1830 à 1860, il était monté d'un chiffre de moins de 20 millions à plus de 108 millions de francs (1).

Quoique moins avancée sous le même rapport, la Norwége compte aussi des produits métallurgiques et des produits textiles dont elle nous avait expédié quelques curieux échantillons. Mais la grande source du travail local se rapporte à la pêche, et surtout à l'exploitation des forêts, si importantes dans les districts du sud–est où elles occupent de nombreuses scieries mécaniques. Le bois et le poisson frais ou salé sont donc ici les deux principaux éléments du commerce extérieur (2).

Quant au Danemark, en dehors du cercle des industries ayant trait, comme dans la presqu'île scandinave, à l'exploitation du sol et à la pêche, il en possède quelques-unes dignes d'appeler l'attention. Le travail semble surtout s'y appliquer avec succès aux articles destinés à l'habitation, comme les produits de l'orfévrerie, de l'ébénisterie, etc. A ce groupe même se rattachent les ouvrages de la manufacture royale de porcelaine de Copenhague si justement admirés

(1) *La Suède, son développement moral, industriel et commercial,* d'après des documents officiels, par M. C. E. Ljungberg, traduit par M. L. de Lilliehook.

(2) *Notice statistique sur le royaume de Norwé e.*

sous le rapport de la forme et de la qualité.

Point de doute donc : les aptitudes nécessaires pour les applications industrielles existent très-largement dans les Etats de la Scandinavie : en Suède, en Norwége, en Danemark. Que leur manque-t-il pour pouvoir les développer en des proportions étendues ? Il leur manque un marché. Ce n'est pas à l'intérieur de chacun de ces pays que des manufactures montées sur un grand pied pourraient écouler leurs marchandises · le chiffre de la population y est trop restreint. C'est pour la Suède, 4,114,141 individus ; pour la Norwége, 1,701,365 ; pour le Danemark, moins de 2 millions depuis l'envahissement des duchés. Quant à l'idée d'y installer des fabriques pour l'exportation, elle serait irréalisable non-seulement parce que les positions sont déjà prises ailleurs, mais encore, mais surtout parce qu'il s'agit de localités trop éloignées des grands centres de la consommation, et que les glaces pendant plusieurs mois de l'année entourent d'un infranchissable rempart. Le rôle de la Scandinavie consiste bien plus à fournir des matières premières à l'industrie européenne qu'à figurer sur la scène des rivalités commerciales. Aussi, tandis que l'empire russe pourrait avoir un rôle actif dans les luttes industrielles de l'avenir, il est bien difficile, il semble impossible d'en promettre un pareil aux États scandinaves. Il n'en ont besoin, du reste, avouons-le, ni pour l'exploitation de leurs ressources, ni pour l'expansion de leur valeur morale, ni pour leur bonheur matériel. Leur intérêt consiste à rendre de plus en plus l'Europe tributaire des produits de leur sol, soit en perfectionnant les modes d'exploitation, soit en facilitant les moyens de transport.

CHAPITRE VII

L'Europe méridionale. — L'Italie, l'Espagne, le Portugal, la Grèce, la Roumanie.

Les réflexions que viennent de motiver les Etats scandinaves quant à leur rôle économique dans le monde, on ne pourrait pas les appliquer, du moins dans leur généralité et en embrassant l'avenir comme le présent, à tous les pays de l'Europe méridionale. Des exemples tirés des provinces du nord, soit en Italie soit en Espagne, contrediraient déjà une semblable affirmation si elle était trop absolue et trop tranchante. L'industrie textile, l'industrie métallurgique et surtout les industries qui se rapportent à l'alimentation, ont dès à présent une réelle importance dans les deux péninsules. L'exposition espagnole renfermait des échantillons plus ou moins diversifiés et plus ou moins remarquables. Il est même vrai que les fabriques jadis murées dans la Catalogne et dans quelques localités spéciales commencent à se répandre sur d'autres points du pays.

En Italie, le travail manufacturier est arrivé à un niveau plus élevé qu'en Espagne. Dans certaines catégories des produits textiles, ceux de la soie notamment, et aussi dans la spécialité des tulles, dans la céramique, dans les arts chimiques, la péninsule

italienne peut, sans trop de défiance, mettre quelques-uns de ses articles à côté de ceux des peuples
les plus avancés. — Le Portugal, qui avait ouvert, en
1866, dans la cité commerçante de Porto, une exposition de l'industrie à tous les producteurs du dedans
et du dehors, ne voudrait pas qu'on oubliât complétement les ouvrages de ses filatures et de ses tissages
de soie, de laine, de coton, de lin, quoique tout y
soit encore à l'état embryonnaire. Ce pays avait, en
outre, des poteries communes qui ne manquaient pas
d'un certain cachet. — A l'autre extrémité de l'Europe méridionale, la Grèce présentait divers tissus de
soie pure ou brochée d'or témoignant d'un réel savoir-
faire.

Au fond, qu'y a-t-il dans ce mouvement plus ou
moins marqué des pays méridionaux? Il n'y a qu'un
effort tout local, qui peut sans doute éveiller utilement les activités sur un point donné du territoire,
mais qui ne saurait guère avoir d'influence sur les
progrès généraux de l'industrie et sur le mouvement
des échanges internationaux. Le germe de la compétition industrielle ne fermente point dans le sol. Ce
serait un faux calcul, un calcul gros de sacrifices
et de mécomptes que de vouloir l'y implanter par
d'arbitraires mesures de restriction commerciale. On
méconnaîtrait ainsi le fond même des inclinations
populaires. A la différence de ce que l'observation
nous a permis de constater dans les pays du nord de
l'Europe, ce sont ici les caractères et les mœurs qui
semblent se plier généralement assez mal aux applications manufacturières. Non, sauf quelques points
peu nombreux, il n'y a pas là de terrain propice aux
usines. L'industrie n'est pas le fort de ces populations

accoutumées à la vie en plein air, à la contemplation de la nature.

Quand je parle de l'industrie, j'excepte pour l'Italie les industries où domine le rôle de l'artiste. L'art reste bien le lot traditionnel de ce pays. Est-ce que dans les galeries de l'Exposition, les mosaïques et les statues ne constituaient pas son réel triomphe? Les Etats pontificaux avaient envoyé des camées et certains articles de bijouterie splendidement travaillés, ce qui nous rapprochait déjà singulièrement du domaine de l'art; et néanmoins qu'étaient ces divers ouvrages auprès des figures si expressives, si émouvantes, parlant à l'âme de chacun, et qui sortaient de l'atelier des statuaires romains? A côté de ces créations de l'homme, œuvres de l'esprit plutôt que des bras, s'ajoute pour l'Italie tout entière une masse de produits naturels dont l'exploitation convient mieux à ses habitudes que le travail manufacturier, et qui compose, d'ailleurs, un fonds inépuisable de richesse. C'est de ce côté que nous paraissent devoir se porter les ambitions de l'ordre économique. Elles y trouveront un champ plus large et plus fécond qu'au sein des fabriques comme celles qui se sont établies à Milan, à Gênes, à Udine, à Florence, etc., et dont l'essor est si pénible et si lent.

La péninsule ibérique va d'elle-même au-devant d'une conclusion analogue. On ne connaîtrait point l'Espagne si l'on ne savait que ses richesses territoriales sont, en définitive, le meilleur gage, dans un avenir plus ou moins lointain, des spéculations financières qui ont escompté trop tôt les futurs développements de ce pays. Quoique démesurément exaltées jadis, les ressources locales, les ressources minéralogiques, par exemple, comprennent des gisements de houille, de fer, de plomb, de cuivre, de zinc, de mercure, de manganèse, de souffre, etc., qui livrent dès à présent chaque année au commerce douze ou treize millions de quintaux métriques, et qui seraient susceptibles de prendre une bien large extension.

De même dans le Portugal vous n'avez qu'à consulter les statistiques officielles des exportations pour y découvrir les avantages que la contrée tire déjà des produits de son territoire, malgré la défectuosité des moyens et des appareils en usage. La Grèce aussi, la Grèce qui a vu tomber de son front depuis des siècles son antique couronne intellectuelle, ne saurait aujourd'hui mieux employer son activité, en face de ses richesses végétales et minérales, qu'en s'employant à les mettre elle-même de plus en plus au service de la grande industrie des nations occidentales. C'est ainsi que chez elle, comme dans les autres pays du midi de l'Europe, la majeure partie du travail pourra le plus sûrement contribuer aux progrès de l'industrie et faire sentir indirectement son influence jusque sur le commerce international.

Il ne serait pas permis de laisser en dehors de ces études un pays nouveau, la Roumanie, qui est comme la Grèce, quoique sous une forme un peu différente, un démembrement de l'empire des Turcs en Europe, et qui par sa situation géographique et économique se rattache au groupe méridional. A considérer l'exhibition d'ailleurs si bien entendue que ce pays si neuf possédait en 1867, on doit reconnaître qu'il pourrait fournir, en fait de matières premières, une contribution précieuse à l'industrie européenne. Sa position sur le bas Danube facilite singulièrement les exportations; les voies ferrées sont aussi en mesure dès aujourd'hui de prêter sous ce rapport un utile concours.

Ce sont les céréales qui composent la grande masse de la production locale, — surtout le maïs, le blé et l'orge. Elles entrent pour plus des deux tiers dans le chiffre annuel du commerce extérieur. On ne saurait guère s'arrêter encore aux expéditions de minéraux bruts ou travaillés, ni à celles des bois en grume ou des bois ouvrés, tant le chiffre en est minime; mais chaque jour voit s'accumuler en ce genre les matériaux nécessaires pour de futures transactions. L'organisation commerciale du pays est tout entière à créer. Même exigence quant au régime industriel qui s'offre en ce moment à l'état le plus rudimentaire. La fabrication est éparpillée dans les fermes, dans les couvents, dans certaines écoles. On semble ignorer le principe de la division du travail. Les paysans fabriquent eux-mêmes tous leurs ustensiles et construisent leurs habitations. Leurs femmes filent, tissent et confectionnent les étoffes et les vêtements dont les familles ont besoin. Excepté les maréchaux ferrants, qui joignent à leur rôle le plus direct celui de fabriquer les parties métalliques des instruments aratoires et d'aiguiser les outils, vous ne trouveriez pas un seul artisan dans les villages de la Roumanie; chacun travaille pour soi, chacun tient à honneur de se suffire à lui-même (1). Avec un tel système, le travail doit, bien entendu, demeurer absolument stationnaire. Son aspect le plus satisfaisant, il le revêt plutôt dans les couvents et dans quelques écoles spéciales, que dans

(1) *Notice sur la Roumanie*, publiée sous les auspices de S. A. S. le prince Charles Ier.

les fermes, où la routine exerce le plus d'empire, où rien ne ressemble à l'atelier. Partout la patience occupe la place de la science et de la mécanique.

Un trait qu'on ne saurait trop relever tant il est général et qui dispose favorablement l'esprit envers la population des campagnes, c'est que le cultivateur roumain possède au plus haut degré l'orgueil de son état. Il aime la terre qui le nourrit et qu'il arrose de ses sueurs. A ses yeux, la quitter, c'est déroger. Cette intime union entre l'homme et son champ, quand elle est comprise de manière à ménager une certaine aisance dans la famille, relève singulièrement le caractère des applications rurales.

On aime cette fierté du laboureur sentant qu'il tient sous sa dépendance la nourriture d'une masse d'êtres humains. Le semeur de la Roumanie, jetant son grain au sillon, semble pénétré de cette double pensée qu'il est indépendant des autres, tandis que des milliers d'individus qu'il ne connaîtra jamais vivront de son labeur actuel et de sa moisson future. Certes, il ne faudrait pas se lancer bien avant dans des raisonnements économiques pour dévoiler l'erreur fondamentale de cette impression toute spontanée, dans le milieu même où elle se manifeste. Tâche superflue, d'ailleurs, car ce n'est pas là un raisonnement, c'est un pur instinct. Nul doute qu'il n'y ait plus de véritable dignité dans les rapports qui s'établissent entre les hommes sous l'influence du besoin qu'ils ont les uns des autres et des services qu'ils peuvent se rendre mutuellement, qu'au sein d'un isolement plus ou moins systématique. Dès que le laboureur aspire à vendre pour le dehors une partie de sa récolte, il est englobé à son insu dans le vaste mécanisme des échanges dont il se croit affranchi. L'indépendance absolue n'est plus pour lui qu'une illusion; illusion respectable et qu'on se reprocherait de lui ravir, si elle illumine son modeste foyer d'un rayon de contentement et d'espoir. Seulement, dans son état présent, la constitution industrielle du pays entraîne une regrettable déperdition de forces; elle laisse inoccupées ou languissantes des aptitudes industrielles qui se sont dessinées à l'Exposition sous le jour le plus encourageant. On pourrait viser à une organisation plus rationnelle sans qu'il en coûtât aucun sacrifice à la famille agricole. — Le groupe énergique des principautés Moldo-Valaques qu'on désigne aujourd'hui sous la dénomination collective de Roumanie, et qui forme une importante agglomération de quatre millions et demi d'habitants, ne peut que gagner à se faire connaître à l'Europe occidentale et à se familiariser lui-même avec ses besoins et son génie. Un échange de relations et de services serait évidemment profitable à l'une et à l'autre des parties, sur le terrain de l'industrie et du commerce. L'Exposition de 1867 exercera peut-être en ce sens une action salutaire. Toujours est-il vrai qu'on se plaisait tout particulièrement, au Champ-de-Mars, dans la travée de la Valachie et de la Moldavie. Ce n'était pas l'idée de la lutte industrielle qui captivait les regards. Non, sans doute; mais les produits, disposés de la façon la plus pittoresque, semblaient refléter la vie locale avec une vérité saisissante. On prenait intérêt à un pays qui se révélait sans prétention et sans détour, avec le caractère semi-européen et semi-oriental qu'il doit

à son histoire politique, et qui lui prête une originalité tout à la fois séduisante et tranchée. Des
éléments vigoureux et prime-sautiers, que n'étouffe-
ront point d'aveugles et déplorables entraînements
comme ceux qui retombent à l'heure qu'il est sur les
israélites, — y donnent à l'avenir des gages solides
de développement et de progrès. Il y a dans le pays
un fonds de droiture n'ayant besoin que d'être éclairé
pour réagir contre des erreurs passagères. Par son
caractère et par ses aspirations intimes, le peuple
roumain est digne de la sympathie des nations les
plus civilisées de l'Europe.

SIXIÈME PARTIE

LES PROGRÈS DE L'INDUSTRIE ET LE PROGRÈS SOCIAL. —
ENSEIGNEMENTS ÉCONOMIQUES. — CONCLUSIONS

CHAPITRE PREMIER

Comment se trouve rempli le programme tracé au début de cet ouvrage. — Derniers traits à dégager au point de vue du progrès social
et du résultat des expériences économiques.

Après cette longue pérégrination dans tous les pays
représentés à Paris en 1867, après cet attentif examen de la situation économique particulière à chacun
d'eux, nous touchons au terme de nos études. Notre
tâche finale se trouve notablement simplifiée par la
méthode même que nous avons suivie. Il n'en est pas
ici comme dans une thèse purement spéculative, où
l'on peut être obligé de formuler des conclusions soigneusement tenues en réserve jusqu'au dernier moment. Non, certes, nous n'avons rien caché : les con-

séquences qui nous semblaient procéder des faits, nous les avons spécifiées au fur et à mesure que ces mêmes faits se déroulaient sous nos regards. L'Exposition n'était pour nous qu'une sorte de canevas où devaient se fixer nos réflexions, et qui les recevait peu à peu, liées toujours aux phénomènes industriels dont elles sont inséparables.

Voilà de quelle façon, à l'aide de quel système nous avons marché vers le but, le double but que nous nous étions assigné. Nous voulions indiquer la suite des plus récents progrès accomplis dans l'industrie et préciser le rôle et les avantages de chaque pays dans le champ clos des rivalités industrielles et commerciales, tels que ce rôle et ces avantages se sont manifestés depuis 1860, sous le régime des traités de commerce. En dehors de ces deux objets principaux, mais s'y reliant comme des corollaires essentiels, nos investigations tendaient encore à suivre, dans les phénomènes les plus constants, l'application des diverses lois de l'économie politique. Nous devions, en outre, trouver là une occasion précieuse pour faire ressortir le caractère réel de cette science et les rapports intimes qui l'unissent à la morale elle-même. On voit donc que des solennités comme les expositions universelles, surtout lorsqu'elles ont l'ampleur de celle de Paris en 1867, des solennités qui mettent en mouvement tous les peuples et les appellent à montrer au grand jour, dans une même arène, les productions de leur industrie, fournissent matière aux études des genres les plus divers. Inutile de spécifier davantage cette diversité en disant qu'elles suscitent un grand essor d'idées dans l'ordre des questions industrielles proprement dites, et que c'est là un premier rapport

sous lequel on peut les considérer. Il serait encore
plus inutile de répéter ici qu'on y peut recueillir les
vivants témoignages des services que.les sciences rendent à l'industrie, et y suivre les enseignements de la
théorie dans le champ de la pratique. L'évidence est
tout aussi palpable quant aux effets que ces solen-
nels déploiements sont destinés à produire dans l'ordre politique, en rapprochant les peuples et en les
amenant à se mieux connaître. Il est bien certain,
en outre, qu'elles rendent possibles des appréciations
comparatives sur le rôle économique des différentes
nations et sur les services que chacune, suivant la
spécialité de son génie, rend à la grande famille humaine.

Or, qu'avons-nous fait pour signaler aux regards
ces nombreux points de vue? Nous y avons conduit le lecteur lui-même, afin qu'il pût en apprécier la réalité et la grandeur. Ces rapports, ces conséquences, ces services auxquels je viens de faire
allusion, ne se sont-ils pas, en effet, présentés devant lui, à tout moment, sous les formes les plus
variées? Oui, nous pouvons le déclarer, tous nos
efforts ont visé à les rendre en quelque sorte tangibles,
en les associant aux résultats positifs acquis par l'observation.

Maintenant il n'y a plus qu'à déduire les conclusions suprêmes de ces recherches si multiples et si
complexes. Sous quel jour doit nous apparaître, en
dernière analyse, la relation existant entre le progrès de l'industrie et le progrès de la société? Comment se règle à l'heure qu'il est le compte des peuples les
plus engagés dans la lutte industrielle et commerciale
depuis 1860, et quelle instruction faut-il tirer des

expériences accomplies? Notre tâche, j'allais dire notre devoir final, consiste à résumer, à condenser les enseignements que l'Exposition de 1867 et les documents qui s'y rattachent, ont pu fournir sur ces questions si importantes, si délicates, et je puis ajouter, si scabreuses.

CHAPITRE II

Le progrès de l'industrie et le progrès social. — Institutions destinées à améliorer la condition physique et morale de la population. — Peut-on trouver là une base pour une classification des produits — Quels éléments utiles peuvent au moins s'y rattacher?

Lorsqu'on suit de près dans les différentes branches du travail la série des améliorations et des perfectionnements réalisés, il n'est pas difficile de définir le caractère et la destinée du progrès en industrie. Mettre de plus en plus le monde matériel au service de l'homme, voilà en quoi ce progrès consiste. Dépourvu d'industrie, l'individu tomberait à chaque moment sous le coup des forces matérielles qui le pressent de toutes parts en le menaçant sans cesse, comme pour stimuler son énergie et ses facultés natives. Considérez-le dans les abaissements de la vie sauvage; n'est-il pas alors l'esclave de la nature? Cet esclavage ne cesserait point, il ne ferait que changer d'aspect, si dans un autre état social l'homme se mettait lui-même, de son plein gré, sous le joug de ce même monde matériel qu'il se flattait d'avoir vaincu. Triomphant des forces naturelles à l'aide des facultés de son esprit, il ne peut se maintenir au-dessus d'elles que par l'idée et par le respect de la loi morale. Ainsi l'industrie puise dans une sphère plus haute qu'elle-même les conditions de ses propres triomphes. Cette explication du progrès industriel, qui nous ramène à l'union entre l'économie politique et la morale, ne saurait être trop présente à l'esprit si l'on veut un peu nettement spécifier les rapports qui l'unissent au progrès social.

Certes, il n'y a point à craindre d'insister sur un tel sujet. L'industrie, redisons-le donc, aide l'homme, en même temps qu'elle l'y excite, à se rendre de plus en plus maître du monde matériel. Mais si pour accroître et pour consolider, à l'aide de cette force procédant de lui-même, sa domination extérieure, il a besoin de développer son esprit et de savoir gouverner sa conduite, n'est-il pas évident que toute la philosophie du progrès industriel, toute la légitimation de l'ordre économique dérive de ces conditions élémentaires ? Oui, et il suit de là que toute industrie, si elle ne dévie pas de sa loi intime et naturelle, doit contribuer au perfectionnement moral de l'homme. Il n'en est aucune, dès lors, qui ne concoure aussi au progrès social. Autrement cette industrie ne mériterait plus son nom. Donc il serait impossible de consacrer une classe particulière à certaines industries ayant rapport au progrès social ; ce trait leur est commun à toutes, en une mesure variable.

N'en est-il pas de même des industries tendant à *améliorer la condition physique et morale de la population ?* Point de doute non plus. Si l'on voulait former une catégorie d'après cette considération, il faudrait y englober toutes les applications industrielles. Et, par exemple, les arts mécaniques, les arts chimiques y rentreraient indubitablement. On devrait y comprendre, avant les autres, l'art qui se place à la source originelle de tous les progrès modernes, l'imprimerie. Qu'à défaut d'une classification scientifique fondée sur la circonstance indiquée, on puisse cependant y rattacher des éléments utiles, je le reconnais sans peine ; la preuve s'en trouvait à l'Exposition. On va voir tout à l'heure que de précieuses indications s'y réunissaient sur deux points, dont l'un surtout présente une importance capitale. Cette réserve, elle ne peut malheureusement pas s'étendre à toutes les catégories, au nombre de sept, placées dans le groupe en question ; ce serait méconnaître la nature des choses. Et d'abord, la section qui se rapportait au bon marché des objets a motivé précédemment certaines observations qui doivent l'en faire exclure (1). Il n'y a rien à dire de la classe consacrée aux spécimens des costumes populaires. Ce sont là des curiosités qui se rallient à la classe de l'habillement. Fort intéressantes dans certaines contrées, dans les États du nord de l'Europe notamment, dont elles servaient à faire comprendre les sévères exigences climatériques et où elles avaient atteint d'ailleurs un remarquable degré de perfection, — ces exhibitions-là n'ont plus guère désormais pour notre propre pays qu'un intérêt historique. Les types disparaissent rapidement dans les costumes populaires de la France. Les chemins de fer hâtent chaque jour l'avénement de l'uniformité, même dans les régions qui passent

(1) Voy. plus haut, p. 221 et suiv.

pour avoir l'attachement le plus tenace à leurs coutumes héréditaires. Nous en avons eu, il n'y a pas bien longtemps, une preuve frappante dans notre vieille province de Bretagne. C'était au moment de l'inauguration du chemin de fer de Paris à Brest. On avait organisé dans la cité armoricaine, pour cette grande fête qui méritait d'être appelée une fête nationale, un cortége où l'agriculture occupait une place d'honneur. Mais pour conserver la couleur locale, il fallait trouver des Bretons, de vrais Bretons avec leurs longs cheveux, avec leurs habits brodés et tout l'ensemble du costume traditionnel. L'habile ordonnateur de cette curieuse représentation, mêlé de très-près à la vie agricole du pays, M. de Kerjegu, propriétaire d'une ferme-modèle, et qui a rendu des services considérables à l'agriculture, nous déclarait lui-même qu'il avait eu beaucoup de peine à rencontrer, quoique en plein Finistère, les types voulus pour la circonstance. Lorsque, le matin même de la cérémonie, nous eûmes l'occasion de voir la petite tribu endimanchée avant qu'elle n'allât, — moins fière de son rôle qu'on ne le suppose peut-être et plutôt complaisante qu'enthousiaste, — prendre sa place sur les chars de triomphe, c'est à peine si nous y reconnûmes un exemple, un seul, qui reproduisît complétement l'originalité de l'ancienne attitude.

Une transformation analogue s'opère d'un bout de la France à l'autre. Ce fait, que je me borne à constater, suffirait pour établir que si la collection plus ou moins exacte des vêtements particuliers à certaines localités pouvait offrir quelque attrait, elle était absolument étrangère aux moyens d'améliorer la condition physique et morale de la population. Tout lien manquait entre les deux idées. Aussi restera-t-il tout au plus un souvenir de cette partie des exhibitions françaises. En sera-t-il au moins de même de deux autres sections du groupe, celles des *produits fabriqués par des ouvriers chefs de métier* et celle des *instruments et procédés spéciaux à ces mêmes ouvriers*? On n'oserait pas l'assurer. Il est à craindre qu'ici le souvenir ne fasse défaut. On ne sait à quoi s'attacher. Cette remarque s'impose dans l'intérêt des futures classifications. Le fait est qu'à part certains articles isolés qui auraient pu plus convenablement trouver leur place ailleurs, il n'y avait, il ne pouvait rien y avoir d'un peu sérieux derrière les termes sacramentels de la nomenclature adoptée. C'est vrai de la première série, et c'est encore bien plus vrai de la seconde, où parmi les trente-six exposants qu'elle comprenait, figuraient des chefs de grands établissements industriels de la capitale (1). Le but était évidemment manqué. On aurait compris peut-être une exhibition des produits des sociétés d'ouvriers, des sociétés coopératives. Utile ou non, un tel fractionnement était du moins possible; mais les produits des ouvriers chefs de métier proviennent de producteurs comme les autres, petits ou grands, dont le Champ-de-Mars était rempli. Il existe des catégories de travailleurs placés dans une situation toute spéciale en qualité de chefs de métier, comme les chefs d'atelier de la soierie à Lyon, les chefs d'atelier de la rubanerie à Saint-Etienne, etc.; mais ce ne sont ni leurs produits, ni leurs instruments de travail qu'on entendait réunir et qu'on avait effec-

---

(1) Je cite, par exemple, M. Paul Dupont, imprimeur, qui n'est pas un ouvrier, chef de métier. Je pourrais citer un fabricant de fleurs artificielles et de plumes de parure, un fabricant de chaussures, etc., etc.

tivement réunis. Les tissus sortis de leurs mains appartenaient naturellement, d'ailleurs, à la galerie de l'industrie lyonnaise et à celle de l'industrie stéphanoise, dont ils ne devaient pas être séparés.

L'intérêt véritable du groupe tenait à d'autres matériaux, qu'une erreur de classification ne pouvait heureusement pas anéantir. Je conçois sans peine, je le déclare d'abord, qu'on ait eu l'intention de mettre en relief un fait qui répond aux tendances intimes de notre temps, à savoir, que les progrès industriels contemporains tendent à s'accomplir de plus en plus pour l'accroissement du bien de tous. Mais ce trait essentiel ne pouvait surgir avec tout son éclat que de l'ensemble de l'Exposition. Il planait au-dessus de l'immense assemblage des produits industriels. On courait gros risque de le diminuer et de le rétrécir en lui assignant un coin spécial dans une nomenclature plus ou moins arbitraire.

Les seuls éléments sérieux sur lesquels l'attention pouvait se diriger avec avantage étaient relatifs à l'enseignement des enfants et à celui des adultes; ils embrassaient le matériel et les méthodes de l'instruction publique, comme aussi le système des bibliothèques populaires et le rôle des sociétés privées qui se consacrent à les propager. Oui, l'instruction publique faisait presque seule tous les frais de cette division. Sur ce terrain-là apparaissaient des germes nouveaux et vigoureux, ayant une portée sociale des plus efficaces. Mettez à part les articles de cet ordre, et vous ne rencontrerez plus rien pour justifier la pensée d'un faisceau distinct. J'excepte seulement les spécimens d'habitations où le bon marché s'unit à des conditions d'hygiène et de bien-être. Là encore on trouvait une base où s'appuyer. Ainsi matériel et systèmes de l'instruction publique, modèles de maisons d'ouvriers, telles sont les deux seules catégories du groupe qui tinssent effectivement, quoiqu'en une mesure inégale, au bien moral et matériel de la population, et auxquelles il convient en conséquence de s'arrêter.

CHAPITRE III

Les industries ayant trait à l'instruction publique : l'enseignement des enfants et des adultes. — Matériel et méthodes; travaux d'élèves. — Imprimerie et librairie. — Les bibliothèques populaires et les sociétés libres. — Spécimens de maisons pour les familles ouvrières.

I — Si les exhibitions concernant l'instruction des enfants et des adultes n'étaient pas un fait entièrement nouveau en 1867, elles avaient du moins pris un caractère et une ampleur qu'on ne leur connaissait point auparavant. La première idée n'en remonte pas, du reste, au delà de l'exposition universelle de 1862, qui comprenait une classe spéciale des ouvrages et du matériel relatifs à l'instruction. Une innovation pareille, si incomplète que fût le premier essai, était grosse de conséquences ultérieures. C'est dans cette pensée que nous nous étions appliqué à en faire, pour ce qui nous concerne, une étude particulière (1). Bornons-nous à rappeler ici que cette classe de produits

(1) J'avais publié trois lettres sur ce sujet (Presse, 3, 14 et 25 octobre 1862). — V. les Ouvriers d'à présent, p. 117 et suiv.

présentait alors quatre divisions. La première était consacrée aux livres, cartes, globes, dessins, figures de géométrie, c'est-à-dire aux articles procédant plus ou moins d'un travail intellectuel. Dans la seconde se rangeaient les diverses dépendances du matériel scolaire : appropriations intérieures des écoles et ameublement. La troisième subdivision se composait des jouets et des jeux, ou autrement de ces produits qu'on peut, sans leur faire tort, qualifier de futiles, au moins quant à leur destination principale. La quatrième, enfin, était affectée aux représentations, ou, pour employer le mot anglais, aux *illustrations* de la science élémentaire, telles que les collections quelconques se rattachant à l'histoire naturelle : collections d'oiseaux empaillés, de minéraux, de fossiles, etc., etc.

Certes, ces répartitions n'étaient pas à l'abri de toute critique. Les deux dernières nous avaient paru motiver certaines objections très-précises. Quant aux deux autres, embrassant les moyens d'enseignement et le matériel des écoles, la donnée principale en était juste. C'est bien encore sur ce double objet que les regards doivent se fixer aujourd'hui; mais les perspectives se sont singulièrement élargies en 1867. L'extension est si considérable, les éléments neufs sont si nombreux, qu'on pourrait presque dire, sans faire violence au sens des choses, que cette branche de l'exhibition, placée sous une direction particulière et formant comme un tout à elle seule, équivalait à une création. Les germes qui s'y révèlent nous permettent d'envisager le progrès de l'industrie dans des applications mêlées plus évidemment que toutes les autres au grand courant du progrès social.

Dans l'exhibition des objets intéressant l'instruction, la série relative à l'enseignement des enfants
comprenait, d'une part, les moyens d'action, c'est-à-
dire les méthodes et les instruments, et, d'autre part,
les résultats, c'est-à-dire les travaux des élèves. Toutes
les richesses,—j'emploie ce mot à dessein, car ce sont
bien des richesses, ou plutôt le gage des richesses de
l'avenir, — toutes les richesses que cette section embrassait n'auraient pu trouver place dans les compartiments beaucoup trop étroits obtenus au Champ-de-
Mars; une annexe très-curieuse, qui en était le
complément, occupait deux galeries au ministère de
l'instruction publique.

Plus on pénétrait dans ces différentes ramifications
et plus on sentait grandir l'intérêt, intérêt sensible
non—seulement pour les hommes du métier, mais encore pour tous les pères de famille, pour tous ceux que
touchent les questions du lendemain. On n'a pas assez
examiné ces galeries, ou du moins la masse des visiteurs
n'a pas pu considérer d'assez près les articles nombreux
auxquels manquait le plus souvent la place pour se
déployer au grand jour. Je voudrais faire rapidement
avec le lecteur, par la pensée, le tour de ces mêmes
salles, aujourd'hui fermées ou détruites; je voudrais
spécifier quelques-uns des objets les plus marquants
qui s'y trouvaient accumulés, sauf à déduire de cette
étude quelques enseignements d'un caractère général.
A ce point de vue, cependant, une réflexion s'impose tout de suite : il ne faudrait pas s'imaginer
que les échantillons réunis, — dessins, cahiers, copies, travaux à l'aiguille, réductions en petit de
modèles d'architecture, de charpente, de menuiserie, etc., etc., pussent suffire à donner une idée

complète de l'état actuel de l'enseignement primaire
en France, au point de vue de ses moyens et de ses
procédés. Non; le niveau réel est supérieur au niveau figuré. On ne dira pas ici que l'Exposition avait
flatté le tableau, qu'elle présentait les choses sous
un jour trop avantageux. C'est le contraire qui est vrai.

Les résultats matériels dépassent ceux que l'Exposition signalait. La raison, chacun la devine : ce n'est
pas, en général, par l'esprit d'initiative que se font remarquer les instituteurs. En dehors de la classe, ils
ne se produisent qu'avec une extrême réserve, je devrais dire une extrême timidité. Il est résulté de cette
disposition intérieure, que le nombre des chefs d'école
qui ont répondu à l'appel et fourni des spécimens du
travail de leurs élèves, est relativement assez restreint. Cette discrétion même forme, du reste, une
garantie de plus pour la vérité. Rien ou presque rien
n'a été dressé en vue de l'Exposition; on n'a présenté
que la besogne courante, l'exécution ordinaire. La
tendance signalée chez les instituteurs est si vraie, que
les productions faites appartiennent aux départements
où l'initiative de l'administration avait le plus activement stimulé celle des maîtres. Il aurait fallu, —
chose impossible, — que cette impulsion fût partout
la même, partout égale, pour que les épreuves obtenues eussent permis de dresser un tableau complet et
fidèle. De cette façon, on aurait pu juger plus exactement la route déjà parcourue, les progrès déjà réalisés, comme aussi les améliorations restant à entre-
prendre pour conduire de front l'éducation qui
s'adresse à l'âme et l'instruction qui parle à l'esprit.

Après cette observation préliminaire, entrons au
Champ-de-Mars dans une première salle, où nous

pouvons parcourir divers plans de maisons d'école. Il
faut pour cela y mettre un peu de bonne volonté, car,
faute d'espace, on a été obligé de laisser ces plans
dans des cartons. Je serai franc, d'ailleurs, si j'ajoute
que cette partie des exhibitions n'offrait pas, au jugement d'hommes très-compétents avec lesquels je
l'ai visitée à diverses reprises, des traits nouveaux
bien remarquables. Au-dessus de ces cartons, s'étalaient des modèles de calligraphie, puis certaines méthodes d'enseignement géographique plus ou moins
ingénieuses, applicables plutôt à l'enseignement individuel qu'à l'enseignement simultané, des méthodes
d'écriture, des instruments d'arpentage et de géo-
désie, enfin cent objets dépendant du matériel des
classes. Quelques travaux d'élèves, des cahiers d'écriture, que les hommes du métier trouvaient fort remarquables, et des ouvrages à l'aiguille complétaient
l'assortiment varié de cette salle, où il eût été bien
difficile, par suite du défaut de place, d'établir un
ordre très-satisfaisant.

De nombreuses méthodes de lecture, parmi lesquelles les connaisseurs auront eu de la peine à faire un
choix, se faisaient remarquer d'abord dans une seconde
pièce. Là se pressaient aussi des appareils complets
du système métrique, appareils assez bien disposés du
reste, mais d'un prix élevé, quoique d'une dimension
trop réduite peut-être pour pouvoir donner aux enfants
une idée précise de la chose étudiée, et surtout une idée
qui se grave dans l'esprit. Il faut pourtant reconnaître
que les assortiments de ce genre, si petits qu'ils soient,
rendent des services sérieux dans les écoles, encore
peu nombreuses, où les ressources budgétaires permettent de les introduire. Voici de ce côté, sous une

large vitrine, un modèle en carton d'une école primaire où figurent la maison du maître, la classe, la cour, en un mot, comme on dit en vieux style de notaire, toutes les *appartenances* de l'institution. C'est bien ; et pourtant il eût été mieux d'avoir sous les yeux une maison d'école complète, dans le genre de celles qu'avaient érigées plusieurs pays étrangers, les Etats-Unis (Illinois), la Saxe, la Prusse, la Suède, — avec tout son mobilier scolaire, avec ses inscriptions murales, ses sentences rappelant Dieu et les grands devoirs de la vie, avec les livres courants et les méthodes usuelles rangés sur des tablettes. Il eût été plus facile d'acquérir ainsi des indications précises sur les moindres détails de l'installation. Il y avait là une lacune qu'il faut peut-être encore attribuer à l'exiguïté de l'emplacement, mais que des plans, dressés avec le plus grand soin, ne pouvaient pas combler.

Un enseignement beaucoup trop rare jusqu'à ce jour dans les écoles primaires et dont l'importance est universellement reconnue, — l'enseignement de la comptabilité, — prenait son rang dans les vitrines subséquentes. On ne pouvait examiner trop attentivement les méthodes proposées, aujourd'hui surtout que cet enseignement a été rendu obligatoire dans certaines écoles déterminées (1). En le dégageant de toute spéculation hasardée et superflue, en le ramenant aux simples données de la pratique courante, on pourra réussir à le propager dans les campagnes, où il serait si nécessaire et où il est absolument inconnu. Sans une comptabilité régulière, point de base solide pour l'économie intérieure, pas plus dans la ferme que dans l'atelier. Il faut, me disait un inspecteur des écoles

(1) Loi du 21 juin et décret du 2 juillet 1866.

primaires qui m'accompagnait devant ces vitrines et à qui je restitue son mot, il faut *ruraliser* cette branche de l'instruction scolaire (1). Déjà nous avions eu nous-même l'occasion de nous expliquer à ce sujet dans une étude sur l'état moral et matériel d'une nombreuse et intéressante catégorie de travailleurs ruraux. «Parmi les connaissances à propager, disions-nous en parlant des métayers du Périgord, il en est une aujourd'hui complétement délaissée, et qui peut seule mettre le cultivateur en état de suivre ses affaires et de comparer les résultats successivement réalisés : je veux parler de la comptabilité agricole. Il est inouï à quel point l'ignorance est grande sur ce point dans les campagnes. Je ne commettrai pas d'indiscrétion en énonçant d'une façon générale que dans certains concours, où il fallait de toute nécessité produire des livres de compte, on avait dressé la veille les états soumis aux jurys (2).»

Les parois supérieures de la salle étaient recouvertes de tableaux du système métrique d'un grand format, de quelques appareils de mécanique et de solides géométriques (3). Notons en passant quelques travaux des sourds-muets et les méthodes d'enseignement concernant cette classe infortunée, comme d'autres systèmes destinés à une catégorie peut-être plus malheureuse encore, celle des aveugles (4). On n'examinait pas sans émotion, au milieu de la salle, le

(1) Pour cet enseignement, on pouvait signaler à l'Exposition même les *Exercices pratiques de tenue des livres* par M. Détriché, inspecteur de l'instruction primaire. Le côté élémentaire et pratique y est justement saisi, et par un homme qui sait à merveille ce qui convient au tempérament scolaire.

(2) *Revue des Deux-Mondes*, 1er juin 1867.

(3) Je mentionne l'escalier métrique et l'escalier géométrique de M. Demkès, un des meilleurs instituteurs de Paris.

(4) V. les tableaux de M. Grosselin.

trophée des ouvrages dus aux aveugles de l'Institution impériale. — Les travaux d'élèves, dessins, lavis, etc., occupaient un troisième et dernier compartiment. Quoique le mode des vitrines, d'ailleurs indispensable, ne permît de voir que quelques-uns de ces échantillons, pris au hasard, cet examen suffisait pour qu'on pût y reconnaître un réel mérite de justesse et de sûreté. Les méthodes de musique sont à mentionner aussi à cause de l'importance de l'enseignement musical dans les programmes scolaires. Le reste de la pièce était occupé par les appareils de la gymnastique. Au centre on avait placé un bureau moniteur à l'usage des salles d'asile, appareil ingénieux, mais qui sera peut-être plus admiré qu'adopté (1).

On peut juger que à part quelques travaux d'élèves, l'exhibition dans les salles parcourues jusqu'à présent s'adresse surtout aux moyens de l'instruction primaire considérée dans toutes ses branches. S'il était difficile de découvrir l'idée mère qui avait présidé au rangement de ces nombreux articles, il devenait du moins manifeste, dès le premier abord, que des collections aussi nombreuses et aussi diversifiées devaient offrir aux hommes du métier d'inappréciables avantages. Il est impossible que les milliers d'instituteurs qui ont visité ces galeries n'y aient pas recueilli une ample moisson de faits inconnus pour eux, d'observations pratiques éminemment instructives, et dont les fruits se retrouveront dans le régime intérieur des classes.

La place assignée aux travaux des élèves, fort restreinte au Champ-de-Mars, s'élargissait au contraire dans les deux galeries du ministère qui complétaient

_____

(1) Une salle d'asile-modèle avait été construite dans le parc sous la direction de M. Marbeau, fondateur.

l'ensemble du tableau relatif à l'instruction des enfants. Cette annexe avait été l'objet de soins tout particuliers. Les préfets avaient été invités à former dans chaque département une commission chargée de faire un choix dans les travaux des écoles primaires. Des compositions d'écriture, d'orthographe et d'arithmétique avaient été données aux élèves, et les meilleures copies, dans les trois épreuves, avaient été expédiées à Paris, suivant des règles et dans une proportion déterminées. Classées par ordre alphabétique des départements, et reliées en 18 ou 20 volumes, ces copies constituent la base d'une enquête sur l'état de l'instruction primaire en France. Pour tous les connaisseurs, pour tous les juges compétents, ces échantillons témoignaient tout d'abord, en ce qui concerne la première épreuve, d'une écriture régulière, propre, agréable à l'œil et très-lisible. Si on comparait cette écriture à celle des cahiers exposés dans les maisons d'école des pays étrangers, l'avantage restait aux élèves de nos classes. Triomphe bien modeste sans doute auprès de ceux des puissants appareils de la mécanique et des grandes industries manufacturières, mais qui n'en méritent pas moins d'être relatés, car ils contiennent une espérance. L'écriture des garçons est en général supérieure à celle des filles. Un détail encore : l'écriture en gros est peut-être moins satisfaisante au point de vue des principes que l'écriture en fin : cela tient sans doute à ce que dans nos meilleures institutions on a abandonné, probablement par de bonnes raisons dont je ne saurais me rendre juge, l'ancienne méthode consistant à apprendre à écrire en commençant par les gros caractères. Sous le rapport de l'orthographe, les mêmes témoignages de satisfaction paraissaient mérités.

Les quatre cinquièmes des copies n'avaient pas de fautes ; et elles proviennent d'enfants dont l'âge varie entre 12 et 14 ans ; c'est à faire réfléchir les élèves du même âge, dans nos lycées et nos colléges. Inutile d'énoncer, d'ailleurs, que les épreuves de toutes espèces avaient été exécutées dans des conditions qui leur prêtent une authenticité inattaquable. Pour l'enseignement de l'orthographe, on suit évidemment une saine méthode ; on est dans la bonne voie. Après ces résultats, il appartient aux écoles normales de maintenir parmi les jeunes gens une direction réfléchie et systématique. Le soin et la propreté avec lesquels sont tenus les cahiers d'orthographe attestent d'ailleurs d'excellentes habitudes. — Restent les épreuves relatives à l'arithmétique. C'est là, on peut le dire, la partie de l'enseignement qui donne dans nos écoles primaires les résultats les plus remarquables. Un bon juge, qui avait examiné une partie des copies exposées, nous assurait que le nombre des opérations justes devait aller aux trois quarts. La sentence relative aux dessins qui attiraient plus les regards que tous autres échantillons, — ne sera pas aussi favorable, soit qu'il s'agisse du dessin linéaire ou graphique, soit surtout des autres branches du même enseignement. Non pas que les envois sous ce rapport aient été très-imparfaits, tout au contraire ; mais chaque travail semblait un travail isolé, représentant le talent et les efforts individuels de celui qui l'avait exécuté, et non point le résultat d'un enseignement théorique bien défini, de principes méthodiques nettement déterminés. Or, la méthode pourrait seule donner à cet enseignement une direction utile et un but pratique. Le dessin proprement dit restait d'ailleurs fort au-dessous du dessin linéaire. C'est dans cette seconde branche qu'on reconnaît surtout, si l'on excepte les écoles de Paris et de quelques grandes villes, l'absence d'une organisation un peu solide et un peu réfléchie. Nous sommes bien loin, dans notre pays, d'accorder à cette spécialité la place qu'elle occupe à l'heure qu'il est et depuis 1851, en Angleterre, dans le système de l'instruction publique, et qui ne fait que s'accroître chaque jour; néanmoins les progrès de l'industrie sont entièrement subordonnés à la connaissance du dessin, langue vivante de l'atelier.

Aucune partie de l'exhibition des travaux d'élèves n'excitait plus d'intérêt que les ouvrages, au nombre de 4 à 5,000, érigés en trophées, et qui étaient dus aux petites filles de douze à quatorze ans. Jamais encore les échantillons de ce genre n'avaient figuré que dans des expositions toutes locales. En présence de l'attention sympathique qu'ils ont excitée, on ne regrettera pas de leur avoir accordé l'éclat d'une publicité plus éclatante. Certes, il importe d'encourager les applications de ce travail manuel; mais si l'on songe que la population des campagnes est de six à sept fois plus nombreuse que celle des villes, on souhaitera que les travaux à l'aiguille comprennent surtout la confection du linge et des vêtements d'usage journalier, et que dans les exercices de couture les ouvrages les plus ordinaires l'emportent sur les articles de luxe.

Prise dans sa généralité, l'exposition de l'enseignement des enfants fournissait de nombreux motifs de satisfaction. Elle forme comme un inventaire détaillé

du progrès accompli, tout en faisant comprendre les
améliorations restant à désirer. Il en est résulté une
précieuse lumière sur l'état réel des choses. Jusqu'à
ce moment on connaissait certains détails, on ne connaissait point l'ensemble d'une situation, dont pour la
première fois on aura pu se faire une idée nette
et juste. Que cette situation ait ses vides, ses incertitudes, ses défaillances, on conçoit qu'il n'en peut être
autrement. Mais au point de vue où l'on doit la
considérer dans une exposition de l'industrie, c'est-à-
dire au point de vue de son organisation matérielle,
de ses méthodes, de ses ressources, il n'est pas
possible de méconnaître qu'il s'y révèle une aspi-
ration forte et décidée vers le mieux. Grâce aux
éléments de comparaison réunis, grâce aux signes
nombreux rendus sensibles pour tout le monde, on
pourra plus exactement désormais mesurer les besoins existants et discerner quels sont les meilleurs
moyens de les satisfaire.

Dans les compartiments affectés à l'instruction
primaire, il se trouvait certaines exhibitions isolées
quoique dépendant d'une institution bien connue qui
rend des services signalés, et qu'il ne serait pas
permis dès lors de passer sous silence; je parle
d'exhibitions dues à des Frères de la Doctrine chrétienne. C'est ici le cas de constater que cette institution
se maintient au niveau de tous les perfectionnements
dans l'installation matérielle de ses classes. On n'y
sacrifie en ce genre aucune condition de succès.
Ecoles de villes, écoles de villages offrent, au contraire,
d'excellents modèles. J'ai eu bien des fois l'occasion
de le vérifier par mes yeux, et en dernier lieu dans
une de nos grandes villes manufacturières, Reims, la

cité natale du fondateur même de l'œuvre, le père
J.-B. de Lasalle. J'avais, du reste, un guide excellent
dont l'expérience m'était bien précieuse, le maire d'a-
lors, M. Werlé, qui pendant dix-sept ou dix-huit années
a déployé dans ces difficiles fonctions une activité si
profitable aux institutions d'enseignement et aux
autres institutions locales. Je garde encore l'impression
la plus satisfaisante du spectacle de ces écoles. On
peut tenir pour certain que si les instituteurs laïques
ont étudié l'Exposition avec un visible profit, les hommes qui dirigent l'institut des Frères de la Doctrine
chrétienne n'auront pas, de leur côté, laissé perdre
une seule indication avantageuse.

II — Au sortir des salles consacrées à l'enseignement
des enfants, on passait dans celles de l'enseignement des
adultes, au nombre de deux, qui renfermaient également de nombreuses spécialités. L'instruction reli-
gieuse, les bibliothèques populaires, les travaux des
écoles de dessin, de sculpture et d'autres écoles spéciales, l'art même de l'enseignement ou pédagogie,
l'enseignement secondaire des lycées, les envois des
écoles impériales d'arts et métiers, le trophée de l'é-
cole de Cluny, celui des ouvrages classiques, etc.,
telles en étaient les divisions principales. On doit tout
particulièrement approuver la pensée qui avait attri-
bué un cadre étendu à la collection des ouvrages pour
les bibliothèques scolaires. Rien de plus propre à éclairer et à faciliter les choix. Il faut louer aussi les étalages des sociétés libres qui se dévouent à la propagation des livres. La *Société pour l'amélioration et
l'encouragement des publications populaires* avait érigé
dans un pavillon du parc une bibliothèque complète
des ouvrages approuvés par elle, au nombre de plus

de 1,200. Une exhibition du même genre appartenait à la *Société Franklin*. Parmi les associations qui se préoccupent, sur une échelle plus ou moins étendue, de la même idée, on apercevait la *Société nationale d'encouragement au bien*, la *Société des livres utiles;* puis diverses sociétés créées dans les départements : dans le Haut-Rhin, à Mulhouse et à Colmar ; dans l'Aisne, à Laon ; dans l'Aveyron, à Rodez ; dans le Doubs, à Montbéliard, etc. (1). On ne sait pas assez dans le public que d'efforts, que de soins, que de dévouement réclame la tâche de ces institutions pour être consciencieusement accomplie. Je rends naturellement témoignage de ce que j'ai pu voir. Or, à ce titre, je ne saurais trop exalter, sans mêler à cet éloge aucune intention exclusive, la vigilance de la *Société pour l'amélioration et l'encouragement des publications populaires*. C'est un honneur recherché que de faire partie de son comité de lecture, mais c'est un honneur très-laborieux qui impose une vérification attentive, des comptes rendus minutieux, toujours soumis à une discussion approfondie.

Auprès des livres réunis dans les bibliothèques scolaires ou populaires se rangeaient les vitrines des libraires-éditeurs dont les publications se rapportent à une branche quelconque de l'enseignement. Chacun

---

(1) Il est juste de citer ici des institutions dont le rôle touche de près, sous une forme ou sous une autre, à l'enseignement ou à la lecture : la *Société pour l'instruction élémentaire de Paris*, la *Société pour l'instruction primaire du Rhône*, l'*Association polytechnique* si longtemps présidée par un homme éclairé, droit et généreux, M. Perdonnet, l'*Association philotechnique*, la *Société philomathique de Bordeaux*, la *Société professionnelle du Rhône*, la *Société pour le patronage des apprentis*, l'asile-école Fénelon à Vaujours (Seine-et-Marne), l'établissement de Saint-Nicolas, à Paris, etc., — et par voie d'une assimilation qui n'a rien de forcé, la *Ligue internationale de la paix*.

a pu se dire déjà qu'en tête des industries intéressant l'éducation et l'instruction s'inscrivent d'elles-mêmes l'imprimerie et la librairie. Et pourtant on était obligé de reconnaître à l'Exposition, que, malgré des efforts qui ne sont pas sans mérite, on n'avait guère de progrès à signaler ni d'un côté ni de l'autre. Dans l'imprimerie d'abord, si l'on excepte quelques rares maisons, on n'a pas gagné le moindre terrain. Tant s'en faut. Le fait ne serait peut-être pas difficile à expliquer sans qu'on pût y trouver un texte de reproches envers les imprimeurs; mais il nécessiterait un examen très-complexe de causes morales, politiques et économiques tout à fait en dehors de notre cadre actuel. Observation analogue pour la librairie en général. L'exercice de la profession de libraire-éditeur réclame l'alliance de qualités fort diverses. Un livre, même sans parler de l'impression, ne se fait pas tout seul; il y entre des opérations multiples où l'éditeur peut utiliser des facultés d'un ordre particulier, bien moins communes qu'on ne le suppose habituellement. Puisqu'à propos de différentes industries, j'ai mentionné les hommes qui s'y étaient le plus distingués, ceux dont la perte plus ou moins récente avait laissé des vides, il n'y a point de motifs pour faire une exception au sujet de la librairie. Je reste donc dans la ligne tracée en nommant M. L. Hachette, qui semble avoir été de nos jours le type le plus complet du libraire-éditeur. A une rare intelligence des affaires en général, il joignait le génie propre de la librairie. Quoiqu'il eût rendu de longs services dont le souvenir ne s'effacera pas de sitôt, il n'avait pas terminé sa tâche; il est mort avant le temps, quand il songeait à des innovations ou plutôt à des élargissements dans lesquels son influence et sa personnalité seront plus que difficiles à remplacer.

Loin de nous l'intention de nier que diverses branches de la librairie n'aient étalé en 1867 des mérites solides. Sans avoir besoin de désigner des maisons puissantes qui embrassent les genres les plus divers, nous devons faire remarquer la librairie des classiques anciens et modernes, celle de l'économie politique et des études sociales, celle des sciences morales, la librairie administrative, la librairie liturgique, la librairie de l'agriculture, du génie civil, des chemins de fer, des arts et métiers, la librairie scientifique et industrielle, celle de l'enseignement primaire et secondaire, la librairie des livres religieux, si active à Paris, à Tours, à Lille, à Limoges et ailleurs, etc. Seulement, ce qui devient partout de plus en plus rare, ce sont les libraires-éditeurs qui recherchent, qui combinent, en un mot qui créent soit un genre, soit un système, ou songent au moins à sortir un peu des voies battues (1).

Un mouvement très-notable règne, j'en conviens, dans la spécialité des ouvrages et publications destinés aux écoles soit pour les études, soit pour les prix, soit pour les lectures : il se déploie sur ce terrain des efforts sérieux et méritoires. Mais la concurrence y a pris des formes si âpres, une ardeur si passionnée, que le fait d'écouler les livres y paraît trop souvent dominer toute autre considération.

(1) Il y avait fort peu de livres dignes de ce nom, au point de vue de l'exécution matérielle, dans les bâtiments du Champ-de-Mars. *Les Jardins*, publiés par MM. Mame, n'étaient pas un livre, parce qu'il n'y a point de livre sans texte. Dans le *La Bruyère* des mêmes éditeurs, les gravures, exécutées avec goût, avaient le rare mérite de s'adapter parfaitement au sujet.

Rien n'était plus naturel que de comprendre dans les récompenses les libraires, les éditeurs, les imprimeurs dont l'industrie et le travail peuvent effectivement relever de l'appréciation des jurys. Quant à l'idée de décerner des médailles aux auteurs eux-mêmes, elle soulève tout de suite, au contraire, une objection sans réplique. Que ce soit un honneur de les avoir obtenues, je le proclame aussi haut qu'on voudra; mais la question échappe au domaine des sentiments personnels. Lorsque les académies elles-mêmes, tout en circonscrivant leur examen sur un nombre très-limité d'écrits, éprouvent tant de peine pour en caractériser le mérite relatif, comment une pareille mission pourrait-elle être attribuée aux éphémères jurys des expositions industrielles? Il y a eu là une illusion évidente dont il sera sage de se préserver à l'avenir. En voulant trop embrasser, on s'expose à diminuer et à compromettre l'autorité des décisions.

III — Point de semblable réserve au sujet de la catégorie si distincte de celle de l'enseignement, à laquelle il a déjà été fait allusion, celle des spécimens d'habitation pour les ouvriers. Rien de mieux que d'avoir songé à mettre en relief les moyens de se loger à bon compte et avec de suffisantes conditions d'hygiène et de bien-être; rien de mieux que d'avoir sollicité de ce côté-là l'esprit d'entreprise. Il s'agit évidemment d'un des besoins dont notre temps ne s'est pas assez largement préoccupé, dans l'ensemble des recherches relatives au bien matériel. Quoiqu'elle ne fût pas très-nombreuse à l'Exposition, la série des constructions de cette espèce fournissait d'excellentes indications pratiques. Ces maisons ont particulièrement excité la curiosité des visiteurs. Déjà, en 1862, à Londres, il y avait eu en ce genre un premier essai, consistant dans une habitation modèle élevée par les ordres du prince Albert. Les regrets si universels qu'avait excités la mort du prince ne nuisirent point à cette exhibition, qui obtint un grand et légitime succès. En 1867, nous avons vu figurer dix-sept exposants soit pour des constructions effectives, soit pour des plans et modèles. Tantôt les maisons sont destinées à une seule famille, tantôt à plusieurs ménages. Les habitations à bon marché que l'Empereur Napoléon III avait fait construire avenue de la Bourdonnaye, font partie de la seconde catégorie ; les plans en ont été fort approuvés. Un tel exemple devait produire un excellent effet et contribuer puissamment à diriger l'attention sur les exhibitions du même ordre. Les maisons de la *Société des cités ouvrières de Mulhouse,* dont M. Jean Dollfus a été le principal promoteur et M. Emile Muller, l'architecte, celles de la compagnie des mines de Blanzy, celles d'une réunion d'ouvriers de Paris, s'adressaient aussi à plusieurs familles. En fait de demeures pour un seul ménage, on avait les constructions de MM. Japy, frères, de Beaucourt, et celles de la *Société coopérative immobilière de Paris.* Les modèles et les plans sur écheller éduite étaient dus à la compagnie des houillères d'Anzin qui porte tant de soins dans toutes les branches de son service relatif aux familles des mineurs, — à MM. Goldenberg, du Zornoff (Bas-Rhin), Schneider, du Creuzot, Paul Dupont, de Paris, Scrive de Marcq-en-Barœul (Nord), etc. Il est juste de nommer en outre le regrettable M. Richébé, ancien maire de Lille, homme dévoué au bien public, simple et modeste dans son attitude et à qui il est arrivé, sans qu'il en ait jamais eu la prétention, de laisser un vide après lui (1).

Dans les sections étrangères, les principaux modèles appartenaient à la Belgique, au Wurtemberg et à l'Autriche. On y a rattaché avec justice le concours prêté par divers personnages à un titre ou à un autre. Le prince royal de Prusse doit être nommé comme fondateur et président de la *Société des petits logements* à Berlin. On n'est que juste en citant M. Ed. Chadwick, auteur d'un rapport qui a précédé en Angleterre le mouvement relatif aux habitations ouvrières, M. Godin-Lemaire, fondateur du Familistère de Guise, etc.

Ainsi, voilà bien une seconde série, qui justifiait sa place dans le groupe tenant au bien moral ou matériel de la population. Mais chacun a pu reconnaître si nous pouvions à bon droit déclarer dès l'abord, qu'à part cette série-là, à part le vaste déploiement concernant l'instruction publique, tout point d'appui un peu solide manquait à la division spécifiée. Ici, point de signification sérieuse ou précise; là, point d'affinité entre les éléments agrégés, dont les plus notables auraient trouvé ailleurs une place mieux appropriée à leur vrai caractère. Ce classement était évidemment le résultat d'une bonne intention, mais d'une bonne intention qui s'abuse et se fourvoie. La trace de cette expansion démesurée devra disparaître des expositions futures, et c'est précisément dans cette pensée que notre observation nous a paru tout à fait indispensable.

Une considération analogue impose une autre réserve. Chaque ordre de mérite demande à rester

_____

(1) Il s'agissait de modèles de maisons d'ouvriers à ériger par une compagnie moyennant garantie d'un minimum d'intérêts donné par la ville.

dans son cadre. Point d'avantage à l'en retirer. C'est faire sans profit, et non sans danger, une sorte de contrainte à la nature des choses. Nul n'ignore cependant que si l'on crée de nouvelles catégories de récompenses quelles qu'elles soient, on est sûr d'avoir des candidats. J'avoue même qu'il s'en trouvera de très-méritants. Les dossiers abonderont certainement, la France étant le pays du monde où ils pullulent le plus vite. Ce n'est pas là qu'est la difficulté. Mais des lacunes immenses sont inévitables; on n'est pas sûr que les titres qui ne se produiront point n'auraient pas mérité autant ou plus que d'autres l'éclat du grand jour. Et d'ailleurs, il y aura toujours, grâce à Dieu, des services, des mérites, des vertus qui résisteront à toute supputation arithmétique. Oh! si l'on tient à chiffrer à tout prix, point d'embarras; les chiffres sont accommodants; ils se prêtent à tout. Seulement ils ne donnent que ce qu'ils peuvent donner, c'est-à-dire un moyen de compter, ce qui signifie, dès qu'il s'agit de choses qui ne se comptent pas, un moyen d'appréciation essentiellement vicieux. Dans une telle voie on serait exposé à rechercher, et cela même par esprit de justice, des méthodes de compte arbitraires et hasardeuses qui n'auraient pas la moindre réalité devant la science. Il vaut donc infiniment mieux renoncer, pour l'avenir, à ces ordres de récompenses.

CHAPITRE IV

Le système des traités de commerce, les conventions de 1860 et la liberté commerciale. — Véritable sens des témoignages fournis par l'observation. — Situation actuelle, intérêts économiques de la France et nécessités qui en résultent.

I — Vers la fin de l'année 1860, un des négociateurs des conventions récemment conclues aurait dit incidemment : « Dans dix ans les traités de commerce n'auront produit ni tout le bien qu'on en espère ni tout le mal qu'on en redoute. » Avec sa formule d'un aspect un peu ondoyant, le pressentiment était au fond très-sensé ; il témoignait d'un esprit d'impartialité et de mesure complétement maître de lui-même. On ne nous reprochera donc point de trouver le mot vraisemblable. Il a été d'ailleurs, à vrai dire, justifié par l'événement, ce qui est la décisive épreuve pour les vues de l'homme d'Etat. Eh bien, prenant le passé pour ce qu'il est, on a besoin de savoir aujourd'hui ce que réclame l'intérêt de la France, en raison même du bien qui n'a pas eu lieu et du mal qui s'est fait sentir. Voici la question telle qu'elle se pose en dernière analyse. C'est ici le moment de se recueillir ; c'est le moment d'avoir présente à l'esprit l'idée émise dès la première page de ce livre, l'idée d'un témoignage à déposer : *Ore veridico testimonium.* Point de juste conclusion possible, en ffet, si l'on ne se prémunit contre toute intention préconçue dans un sens ou dans un autre. Heureusement, plus on y réfléchit, et plus les conséquences correspondant aux nécessités actuelles paraissent se dégager naturellement de l'ensemble des phénomènes. On n'a pas besoin d'y regarder de bien près pour reconnaître que l'évidence est devenue, par la force des événements, une affaire de bon sens, non d'arguments captieux ou de chiffres subtils. Avant tout, il convient de se reporter au point de départ et de s'entendre sur le sens des mots le plus communément usités dans la question.

Lorsqu'on parle des traités de commerce et du nouveau régime économique, on fait principalement allusion au traité conclu avec l'Angleterre le 23 juin 1860 et aux conventions qui en ont été la conséquence. C'est un peu en sous-ordre que vient le traité du 1er mai de la même année avec la Belgique. Quant à d'autres actes analogues intervenus plus tard avec différents pays, ils ont certes leur importance spéciale, quoique secondaire, mais qui pourrait être singulièrement accrue par suite de cette disposition stipulée avec l'Angleterre et avec la Belgique, que chacune des parties contractantes s'engage à faire profiter l'autre de toute faveur ou abaissement de tarifs, accordés à une tierce puissance. On doit se rappeler encore que l'enquête à laquelle il a été procédé en 1860 devant le conseil supérieur du commerce, avait été postérieure au traité du 23 janvier : c'est le 7 mars qu'elle s'est ouverte, sous la présidence de M. Rouher, alors ministre du commerce. Elle ne pouvait plus porter, bien entendu, sur le traité, désormais fait accompli. Elle concernait seulement l'arrangement destiné à établir les droits *ad valorem*, applicables aux objets d'origine et de manufacture britanniques. Tâche difficile, du reste, qui devait laisser subsister dans la pratique bien des embarras et des incertitudes, et ouvrir une porte à l'arbitraire.

Le traité de commerce du 23 janvier avait suivi de fort près la lettre adressée par l'empereur au ministre d'Etat, le 5 du même mois. Il était la première application des idées générales qu'elle énonçait, et qu'accompagnaient, on s'en souvient, certaines conditions, certaines garanties, fermement articulées. Dès que la lettre impériale composait un programme subordonné à des conditions, à des garanties, elle impliquait ou plutôt elle commandait l'examen de ces conditions mêmes et des résultats qui seraient obtenus. Le traité avait d'ailleurs été conclu pour dix ans, sauf aux parties contractantes à se prévenir douze mois à l'avance de leur intention d'y renoncer. Il aurait suffi de cette circonstance pour que la question relative aux effets ultérieurs fût ouverte dès le premier jour, tout en devant, bien entendu, s'élargir à mesure qu'on approcherait du terme.

Après ces observations viennent celles qui concernent les mots *traités de commerce* et *liberté commerciale* employés assez communément, quoique à tort, les uns pour les autres. L'inexactitude de langage ne serait rien si elle ne recouvrait pas une confusion périlleuse. Certes, les mots spécifiés ne sont point synonymes. Les traités ne sont qu'une simple forme qui pourrait servir de cadre à des idées fort diverses; il y a des partisans de la liberté commerciale qui la réprouvent plus ou moins absolument. Je ne crois pas m'aventurer beaucoup si j'affirme qu'envisagée en elle-même, elle n'obtiendrait point la

préférence parmi les économistes. Indépendamment
de toute question de doctrine, les engagements internationaux offrent en cette matière de manifestes désa-
vantages. « Quand une nation réforme chez elle son
tarif, écrivait M. Léonce de Lavergne au lendemain
du traité de commerce du 23 janvier, elle n'a de
compte à rendre qu'à elle-même; elle peut, si elle
s'aperçoit qu'elle se trompe, revenir sur ses pas. Quand
elle s'est liée par un engagement bilatéral, elle ne le
peut plus (1). » Objection très-sérieuse, qui n'est pas
la seule, et peut-être même pas la principale. Une
signification plus concluante encore découle du principe de la libre discussion. Jamais pour des questions
aussi complexes dont la solution, on l'avoue de toutes
parts, doit réagir si profondément sur les intérêts d'un
pays, jamais on ne saurait trop invoquer les lumières
inhérentes à des débats contradictoires. Or, les formes
diplomatiques exposent à ce qu'ils soient ou tardifs
ou incomplets. Supposez un autre système, supposez
que les changements soient opérés par des lois, et le
grand jour brille de lui-même. Alors enquête et discussion précèdent nécessairement les décisions prises
et les arrêts rendus. On est plus certain d'arriver à
une équitable application des principes. Voilà pourquoi ce système nous paraît s'accorder seul avec les
doctrines de la science économique.

Je sais bien qu'il a été dit, à propos même du traité
de 1860 : « Mais, par le moyen d'une loi, on ne serait
arrivé à rien. » A-t-on bien réfléchi, cependant, à
la portée de telles paroles? Prenons-y garde : l'idée
qu'elles renferment ne pourrait être soutenue ni politiquement, ni scientifiquement, ni moralement. Pas

(1) *Revue des Deux-Mondes*, 15 février 1860.

politiquement, parce qu'elle supposerait une souveraine défiance des institutions et la volonté préconçue
de tourner l'opinion publique ; pas scientifiquement,
parce qu'elle mettrait l'expédient à la place du principe ; pas moralement, parce qu'elle n'aboutirait, au
fond, qu'à un subterfuge. Fût-il démontré que dans
un certain cas il fallût attendre un peu plus longtemps
avec le système le plus libéral, avec le système des
lois, l'inconvénient serait amplement compensé.
Quand tous les côtés d'une question ont été élucidés
et discutés, on est moins enclin à la remettre plus tard
en litige. L'opinion publique éclairée y répugnerait
invinciblement. On a moins à craindre, en outre,
l'effroi des intérêts et les désastres auxquels il expose.
Les solutions justes réclament nécessairement, du
reste, une connaissance parfaite et une saine appréciation de la situation du pays, que la libre discussion
peut seule suggérer ou mettre en lumière.

Qu'il soit indispensable de tenir compte des circonstances, que l'application des théories soulève
inévitablement une question d'opportunité et de mesure, pas un esprit sérieux ne le contestera. « Je suis,
disait M. Michel Chevalier, je suis un partisan assez
décidé de la liberté du commerce et des transactions ;
mais je suis de ceux qui croient que toutes les libertés, même celles qui me sont le plus chères, ont
besoin souvent au moins de certaines réserves et de
certaines limites (1). » Paroles très-claires, qui certainement permettent, quand on le croit bon, et comme
le réclamait l'orateur, de se *montrer très-large*, mais
qui n'en impliquent pas moins la reconnaissance des
conditions essentielles. Ouvrez l'histoire économique

(1) Sénat, 13 mai 1865.

de l'Angleterre, qu'on n'étudie point assez quoiqu'on en parle souvent, et vous y voyez à chaque pas que les solutions lentement élaborées, soumises à l'épreuve de la libre discussion la plus complète, ont eu le mérite de choisir leur moment et de venir à l'heure favorable. Telles solutions réalisées à une certaine époque, auraient rencontré à une époque un peu antérieure des obstacles insurmontables. La tentative seule eût été un mal. Sir Robert Peel a pu illustrer son nom par la réforme de la loi des céréales, en 1846. Croit-on qu'il aurait fait preuve du discernement de l'homme d'Etat, en le supposant dès lors convaincu lui-même, s'il avait présenté ce bill vingt ou vingt-cinq ans plus tôt, alors qu'il marquait déjà dans les affaires politiques? Il y aurait eu dans cette hypothès impossible une appréciation inexacte de l'état de l'opinion publique et des solutions qu'elle comportait. Au fond, cependant, les principes n'étaient pas autres en 1846 qu'en 1820 ou en 1821. Telle est la différence que le bon sens suffit à constater. Toute innovation en ce genre, pour être féconde, suppose une certaine disposition des esprits, outre la connaissance exacte des forces matérielles du pays.

Quant à la science, elle garde son lot parfaitement intact. Les principes étant vrais de toute éternité, elle est évidemment dans son droit, dans son devoir, lorsqu'elle en fait la base de son enseignement. Point d'objection là-dessus ; seulement il appartient ensuite à la politique de juger les milieux, les temps et les circonstances. Je soutiens donc qu'il n'y a nul intérêt pour l'industrie à s'élever systématiquement contre l'économie politique. Le procédé offrirait au contraire des inconvénients palpables. A moins de fermer les yeux au grand jour, il n'est plus possible de méconnaître que l'économie politique, dans l'ensemble de son enseignement spéculatif, possède tous les titres qui forment la consécration d'une science. Elle a sa tradition, ses bases; et ce qui rehausse encore la science, le talent s'appuie, parmi ses maîtres les plus autorisés, sur la dignité du caractère. Autant de gages de force et d'influence. Sans doute il peut lui rester et il lui reste des progrès à faire; mais toutes les sciences en sont là, même les mathématiques. Elle n'en a pas moins un corps de doctrines très-net, parfaitement déterminé, sur lequel s'accordent les économistes de tous les pays, quelles que soient d'ailleurs les circonstances sociales ou politiques au milieu desquelles ils sont placés. Ne sait-on pas que parmi ses doctrines sur le travail, la plupart sont passées dans les habitudes industrielles? C'est évident : on s'en fait tantôt une égide et plus souvent un flambeau. Comment donc, après cela, mêler une attaque systématique contre cette science à la défense des intérêts de l'industrie? Comment ne pas s'apercevoir qu'il y aurait là tout à la fois une erreur fondamentale et une faute de tactique? Ce qui importe, c'est de prévenir des applications inopportunes ou excessives. Et alors ce n'est plus du côté des économistes qu'on doit se tourner, c'est du côté du gouvernement, dont le rôle commence où finit celui de la science. Notons que ce rôle ne se heurte plus à l'heure qu'il est contre le système de la prohibition à outrance. Et même ceux qui dans le sens indiqué plus haut ont pu se dire jadis franchement protectionnistes sont conséquents avec leur passé, dans la situation actuelle, quand ils se rallient pleinement à l'idée qui veut tenir compte du temps et des circonstances. Or, c'est là l'idée même de la liberté progressive, qui n'est autre chose que l'économie politique pratique.

II — Si de telles données sont conformes à la science politique de tous les temps et dictées par le sens commun, quelles conséquences doit-on en tirer dans la situation particulière où nous sommes ? Sur un premier point, toute hésitation semble devoir cesser. Il serait évidemment désirable, à l'expiration du traité de commerce avec l'Angleterre, de revenir aux garanties exposées tout à l'heure, de substituer au système des traités, celui des lois. Deux écueils cependant sont à éviter. Qu'on se garde d'abord d'élever à ce sujet une de ces questions de principe auxquelles nous venons de faire allusion. Il ne faudrait pas s'inspirer de la vaine pensée de mettre la liberté commerciale en échec. Rien ne serait plus périlleux. Nous ne sommes pas ici dans le champ des controverses spéculatives. Il s'agit de faire prévaloir le meilleur moyen d'arriver à des solutions équitables, appropriées aux exigences de la situation, éclairées par la discussion libre et laissant au pays l'entière disposition de lui-même. Ainsi, la science peut garder tous ses droits, la politique remplir tous ses devoirs. Point de levée de boucliers contre une théorie; mais le désir de s'assurer les meilleures garanties possibles pour la solution des problèmes d'économie commerciale que soulèvent le cours du temps et le progrès des sociétés. Rien de plus, rien de moins.

L'autre écueil contre lequel on doit également se prémunir n'appartient plus à l'ordre économique ; il rentre tout à fait dans la politique générale. La réserve n'est pas ici moins nécessaire. Sachons-le, on n'a point à débattre la question des alliances extérieures de la France. La préférence en faveur d'une loi n'im-

plique aucune animosité envers un peuple étranger. On
n'attaque ainsi ni l'Angleterre, ni l'alliance anglaise.
On fait valoir seulement qu'il vaudrait mieux, dans
l'intérêt des deux États, que leurs rapports commerciaux, tout en continuant à rester sous l'empire d'une
pensée libérale, fussent replacés dans le domaine législatif de l'un et de l'autre plutôt que d'être rangés
dans le domaine diplomatique.

Ainsi défini, le changement ne conduit donc à aucune
complication. A ces conditions-là, mais à ces conditions
seulement, on peut réunir des chances de succès : on
a évidemment pour soi et la raison et les résultats de
l'expérience; on peut déployer son drapeau sans que
personne ait un prétexte pour soutenir qu'il compro-
met la politique de la France ou qu'il n'abrite que des
intérêts privés, quand l'intérêt public parle si haut.

De quelque manière, d'ailleurs, que le problème
doive être résolu, il demeure établi qu'en présence des
enseignements résultant de la lutte industrielle, l'état
des choses réclame d'inévitables modifications. Ecar-
tons les appréciations exagérées; ne disons point, par
exemple, que le traité de commerce a été la ruine de
la France; qu'il a eu pour résultat d'accroître exclusivement et sans compensation la somme des exportations anglaises dans notre pays. Rien ne serait
moins exact. L'ensemble des tableaux de douane
témoignerait du contraire. Autant on peut soutenir
que la forme suivie ne serait pas la meilleure, surtout aujourd'hui, et qu'on n'avait pu, dès l'abord,
pour des industries d'une importance capitale, s'éclairer exactement sur l'état des choses et en tenir suffisamment compte, autant on doit repousser les ac-
cusations générales, les récriminations personnelles.

Si vaste que puisse être une investigation sur la situation présente, les traits essentiels ne sont pas difficiles à résumer. D'un côté, les manifestations les plus positives, étudiées sur l'échelle la plus large, nous ont permis de constater à chaque pas, dans les rangs de l'industrie française, l'essor d'une énergie que n'ont découragée ni les circonstances les plus défavorables dans l'état général du monde, ni des tourmentes partielles qui la privaient de ses moyens d'action, ni à certains moments les empiétements désespérés de la concurrence extérieure. Ce fait, aussi clair que la lumière du jour, défie toute contradiction. D'un autre côté, l'observation la plus impartiale permet d'affirmer, en se référant à l'Angleterre, que dans les moments de crise le traité de commerce du 23 janvier 1860 a été pour nos voisins jusqu'à ce moment et au milieu des faits qui se sont produits, une cause d'atténuation, tandis qu'il a été pour nous une cause d'aggravation. Dans le témoignage à rendre il n'y a point, à notre sentiment, de formule plus concise et en même temps plus juste, plus modérée, plus irréfragable que celle-là. Sous quelque forme qu'on cherche à rétablir des conditions moins inégales, il est certaines industries dont la situation réclame, comme l'ont indiqué les pages de ce livre, une attention particulière. En tête se présentent l'industrie cotonnière, l'industrie des tulles, l'industrie des tissus mélangés et de certains tissus de laine, l'industrie du lin, l'industrie métallurgique si durement éprouvée (1), etc.

(1) Disons que, conformément à la déclaration de M. de Forcade, mentionnée plus haut, p. 271, en note, un règlement a été publié (avril 1868) sur la compensation des métaux étrangers admis temporairement en franchise. Ce n'est qu'à

Qu'on puisse soutenir qu'à raison des circonstances qui se sont succédé depuis 1860, les expériences résultant des traités de commerce n'ont pas été complètes, qu'elles n'ont pas été laissées à un cours normal, je le reconnais autant qu'on voudra. Tous les recoins du tableau ne sont pas illuminés par d'égales lueurs; c'est vrai : il reste çà et là des ombres à dissiper. Est-il possible, cependant, d'espérer que le monde arrive jamais à cet état absolu de sereine quiétude qui permette aux phénomènes économiques de se déployer dans le calme, dans la mesure et dans l'ordre qu'on ne réussit pas toujours à mettre même dans les livres? Et d'ailleurs, les conséquences sont assez claires, les indices assez concluants pour motiver dès à présent certaines mesures qui, sans prétendre engager irrévocablement l'avenir, fournissent du moins satisfaction à des besoins incontestables et aux intérêts les plus évidents du pays. Or, on ne demande rien de plus. Comme c'est là ce que paraît conseiller la politique qui sera toujours la meilleure, la politique du sens commun, on n'offense personne, j'imagine, si l'on y rattache ses raisons de confiance dans l'avenir.

l'exécution qu'on peut juger la portée de pareils actes; mais il est hors de doute que tout régime qui aboutirait à la ruine de notre industrie métallurgique serait frappé d'une impopularité sans lendemain.

CHAPITRE V

Enseignements économiques à déduire de la lutte industrielle. — Concours universel de 1867. — Le système suivi jugé dans son application. — Le monopole et la cherté. — L'économie politique et la morale. — Conclusions.

I — On sait déjà que les enseignements, les conseils, les indications résultant de la lutte industrielle, ne s'arrêtent pas aux deux objets principaux de cet ouvrage, à savoir, les conséquences du système des conventions internationales et les progrès de l'industrie. Les observations restant à déduire du concours universel de 1867 regardent encore le régime des expositions, puis certaines applications des lois de l'économie politique dans les mouvements journaliers du travail industriel et les conséquences morales intéressant la science elle-même.

Point de doute qu'à raison de l'immense assemblage de produits qu'elle comprenait, l'Exposition ne reste l'un des faits les plus marquants dans l'histoire économique du 19° siècle. On se montre un peu pressé lorsqu'on prétend, comme il est arrivé quelquefois, que les résultats n'ont pas été très-sensibles. Il n'est point dans la nature de semblables solennités d'agir comme par un coup de baguette magique. La méthode qui a prévalu dans l'exécution a pu nuire à quelques-uns des résultats les plus prochains qu'on en pouvait attendre; mais les effets sérieux ne s'en dérouleront pas moins successivement, on peut en être sûr. Ils sont appelés à se faire longtemps sentir dans l'économie industrielle, dans la politique, dans le droit international et, je puis ajouter, dans la sociabilité de toutes les nations civilisées.

Plus la libre discussion se portera sur l'Exposition de 1867, et plus la voie s'élargira devant les éclaircissements qu'elle est appelée à fournir. Par leur nature intime, les expositions appellent et supposent le grand jour et la libre critique. Rien ne serait plus contradictoire avec leur essence, rien ne serait plus nuisible à leur mission que le silence et l'obscurité. Chercher à mettre une sourdine à tous les échos, un voile sur toutes les lumières, ce serait en amoindrir la portée, en méconnaître absolument la destination. Jamais donc, si l'on veut qu'elles profitent aux intérêts généraux, on ne saurait trop ambitionner qu'elles soient examinées, discutées, jugées. Or, le rôle voulu, pour être rempli, doit appartenir à tous. La consécration vraie résulte en pareille matière du droit de libre examen laissé à chacun. L'autorité du jugement définitif en dépend.

Sans doute on ignore quel sera le caractère des expositions futures. Déjà la question avait été posée, à la suite de l'exposition de 1855, par S. A. I. le Prince Napoléon, dans le rapport adressé à l'Empereur, et qui contient tant d'observations du plus haut intérêt, et d'un intérêt durable. Les expositions universelles embrasseront-elles l'ensemble des produits de l'industrie, ou bien seulement quelques catégories de ces produits? Dans cette dernière hypothèse, elles seraient universelles au point de vue des concurrents, et partielles au point de vue des œuvres mises au

jour. Telle était l'alternative spécifiée. Quel que soit
le mode qui prévale plus tard, il sera toujours
indispensable de se reporter aux expériences antérieures et notamment à l'Exposition de 1867, qui s'est
distinguée par le nombre des exposants, par celui des
produits et par celui des visiteurs. L'intérêt si exceptionnel qu'elle a excité peut être regardé à juste titre
comme un hommage sans précédent rendu au travail, et, si l'on veut, comme la voix de ce siècle pro-
clamant que le principe de l'accroissement du bien
moral et matériel de tous est la loi suprême du
progrès social contemporain.

Rien ne pouvait enlever au concours les avantages
inhérents à de semblables circonstances, pas même
certaines erreurs dont l'application du système n'a pas
été exempte : il ne servirait à rien de se flatter sous ce rapport. Seulement, quand on a pu étudier de près les solennités de ce genre, et surtout quand on y a été mêlé à un
titre ou à un autre, on est tout naturellement enclin à
tenir grand compte des inévitables difficultés qu'elles
entraînent. La justice le veut. Aussi n'est-ce point à
titre de critiques envers le passé, mais d'enseignements pour l'avenir, que doivent s'offrir les observations concernant les côtés faibles ou vicieux d'une organisation donnée. La discussion à ce sujet n'implique nullement qu'on oublie l'activité déployée, les efforts tentés,
les services rendus, dans un mécanisme aussi com-
pliqué. Ce juste tribut payé à des mérites non contes-
tables, il reste néanmoins des traits qu'on ne répudiera
jamais assez. Non, jamais, par exemple, on ne con-
damnera suffisamment l'abus du monopole, c'est-à-
dire les concessions priviligiées de toute nature, dont
les frais et les inconvénients sont retombés sur le pu-

blic ou sur les exposants, à moins que par un instinctif accord parmi les visiteurs contre des priviléges sans cause, ils n'aient pesé sur les concessionnaires mêmes.

« Le droit de faire quoi que ce soit à l'Exposition, disait le principal organe de la publicité quotidienne en Angleterre (*Times*, 16 avril 1867), a été vendu à l'un ou à l'autre. » Cette remarque d'un témoin bien désintéressé était en elle-même un arrêt. Oui, tel était le système. On se rappelle, pendant les mois qui précédèrent l'inauguration, cette longue série d'avis annonçant presque chaque jour l'adjudication de quelques droits réservés, dont la plupart seraient plus convenablement demeurés dans le domaine de tous. On n'a point oublié non plus que de difficultés, que de contestations, que de procès ont été comme la lignée de ces monopoles accumulés, depuis celui du catalogue, dans les conditions où il avait été concédé, jusqu'à celui des bancs et des siéges du pourtour de l'édifice (1).

Cette même tendance se retrouvait dans nombre de créations accessoires qui auraient demandé à être complétement séparées de l'Exposition, et à rester à titre d'entreprises toutes privées, en dehors de son enceinte. On demeure stupéfait quand on parcourt aujourd'hui la liste de ces conceptions qu'avec la meilleure volonté du monde on ne peut s'empêcher

---

(1) Le monopole du catalogue, tel qu'il avait été entendu cette fois, en avait fait quadrupler le prix par rapport à l'exposition de 1855, et quintupler par rapport aux expositions de 1862 et de 1851 (6 fr. au lieu de 1 fr. 50 c. et 1 fr. 25 c.). V. à l'appendice la note sur l'ordre si fâcheux adopté dans ce travail. — Le monopole des siéges avait commencé par faire enlever et entasser les uns sur les autres tous les bancs qui se trouvaient au début disséminés dans le parc, et dont l'intérêt de la masse des visiteurs aurait commandé au conaire d'accroître le nombre.

de trouver trop souvent étranges ou bizarres. Cette remarque s'applique, par exemple, à ce malheureux théâtre *international*, qui avait fini, après des échecs multipliés, par exhiber, au lieu des *œuvres dramatiques des divers pays* dont il avait été question dans les programmes, des tribus de jongleurs arabes; à cet atelier de photograhie qualifié aussi d'*international*, qui devait comprendre *au moins six pavillons distincts dont plusieurs seraient réservés aux photographes étrangers;* à ce cercle *international*, à ces salles de conférences, etc. Il avait été question un moment de concéder un théâtre d'enfants dans la thébaïde de Billancourt, où l'on avait édifié des constructions plus ou moins coûteuses, quand on n'aurait jamais dû y chercher qu'un simple champ pour des expériences spéciales (1).

La tendance vers le monopole avait tout naturellement engendré un déploiement inouï de l'esprit mercantile. Il éclatait dans ces boutiques de vente répandues de tous les côtés, quoique cherchant parfois à déguiser leur objet (2). Il éclatait encore dans les contributions mises à la charge des exposants, je ne dirai point comme prix de l'emplacement qu'ils occupaient, puisqu'on a tenu à repousser cette explication, qui avait pour elle des apparences au moins spécieuses, du moins comme frais d'installation, prélevés sous une forme et dans des limites tout à fait inaccoutumées. Monopole et mercantilisme avaient entraîné une réglementation exagérée aboutissant à

(1) Je ne dis rien des *parterres flottants chinois*, qu'on avait eu le projet, paraît-il, d'établir sur la Seine, à Billancourt, ni d'une délégation des naturels de l'Amérique du Nord qui devaient venir du Minnesota et des territoires de Dakota et d'Idaho, etc.

(2) On avait appelé *comptoirs de dégustation* certaines buvettes pour les vins de qualité supérieure.

des complexités inextricables. Ne dirait-on pas que
l'expérience consommée du commissaire général,
expérience précieuse sous tant de rapports et si utile
à consulter, avait eu sur ce point quelques inconvénients? On avait été porté à trop prévoir : on avait
trop voulu obvier à toutes les difficultés possibles.
De là tant d'entraves, tant de prescriptions, tant
de règles auxquelles devait fréquemment manquer
une sanction efficace. L'abus en matière de réglementation est mortel pour l'initiative individuelle; il
faudrait d'ailleurs des êtres imaginaires, comme dans
les mécanismes automatiques, pour se mouvoir avec
cette régularité monotone et sans vie.

On n'a plus rien à dire du vaste déploiement des
installations s'adressant aux instincts matériels. Il n'y
avait pas qu'une boutade dans la vive sortie de M. de
Tillancourt au Corps législatif (1). Non, on devait y
voir jusqu'à un certain point l'expression d'un sentiment très-répandu dans le public. Il en est des institutions comme des hommes : elles ont leur dignité,
elles ont des conditions obligatoires pour leur attitude;
elles courraient risque, par certain amalgame inop-
portun, de voir fléchir leur niveau, de même que les
individus voient parfois compromettre leur considération par des fréquentations équivoques.

Il est un point dont le public n'a jamais pu prendre
son parti. Gâté sans doute par le spectacle de ces
monuments grandioses existant dans la capitale de la
France, il a été jusqu'à la fin visiblement choqué de
la forme de l'édifice. L'absence de tout instinct de
grandeur y produisait, il est vrai, une impression pénible. A l'aspect disgracieux du dehors ne correspon-

(1) *Moniteur*, 19 juillet 1867.

dait à l'intérieur aucune de ces perspectives grandioses, propres à frapper les yeux. Le bâtiment était un abri vaste et commode, rien de plus. Or, en pareil cas, cette condition n'est pas tout à fait suffisante. Allier le sentiment de la grandeur aux avantages spéciaux réclamés pour les installations particulières, telle était la difficulté ; telle était aussi la condition d'un succès complet. Dans toutes les tâches un peu exceptionnelles, à quelque ordre qu'elles appartiennent, il se rencontre des embarras analogues ; on se distingue en en triomphant. Qu'on ne s'imagine pas, du reste, que ce fût là une question de budget. Non, au delà d'un certain chiffre, largement dépassé en 1867, la grandeur devient une affaire d'intuition susceptible de s'allier avec tous les systèmes : elle dépend de la conception originelle.

Le plan de l'édifice correspondait, du reste, on doit l'avouer, au fractionnement excessif qui avait prévalu dans la classification des produits. La nomenclature officielle était évidemment trop hachée. Elle embrassait 95 classes, quand l'exposition de Londres, en 1862, en comptait seulement 36 ; celle de 1851, 30. Dès qu'on se laisse aller à l'éparpillement, il n'y a plus de raison pour s'arrêter. En vain cependant on vise à l'absolu par la voie des infiniment petits. C'est encore ici une de ces applications vicieuses de la méthode d'observation, dont la science économique, pas plus que la science sociale, n'a point été exempte de notre temps, qui exposent aux généralisations les plus hasardées et peuvent entraîner de regrettables déperditions de forces. Il aurait mieux valu se concentrer davantage. La dissémination n'a rien de scientifique, et les divisions simples et larges sont beaucoup plus faciles à comprendre et à retenir (1). Si j'insiste, c'est qu'il y a là un écueil contre lequel on ne saurait trop se prémunir dans l'intérêt des études techniques ou économiques. On a dit : la lettre tue; c'est bien plus vrai de l'éparpillement exagéré. Au lieu d'élargir les horizons, la méthode des infiniment petits pousse à les restreindre démesurément. Elle porte en elle, à l'insu de ceux qui l'adopteraient, une tendance, — je dis seulement une tendance, — à faire rapetisser les choses, et individualiser les questions. Nul doute qu'on ne puisse en triompher, mais l'influence n'en existe pas moins devant toute analyse morale un peu attentive.

Le système des expositions futures, à quelque ordre qu'elles appartiennent, devra se prémunir autant contre ces abus de la division que contre l'épanouissement des éléments hétérogènes déjà signalés. Il sera toujours impossible, proclamons-le, d'apporter dans l'application plus de savoir et d'expérience, mais il y faudra mettre le souffle d'un esprit différent. A l'esprit du monopole devra succéder l'esprit de la liberté. L'épreuve faite assure ce renouvellement.

(1) « Cette classification, disait le *Times* (25 avril 1867), qui voudrait être extrêmement scientifique, est en réalité tout à fait en dehors de la science (*very unscientific*).... Il n'y a jamais eu un tel casse-tête (*such a puzzle*) comme le système de classification adopté. » — Les subdivisions superflues se rencontraient dans presque tous les groupes : arts libéraux, ameublement, vêtement, etc. Citerai-je, à titre d'exemple, dans un autre groupe, la classe de la *chasse*, de la *pêche* et des *cueillettes*, qui, en dehors des éponges et des fourrures, faciles à répartir ailleurs, contenait surtout des poils de lapin et de lièvre, des poils pour la chapellerie, des mousses, des plantes marines, etc.? Comme si ce n'était pas assez, on avait encore une classe pour les engins et les instruments de la *chasse*, de la *pêche* et des *cueillettes*. Notez cependant, en ce qui concerne la *chasse*, que le groupe du vêtement comptait déjà une classe des armes portatives, fusils de chasse, etc.

A tout prendre, l'économie fondamentale de l'Exposition de 1867, avec ses monopoles et ses autres conditions, avec la place attribuée aux étalages luxueux, aura représenté l'économie de la cherté. Or, un tel système nous rejette aux antipodes de l'économie politique. Si le luxe, en une certaine mesure, peut être regardé comme un signe de richesse, au delà, il est le commencement de l'appauvrissement.

II — Envisagée comme manifestation de divers enseignements économiques d'une importance capitale pour les intérêts industriels, l'Exposition de 1867 aura procuré de précieux moyens d'éclaircissement; elle aura fourni des moyens de contrôle. C'est ainsi qu'elle nous a permis maintes fois de suivre dans les faits l'application de ces lois de l'économie politique ayant trait au crédit, aux frais généraux, aux débouchés, à l'emploi des machines, etc., etc. Les effets constatés mettraient encore hors de toute controverse, s'il en était besoin, ce principe bien connu, que la diminution du prix de vente est suivie, à moins de circonstances tout à fait exceptionnelles ou essentiellement transitoires, d'un accroissement de la consommation. Sur tous les points où l'emploi de nouvelles machines a rendu possible la réduction des prix, cette conséquence n'a jamais été longtemps attendue.

C'est grâce à ces enseignements, grâce aux triomphes de la science, aux incessants efforts de l'industrie elle-même, que se sont accomplis ces progrès si grandement mis en relief en 1867, et que nous avons pu signaler comme le trait proéminent du concours. Ce fait se manifestait d'ailleurs de lui-même, dès qu'on écartait l'idée des inventions proprement dites pour s'en tenir au perfectionnement général. La supériorité

de la France telle que nous l'avons définie, n'a pas
éclaté en signes moins frappants ; des observations
multiples l'ont surabondamment établie. Si nous avons,
du reste, attaché tant de prix à la constater nous-
même, c'est qu'il en dérive une conséquence d'une
haute portée pour la civilisation. On n'a été que trop
enclin, dans ces derniers temps, à déprécier le rôle des
races latines, à la tête desquelles marche si glorieuse-
ment, depuis tant de siècles, la nation française.
L'attaque est venue surtout du dehors. On a dit avec
audace que les races latines étaient en pleine déca-
dence. Certes, on ne pouvait pas mettre en doute la
gloire de leur passé dans les lettres et dans les arts : il
aurait fallu tout à la fois s'inscrire en faux contre les
éternels monuments de l'ancienne Rome, avant et
depuis Auguste, et de la France moderne, avant et
depuis Louis XIV; mais on paraissait prendre sa
revanche en se rejetant sur le domaine des sciences
positives et des applications industrielles. C'est bien
sur ce terrain-là qu'on a mis plus ou moins en question l'aptitude des races latines. Or, voilà que, si
pleinement contredite déjà par les expositions universelles de 1851, de 1855, de 1862, cette accusation se
trouve encore renversée de fond en comble par les
résultats étalés sous les yeux du monde en 1867.
Quand la gloire de la France rayonne dans cette arène
avec un aussi incomparable éclat, l'arbitraire distinction à laquelle je viens de faire allusion n'est plus sou-
tenable; ce sont les faits qui protestent contre de
pures illusions et des terreurs sans fondement.

N'est-on pas en droit de s'autoriser de ces mêmes
résultats contre certaines appréhensions d'un autre
ordre? J'oserai, pour ma part, en tirer cette consé-

quence, que notre société industrielle n'est pas imbue
de tendances aussi inquiétantes qu'on se l'imagine
parfois; tant s'en faut, puisqu'en définitive la lutte,
c'est-à-dire l'épreuve, tourne à son avantage. Des
incidents isolés ne sauraient altérer le sens du mouvement général. Au fond, les énergiques éléments
d'ordre, tenant à l'équilibre des intérêts et au sentiment que chacun a de son droit, doivent pousser de
plus en plus vers un accord entre toutes les forces
contribuant à la production. Les œuvres de l'industrie supposent évidemment cet accord, sous une
forme ou sous une autre. Qu'il s'agisse du capital et du
travail provenant de sources diverses et stipulant pour
leur compte respectif dans un contrat librement
débattu, ou bien de ces éléments-là réunis dans les
mêmes mains, à l'aide d'épargnes collectives, on
demeure toujours en face d'exigences pareilles. Le
succès durable est impossible sans l'amour du travail,
sans l'esprit de conduite, sans le respect du droit des
autres, sans la bonne harmonie entre ceux qui concourent à l'accomplissement d'une même besogne. Il
y a visiblement dans ce fait des garanties incontestables. La liberté de chacun implique sa responsabilité;
les droits et les intérêts de chacun se font un équilibre rassurant pour tous.

III — Dès les premiers traits relevés à l'Exposition
universelle, nous avions pu constater que, dans la guerre
entreprise contre les résistances du monde matériel,
les situations des peuples sont essentiellement solidaires les unes des autres. C'est précisément à cause
de cela, c'est afin de pouvoir prêter un concours plus
effectif, qu'elles doivent tenir à sauvegarder chacune
les germes de sa force et les moyens de son développe-

ment. Chaque pays, en effet, a son rôle ; ce qui n'empêche point que la fin, le but suprême ne soit absolument identique pour tous. En ce sens-là, l'influence d'une exposition universelle déborde par-dessus les intérêts de l'ordre économique ; elle doit réagir sur toutes les relations internationales. Les mêmes lois dont nous parlions au début et·qui planent au-dessus de toutes les aspirations, nous ne craindrons point de les rappeler encore une fois. Essentiellement pacifiques, elles tendent à rapprocher et à unir ; elles gardent leur caractère, même à travers les péripéties politiques qui peuvent les frapper d'une impuissance momentanée. C'est qu'en définitive elles se rapportent à l'homme, elles aboutissent à l'homme, dont la nature ne varie pas, comme peuvent varier les préoccupations dominant, à certains moments de l'histoire, sur des nationalités données ou même sur des générations successives.

Devant les innombrables produits du travail matériel, dirigé, éclairé par le travail de l'esprit, on a pu voir que le rôle de l'économie politique touche de près à la destinée humaine. Sans doute cette science s'applique, et elle doit savoir limiter son application à l'étude des lois qui régissent les mouvements de la richesse matérielle. Ses enseignements n'en supposent pas moins la connaissance de l'homme et de sa double nature. La valeur économique de l'individu, sa valeur comme producteur s'accroît, peut-on affirmer, en raison directe de sa valeur morale. L'homme qui saura le mieux gouverner sa vie, d'après les notions du devoir, sera évidemment, toutes choses égales d'ailleurs, le meilleur agent de la production.

On peut juger désormais sans peine qu'il y aurait une impardonnable erreur de raisonnement à considérer la science économique comme une science matérialiste, parce qu'elle roule sur les intérêts matériels. C'est l'esprit porté dans l'étude d'une science, ce n'est point son objet qui décide de son caractère sous ce rapport. Il n'y a point de science matérialiste par elle-même · il n'y a que des méthodes et des tendances matérialistes. L'évidence est si manifeste en ce qui concerne l'économie politique, qu'au premier abord on pourrait paraître, en appuyant sur ce point, défendre une cause gagnée d'avance. Elle n'est pas si gagnée pourtant qu'il n'existe encore en plus d'un endroit certaines défiances très-sincères contre les enseignements économiques, et très-nuisibles à leur essor. Si l'examen attentif des phénomènes constatés dans la lutte industrielle des peuples a pu contribuer à dissiper les craintes, à écarter les nuages, il aura certainement pour effet d'élargir les voies devant la science. On ne pouvait ambitionner une plus solennelle, une plus décisive occasion de montrer qu'elle fonde en même temps ses titres sur les principes et sur les faits, sans pouvoir jamais les séparer les uns des autres.

FIN.

APPENDICE

DOCUMENTS BIBLIOGRAPHIQUES ET NOTES DIVERSES CONCERNANT

L'INDUSTRIE UNIVERSELLE

I — DOCUMENTS BIBLIOGRAPHIQUES

1° PAYS ORIENTAUX. — *Description du parc égyptien,* par M. Auguste Mariette (Mariette-Bey), membre de la commission vice-royale égyptienne, 1 vol. in-18, 1867.

— *L'Egypte à l'Exposition universelle de* 1867, par M. Charles-Edmond, commissaire général de l'exposition vice-royale d'Egypte, 1 vol. in-4°.

2° ETATS DE L'AMÉRIQUE CENTRALE ET DE L'AMÉRIQUE MÉRIDIONALE. — *Etats-Unis de Vénézuéla,* Notice historique et catalogue, 1867. — La république vénézuélienne est une confédération dans laquelle sont entrés, à titre d'Etats, des pays qui formaient jadis les provinces d'un seul et même Etat. Son territoire représente une étendue à peu près double de celle de la France continentale (1,120,000 kilomètres carrés environ). Le gouvernement central, qui n'a d'autres revenus que les taxes des douanes et le produit de vastes et importantes salines situées près des côtes, siége à Caracas, patrie du libérateur Bolivar. Le pays compte environ 2,000,000 d'habitants, dont le quart seulement sont des blancs ou des créoles ; le reste se compose de métis, de noirs et d'Indiens. Il y a certaines tribus indigènes trop complétement sauvages pour que le recensement en ait jamais pu être établi. C'est en 1808 qu'avait commencé dans ces contrées l'agitation contre l'Espagne. La république de Vénézuéla, qui a d'abord fait partie de l'ancienne Colombie, comprenait alors en outre l'Equateur et la Nouvelle-Grenade, qui se sont constitués depuis en Etats tout à fait indépendants.

— *République de l'Equateur*, notice et catalogue.— Beaucoup moins étendu que celui de Vénézuéla, le territoire équatorial renferme, assure-t-on, une population de 900,000 individus, non compris les Indiens sauvages, 1867.

— *République de Nicaragua*, note statistique, 1867.

— *République de Costa-Rica*, note statistique, 1867.

— *Notice statistique sur le Chili* et catalogue des minéraux envoyés à l'Exposition universelle, 1867.

— *République orientale de l'Uruguay*, notice historique et catalogue, 1867.

— *Description géographique et statistique de la confédération Argentine*, par M. le docteur V. Martin de Moussy, 3 vol. in-8°, 1860. — Le territoire de la confédération Argentine s'étend entre les chaînes des Andes, l'Uruguay et l'océan Atlantique, depuis le 22e degré de latitude jusqu'au détroit de Magellan. L'ouvrage de M. Martin de Moussy en étudie tout le système géographique, topographique, géologique, ainsi que la climatologie et les divers règnes naturels. L'agriculture et les ressources que peut offrir l'exploitation du sol y sont l'objet de recherches étendues. Il en est ainsi de la colonisation du territoire argentin, de l'industrie, du commerce, des voies de communication, etc. Les diverses provinces y sont décrites séparément.

— *Rapport sur quelques produits argentins*, figurant à l'Exposition universelle de 1867, par M. le docteur V. Martin de Moussy, commissaire délégué de la confédération Argentine.

La République Argentine, rapport adressé au gouvernement de Sa Majesté Britannique par M. Francis Clare Ford, secrétaire de la légation britannique à Buenos-Ayres, in-8°, 1867. — Ce travail, qui a été communiqué au parlement anglais par ordre de la reine, concerne spécialement les finances, le commerce, l'industrie lainière, l'immigration, les mines et l'agriculture. Il peut servir à témoigner de l'importance que le gouvernement britannique attache au développement des relations avec la république Argentine. Il est très-vrai qu'il semble y avoir là un champ particulièrement propre à attirer l'émigration européenne. Les diverses perspectives d'avenir qui s'offrent de ce côté-là prêtent une importance spéciale aux fonctions des agents diplomatiques de la confédération en Europe.

— *L'Empire du Brésil à l'Exposition universelle de 1867.* — Cette publication renferme, outre le catalogue de l'Exposition, une étude statistique, politique et économique sur l'empire brésilien très-complète et très-intéressante.

— *La Colonie Blumenau* (Brésil), par M. le baron du Penedo, 1867.

— *Notice sur le Palmier Carnauba*, par M. A. de Macedo, 1867.

— *Les îles Hawaii* (îles Sandwich), notice, 1867. Les produits des îles Sandwich sur lesquels porte principalement l'exportation sont le sucre, le riz, le café, les peaux, les suifs, les laines. La capitale, Honolulu, où siége le roi Kamehameha V, chef d'une monarchie constitutionnelle, possède une grande raffinerie de sucre, une fonderie avec construction de machines, une usine à gaz, etc.; des usines à sucre fonctionnent sur la plupart des îles.

3° COLONIES DES PAYS ÉTRANGERS ET MONDE AUSTRAL. — *Esquisse géologique du Canada*, suivie d'un catalogue descriptif, 1867.

— *Catalogue des végétaux ligneux du Canada*, par l'abbé Ovide Brunet, 1867.

— *Collection des produits des eaux et forêts du bas Canada*.

— *City of Hamilton, Canada West, its position, resources*, etc., in-8°.

— *New Brunswick, as a home for emigrants*, by J. V. Ellis.

— *A Catalogue of the objects exhibited by the colony of Mauritius at the Paris exhibition*, with a brief statistical sketch of the island, by James Morris, esq., 1867.

— *Nouvelle-Galles du Sud*, Australie, in-8°, 1867.

— *Catalogue of the natural and industrial products of New South Wales*, forwarded to the Paris universal exhibition, 1867.

— *Addenda of the catalogue to the natural and industrial products of New South Wales*, forwarded to the Paris universal exhibition, 1867.

— *Mining and mineral statistics*, — intercolonial exhibition of Melbourne, 1866, by R. Brough Smyth, S. G. S., in-8°.

Guide to the intercolonial exhibition of 1866. — Melbourne, in-8°, 1866.

— South Australia. — *Catalogue of contributions to* the Paris universal exhibition, 1867.

— *The progress of Victoria*, a statistical essay, by William Henri Archer, traduit de l'anglais par E. Lissignol, 1867.

Notes on the physical geography, geology and mine-ralogy of Victoria, by Alfred R. C. Selwyn and George H. F. Ulrich, in-8°, 1866.

— *Notes sur la zoologie et la paléontologie de Victoria*, par M. Frederick M'Coy, traduit de l'anglais par M. E. Lissignol.

— *Notes sur les gemmes et les pierres précieuses trouvées dans Victoria*, par le R. P. J.-J. Bleasdale, traduit de l'anglais par M. E. Lissignol, 1867.

— *The colony of Queensland* as a field for emigration.

— *Catalogue of the natural and industrial products of Queensland*, in-8°, 1867.

Nota. Le *Board of Trade* d'Angleterre (ministère du commerce) publie, tous les deux ans, une statistique extrêmement intéressante des colonies anglaises. C'est le tableau fidèle de la puissance coloniale de la Grande-Bretagne.

4° Colonies françaises. — Algérie. — *Catalogue des produits des colonies françaises*, précédé d'une notice statistique, 1 vol. gr. in-8°, 1867, publié par le ministère de la marine.

— *Tableaux de population, de culture, de commerce et de navigation,* 1 vol. in-8°, 1867, publiés par le ministère de la marine.

—*Revue maritime et coloniale*, publiée mensuellement par le ministère de la marine.

— Algérie.— *Catalogue spécial*, accompagné de notices sur les produits agricoles et industriels de l'Algérie, 1 vol. in-8°, 1867, publié par le ministère de la guerre.

5° Etats-Unis de l'Amérique du Nord. — Les documents abondent en ce qui regarde les Etats-Unis; on s'aperçoit très-vite que c'est le pays de la grande publicité. Il a été apporté et distribué en Europe, à l'occasion de l'Exposition, un nombre incalculable d'ouvrages et de brochures concernant soit l'industrie, soit les diverses branches de la vie publique. Certes, en ce qui nous concerne, les moyens d'information ne nous ont pas manqué. Dans la masse des renseignements réunis, nous avons eu la preuve évidente que les relations commerciales de la France avec la grande confédération américaine sont loin d'être aussi développées qu'elles le pourraient, ou plutôt qu'elles le devraient, dans l'intérêt des deux pays. Une carrière immense s'ouvre de ce côté à leur activité commune. Il est à désirer seulement que les deux Etats se connaissent davantage, qu'ils soient mieux fixés sur la nature et le caractère de leurs ressources respectives, et sur les moyens d'échange qui en résultent. L'Exposition de 1867, en nous révélant bien des traits ignorés, a pu nous montrer que nous étions loin de connaître l'Amérique. Une réflexion analogue a dû se présenter aux Américains du Nord qui ont visité la France à cette occasion.

Pour les renseignements dont j'ai eu besoin, je me fais un devoir de déclarer que j'ai trouvé chez les nombreux Américains avec lesquels j'ai été en rapport une obligeance infatigable. La légation des Etats-Unis, qui possède dans sa bibliothèque la collection des *census* et d'autres publications officielles, m'a procuré des facilités pour faire venir de Washington diverses publications statistiques. Je dois particulièrement remercier, à cette occasion, M. le colonel Heine et M. le colonel Hoffman. Plusieurs membres de la commission des Etats-Unis, M. James, H. Bowen, de l'Illinois, M. Butler, du Missouri, m'ont prêté un très-utile concours et fourni les plus utiles indications. J'ai pu m'entretenir également avec des hommes expérimentés de presque tous les Etats de l'Union et obtenir ainsi des éclaircissements positifs sur les questions intéressant la richesse agricole et industrielle, et la vie économique et sociale du pays. Il était utile d'indiquer ainsi des sources dont les documents relatés ci-dessous n'auraient donné qu'une imparfaite idée.

La plupart des publications apportées en Europe n'avaient pas été faites en vue de l'Exposition : ce sont les documents courants de la vie américaine. On n'a donc

point à craindre qu'une préoccupation accidentelle y ait
fait présenter les choses sous un jour trop favorable. Il
est pourtant une remarque indispensable à produire :
comme les documents statistiques proviennent quelquefois là-bas de sources très-diverses, ils n'échappent pas
toujours à l'influence des préoccupations politiques. Un
Français très-éclairé, qui habite depuis longtemps l'A-
mérique et qui est d'ailleurs un des admirateurs de ce
pays, nous écrivait, au sujet du dernier *census* publié
par le gouvernement fédéral, que *sous l'influence signalée il s'était glissé un certain nombre de chiffres ha-
sardés qui déparent çà et là ce grand et magnifique
travail*. Cette remarque peut trouver d'autres applications. Il faut dire, toutefois, que si les documents sont
exposés à subir de temps en temps le contre-coup de
certaines préoccupations, comme les influences se ba-
lancent, ils se rectifient généralement les uns les autres.

— *Official catalogue of the produces of the United
States of America* exhibited at Paris, with statistical notices.

— *Monthly report* of the director of the bureau of
statistics, treasury department, in-4° (M. Alexander Del-
mar director). — C'est un travail considérable, qui embrasse une masse de chiffres et où il est nécessaire d'apporter la plus vigilante attention pour écarter les erreurs
que pourraient favoriser parfois les causes précédemment
signalées. On doit beaucoup, sous ce rapport, à l'habile
et savant directeur du bureau de statistique.

— *The eight census* of 1860.

— *Preliminary report on the eight census*, 1 vol.
in-8°.

— *Report of the commissionner of internal revenue*,
1 vol. in-8°. — Ces tables statistiques figurent parmi
les travaux qui méritent le plus de confiance.

— *Laws of the United States* relating to internal revenue, in-8°. — Il faut avoir ces lois sous les yeux pour

se servir utilement du travail des commissaires du revenu.

— *La Nevada orientale*, par Myron Angel, 1867.

— *Colorado, in the United States of America.* — *Schedule of Ores* contributed by sundry persons to the Paris universal exposition, by J. P. Whitney, 1867.

— *L'Etat d'Alabama*, ses ressources minérales, agricoles et industrielles, avec une notice sur son histoire et ses progrès, par Hiram Haines, 1867.

— *The Resources of Missouri*, by Sylvester Waterhouse, 1867.

— *Statistics of the coal trade of the United States* moved towards the seaboard, 1867.

— *Statistical Chart*, illustrating the growth of the trade, the development of the internal resources and the fluctuations in the prices of various staple products of the United States, from 1799 to the present times. A large chart in-folio. — Cette grande et intéressante carte, où se résume toute la vie économique de l'Amérique du Nord depuis le commencement de ce siècle, n'est pas facile à se procurer en Europe; il n'en avait été apporté que trois exemplaires qui ont été distribués par M. James H. Bowen.

— *Rapport du commissaire du bureau général des terres publiques* aux Etats-Unis, 1867.

— *Sectional Maps* showing the location of over 2,500,000 acres selected farming and wood Lands in the State of Illinois, 1867.

— *Petroleum*, its production, distribution and its purchasing power, from the report of the Philadelphia board of trade.

— *A list of some of the benevolent institutions* of the city of Philadelphia and their legal titles, compiled by Isaac Collins and John S. Powel.

— *Annual report* of the city controller exhibiting the receipts and expenditures of the city of Philadelphia, in-8°.

— *Annual statement of the trade and the commerce* of Chicago, in-8° 1867.

— *Annual report* of the Philadelphia board of trade, by A.-J. Perkins, 1867.

— *Sixth fair* of the Saint–Louis agricultural and mechanical association, in-8°, 1866.

— *Annual statement of the trade and commerce* of Saint-Louis, by Geo. H. Morgan, in-8°, 1866.

— *Proceedings of the Mississipi river improvement convention*, in-8°, 1866.

— *La commission sanitaire des Etats–Unis*, son origine, son organisation et ses résultats, avec une notice sur les hôpitaux militaires aux Etats-Unis et sur la réforme sanitaire dans les armées européennes, par M. Thomas W. Evans; 1 vol. in-8°, 1867.

— *Annual report of the banks and savings institutions* of the State of Pensylvania, by Isaac Sleuker, in 8°.

— *The great Union Pacific railroad*, excursion to the hundredth meridian, in-8°, 1867.

— *Conférence* sur le chemin du Pacifique, par le colonel Heine, de la légation américaine (*Revue des cours publics*, 1867).

Citons le passage de ce travail relatif au parcours du chemin de fer : « Aussitôt que le président Lincoln eut rendu le décret désignant la ville d'Omaha comme point de départ, une compagnie s'organisa, et ses ingénieurs se mirent à déterminer les détails du tracé qui avait été ébauché dans les expéditions préliminaires. Cette ligne part du 56° méridien de longitude de Greenwich et du parallèle 41° 15'; elle longe la rive gauche de la rivière Platte jusqu'à l'embouchure de la branche du nord qui se trouve au 101° méridien. Après avoir traversé cette branche, elle suit la branche du sud sur sa rive gauche jusqu'à ce qu'elle soit arrivée à ses sources dans le défilé d'Evans ; puis elle traverse sans aucun obstacle les plaines de Laramie, qui la conduisent au fort Bridger, situé, comme nous l'avons dit, au nord des montagnes Rocheuses. Elle entre dans la grande barrière à travers les montagnes Wahsatch, qui, comme nous l'avons vu plus haut, ont été funestes à une des explorations de 1853. Le lit de la rivière Weber, qui se présente à point nommé, lui permet d'arriver au grand lac Salé des Mormons, qu'elle côtoie sur sa rive méridionale. A partir de ce moment, elle entre dans la vallée de Tuilla, qui la conduit sur les bords du grand désert américain, dont elle ne fait qu'effleurer les steppes avant d'entrer dans les montagnes de Cedar, qu'elle quitte bientôt pour pénétrer dans les montagnes de Humboldt, près de la source de la rivière de même nom. Elle suit cette rivière pendant tout son cours jusqu'au lac, où elle se jette à peu de distance de la vallée de Carson, qui se trouve au pied de la Sierra-Nevada. Ce dernier rempart, qui semblait devoir être le plus formidable de tous, est franchi en suivant une série de pentes douces qui conduisent enfin le chemin de fer dans la vallée du Sacramento, où vient le rejoindre le réseau californien. Comme nous l'avons déjà fait remarquer, la distance d'Omaha à la vallée du Sacramento est d'environ 1,800 milles (le mille égale 1,609 mètres environ) ; cependant le chemin de fer franchit heureusement trois systèmes successifs de chaînes de montagnes qui couronnent le plateau central, sans rencontrer nulle part un obstacle comparable à celui dont les ingénieurs européens ont eu bien des fois à triompher dans les entreprises d'une bien moindre importance et surtout d'une bien moindre étendue. Quest-ce, en effet, que ce tunnel de 1,400 pieds qu'il faut percer dans les montagnes Rocheuses auprès de la perforation du mont Cenis ?

« Pendant près de 500 milles, la route ne monte pas une seule fois au delà de 20 pieds par mille. Généralement la pente est tellement faible, qu'il suffit d'ouvrir à droite et à gauche des fossés pour se procurer sur place toute la terre nécessaire pour le terrassement. Dans les montagnes Rocheuses, le maximum de pentes arrive, il est vrai, à 112 pieds par mille, mais ce passage difficile n'est pas de longue durée. C'est cet obstacle qui rend nécessaire de forcer le tunnel de 1,400 pieds dont nous venons de parler. Du côté du Pacifique, à la traversée des montagnes de Humboldt, la pente atteint à peine la moitié de ce chiffre, 60 pieds. Aussi suffira-t-il de quelques travaux d'art à ciel ouvert pour en triompher. »

— *Annual report* of the board of directors of the *Pacific railroad*, in-8°, 1867.

— *The Union Pacific railroad* from Omaha, Nebraska, across the continent, in-8°, 1867.

— *Le Grand-Ouest*, par M. L. Simonin.

— *Annual report of the controllers of public schools* of Pensylvania, 1867.

— *Biennial report* of the superintendent of public *instruction* of the State of Illinois, 1867.

— *Schools inquiry commissions;* Report to the commissioners appointed to inquire on the common school system *of the United States and of the provinces of upper and lower Canada*, by the Rev. James Frasser, M. A. (document publié par le gouvernement anglais), 1 vol. in-8°, 1867.

5° ETATS EUROPÉENS. — Catalogues de l'exposition particulière des différents pays, et notamment :

— *Catalogue of the British section*, containing a list of the exhibitions of the united kingdom and its colonies.

— *Introduction to the catalogue of the British section.*

— *Prusse et Etats de l'Allemagne du Nord*, catalogue spécial.

— *Belgique*, catalogue des produits industriels et des œuvres d'art.

— *Katalog der osterreichischen Abtheilung.*

— *Catalogue spécial du royaume de Hongrie.*

— *Pays-Bas*, catalogue spécial.

— *Catalogue spécial de la section russe.*

— *Catalogue général de la section espagnole.*

— *Catalogue spécial de la section portugaise.*

— *Officieller ausstellungs – beright herausgegeben durch das K. K. Osterreichische central - comité.* — M. Neumann, professeur d'économie politique à Vienne, a été chargé de la rédaction du rapport.

— *Aperçu statistique des forces productives de la Russie*, par M. de Buschen, 1 vol. in-8°, 1867.

— *La Suède*, son développement moral, industriel et commercial d'après des documents officiels, par L. de Lillichook, 1 vol. in-8°, 1867.

— *Notice statistique sur le royaume de Norwége*, in-8°, 1867.

— *Notice sommaire* sur l'histoire du travail dans le royaume de *Norwége*, in-8°, 1867.

— *Notice sur l'Etat des travaux publics en Espagne* et sur la législation spéciale qui les régit, in-8°, 1867.

— *Notice sur le Portugal*, par J. J. Rodrigues de Freitas, in-8°, 1867.

— *Notice sur la Roumanie, principalement au point de vue de son économie rurale, industrielle et commerciale*, 1 vol. in-8°, 1867. — Cette publication contient le résumé des différents travaux statistiques les plus récents, exécutés par les ordres du gouvernement roumain. C'était pour la première fois, en 1867, que la Roumanie présentait ses produits dans une exposition universelle. S. A. S. le prince Charles Ier avait attaché un prix particulier à cette manifestation. La *notice* dont nous parlons était destinée à faire connaître l'importance relative des diverses productions, mais elle s'est étendue à tous les éléments de la vie publique et privée du pays. C'est un tableau très-curieux qui conserve son importance en dehors de la solennité à laquelle il se rattache, et qui sera utilement consulté pour toutes les relations à établir ou à développer entre la France et la Roumanie.

FRANCE. — *Catalogue général.* — Il est regrettable qu'on ait changé l'ordre suivi, dans les précédentes expositions universelles, pour la rédaction du catalogue, d'après lequel les produits étaient rangés par pays, et dans chaque pays par classe. On avait ainsi de grandes unités; il était aisé d'embrasser l'industrie de chaque nation. En 1867, les envois sont fractionnés par groupes, et comme la nomenclature embrasse dix groupes (95 classes), on conçoit qu'il est beaucoup moins facile de se reconnaître. Il a été publié deux éditions du catalogue. La première, remontant au début de l'exposition, était extrêmement fautive, malgré le soin qu'y avaient apporté les agents chargés de la préparer. La seconde édition n'a paru qu'à la veille de la clôture. Elle laisse beaucoup à désirer. Quoique naturellement moins incomplète que la première, elle lui est inférieure sous certains rapports. On y a opéré des retranchements fâcheux, probablement pour ménager plus de place aux insertions et annonces payées. Ainsi on n'y trouve plus les notices statistiques mises en tête de la plupart des classes, ni une notice préliminaire de M. Lavialle de Lameillère sur les expositions antérieures à l'étranger. En outre, on n'a pas même reproduit sous le titre de chaque classe la spécification analytique des produits qu'elle contient. J'ai signalé plus haut l'augmentation du prix du catalogue relativement à ceux des expositions antérieures. Dans les conditions où le monopole avait été constitué, on peut dire que la combinaison n'avait profité ni au public, ni au travail lui-même.

— *Catalogue officiel* des exposants récompensés, 1 vol. in-8°.

— *Comité départemental de la Seine-Inférieure*, rapports sur l'Exposition universelle, par MM. Alphonse Cordier, Louis Flavigny, Bidard, Jules Delaunay, Pouyer-Quertier fils, etc., 1 vol. in-8°, 1867.

— *Étude sur l'Exposition de* 1867 par les rédacteurs des *Annales du génie civil*, in-8° (Eugène Lacroix éditeur).

— *L'Exposition universelle de* 1867 *illustrée*, publiée sous la direction de M. François Ducuing.

— *Études sur l'Exposition*, par M. Oppermann, ingénieur civil, 1867–68.

— *Rapports du jury.* — Cette importante publication, à laquelle ont concouru tant d'hommes éminents dans la science et dans l'industrie, n'a pas paru au moment où nous terminons cette liste.

II — NOTES DIVERSES

1° *Sur le nombre des pays représentés en* 1867. On ne doit point s'étonner si le nombre des États étrangers figurant nominativement à l'Exposition a été moins fort en 1867 qu'en 1862, et surtout qu'en 1855 et en 1851 : il suffit de songer aux événements politiques qui ont modifié la carte de l'Europe. La péninsule italique ne compte plus que deux unités : les Etats-Romains et le royaume d'Italie. Il en était ainsi déjà en 1862 ; mais depuis lors, l'Allemagne a vu disparaître environ une vingtaine d'Etats. Seulement les pays qu'ils comprenaient n'en sont pas moins venus au concours, quoique sous d'autres noms. La réduction des chiffres reste ainsi sans importance au point de vue industriel. On peut même citer certaines contrées qui se faisaient plus ou moins remarquer au Champ-de-Mars, et qui manquaient à la dernière exposition de Londres, telles que l'Egypte, Tunis, le Maroc. Nommons en outre la confédération Argentine, le Chili, le royaume Hawaïen.

Notons encore ici, qu'en fait d'expositions univer-selles depuis 1851, il en est d'autres que celles de Londres et de Paris. Il y en a eu à New York, à Dublin et ailleurs; mais, malgré l'intérêt réel qu'elles ont offert, elles n'ont pas eu un caractère de généralité assez mar-ant pour rentrer dans le mouvement que nous avons considéré. — Au nombre des expositions les plus inté-ressantes qui aient eu lieu en France depuis la même époque, il est juste de citer celle de Limoges en 1858, et celles de Bordeaux et de Rouen en 1859.

2° *Sur la production de la soie en France.* — Lorsque nous parlons, à la page 151 de cet ouvrage, de la pro-duction de la soie dans notre pays, les unités se rap-portent à des kilogrammes de cocons. Ainsi les 30 mil-lions de kilogrammes de 1850 sont 30 millions de ki-logrammes de cocons, qui représentent à peu près 2,500,000 kilogrammes de soie.

3° *Sur les citations individuelles.* — Nous croyons utile de reproduire ici les lignes suivantes, qui terminent la préface de notre ouvrage: *L'industrie contemporaine, ses caractères et ses progrès chez les différents peuples.* « Nous avons eu de temps en temps des noms propres à citer. Tantôt la justice nous commandait de rapporter à son auteur le mérite, soit d'une découverte, soit d'un perfectionnement, soit d'un rare talent d'exécution; tantôt nous avions besoin de rendre nos explications sensibles par des exemples. La nature de nos études nous imposait d'ailleurs un certain nombre de men-tions individuelles. Il est entendu que nous n'avons pas eu l'intention de tracer un cercle autour des noms cités, comme s'ils avaient représenté à nos yeux tout le mé-rite d'un ordre de travail. Les efforts personnels ont leur place dans les résultats généraux, alors même qu'ils ne peuvent être l'objet d'une attribution nominale. »

NOTA. Quand nous avons employé des expressions comme celle-ci : *il y a dix, quinze, vingt ans*, ou bien *naguère, dans ces derniers temps*, nous nous sommes placé au milieu de l'année 1857.

INDEX GÉOGRAPHIQUE

Adriatique, 310. — Abilly, 253, en n. — Afrique, 77, 82, 85, 88, 254.
— Agra, 53. — Aisne, 170, 363. — Aix-la-Chapelle, 316. — Alabama,
96. — Alençon, 320. — Alexandrie, 45. — Algérie, 80 à 92, 120, 254.
— Allemagne, 21, en n., 34, 131, 169, 194, 234, 238, 307 à 323. — Alsace,
116, 118, 126, 133, 167, 171, 264. — Amazones (fleuve des), 68, 69, 72.
Amérique (Amérique centrale, méridionale, septentrionale), 60 à 72,
93 à 114, et 23, 48, 73, à 86, 201, 251, 252, 253, 321. — *Voyez* Etats-
Unis et les noms des Etats divers.
Amiens, 175, 177, 203, 292. — Amsterdam, 20, en n., 325. — Anatolie, 30. — Andes (Cordillères des), 65, 66. — Andrinople, 35. — Angers,
144. — Angleterre, 278 à 307, 15, 19, 20, en n., 34, 44, 49, 52, 56, 59,
75, 82, 85, 99, 102, 127 à 134, 145, 148, 149, 165, 169, 173, 185, 194, 209,
220, 231, 234, 239, 251, 255, 259, 268, 312, 317, 360, 371, 378, 384. —
Angola, 77. — Anzin, 267. — Appenzell, 323. — Arcachon, 20, en n.
— Ardèche, 35, 150. — Ardennes, 180.
Argentine (Confédération), 65, 66, 67 et appendice. — Armentières,
145, en n., 319. — Asie, 22, 30, 31, 35, 44, 47, 57, 61, 77, 82, 325. —
Atlantique, 15, 61, 63, 69, 100, 106, 108, 113, 118. — Aubusson, 203. —
Audincourt, 267. — Australie, 274. — Autriche, 21, en n., 66, 73, 74.
75, de 307 à 314, 318, 368. — Aveyron, 363.

Baccarat, 232. — Bade (duché de), 318. — Bagdad, 55. — Bahama,
76. — Bâle, 323. — Bagnolet, 226. — Baltique (la), 327, 330. — Bar-
bade (la), 76. — Barbaresques (Etats), 22, 26, 36. — Bar-le-Duc, 128.—
Bass (détroit de), 73. — Batavia, 20, en n. — Bavière, 318. — Bayeux,
185. — Beaucourt, 266, 367. — Belfast, 148, 289. — Belgique, 21, en n.,
22, 143, en n., 194, 251, 268, 307, 318 à 322, 368, 371. — Bengale, 53.
—Bergen (Norwége), 20, en n. — Berlin, 314, 316. — Billancourt, 385.
— Bielefield, 316. —Birmingham, 101, 296, 298. — Bischwiller, 175.
— Bitschwiller, 265, en n. — Biskra (oasis de), 87.
Blanzy (mines de), 367. — Bohême, 312, 332. — Bolbec, 127, 145,
en n. — Bolivie, 64. — Bolton, 287. — Bombay, 52, 53. — Bonne-
Espérance (cap de), 20, en n., 66, 76. — Bordeaux, 20, en n., 198,
200, 201, 273. — Bosphore, 36. — Boulak, 26. — Boulogne-sur-
mer, 20, en n. — Bradford, 171, 287, 288, 292, 293, 294. — Brésil, 63,
68, 69, 70, 72, en n., 120, 148, 194, 285. — Bretagne (Grande), 21, en n.,
22, 284, 285, 286, 297, 300, 307. — Brousse, 32. — Bruges, 319. —
Brünn, 312. —Bruxelles, 319. — Buenos-Ayres, 68.

Cachemire, 42. — Caire (le), 26. — Calais, 127, 134, 294. — Calcutta,
52, 53, 55 — Calédonie (Nouvelle), 82. — Californie, 75, 76, en n.,
109, 118. — Calvados, 176. —Canada, 71, 76. — Capoue, 155. — Cap-
Vert, 77. — Carcassonne, 175. — Carinthie, 310, 313. — Carlsruhe, 20,

en n. — Cateau-Cambrésis, 175. — Cateau (le), 175, 177, 181, 182, 248. — Ceinture (chemin de), 363, en n. — Cenis (mont), 109, 120. — Cévennes, 35, 151, en n. — Châteauroux, 175. — Châtellerault, 266. — Chatillon, 267. — Chaux de fonds (la), 322. — Cher, 227. — Cherbourg, 233. — Chicago, 95, 97, 102, en n., 103, en n., 253. — Chili, 64, 65, 66. — Chine, 26, 28, 41, 57, 58, 77, 118, 161, 225, 232, 285. — Choisy-le-Roi, 218, en n., 229. — Cholet, 128.

Cincinnati, 100.—Clamecy, 200.—Clichy-la-Garenne, 218, en n., 232. —Cochinchine, 82, 84, 118.—Cohoes, 100.—Colmar, 363.—Colombie, 64. —Colonies françaises, 80. — Cologne, 20, en note.—Commentry, 267.— Condé-sur-Noireau, 128. — Constantine, 86, 87, 90. — Constantinople, 29, 32, 34.—Copenhague, 20, en n., 321.—Corse, 94, en n. — Costa-Rica, 64. — Courtray, 319, 320. — Coventry, 287, 294. — Creil, 229. — Creuzot (le), 16, 256, 259, 267, 367. — Crevel, 316. — Crimée, 15. — Croatie (la), 310. — Croix-Rousse (la), 154, 158. — Cuba, 77.

Damas, 32, 34. — Danemark 326, 331, 332, 336. — Delhi, 50, 53. — Denain, 256, 267. — Dewsbury, 292. — Dieppe, 42. — Dison, 322. — Dizé, 243. — Dordogne, 266, en n. — Doubs, 266, 363. — Dresde, 316. — Drôme, 150, en n. — Dublin, 20, en n., 288. — Dundee, 148, 290.

Ecosse, 290. — Ecosse (Nouvelle), 76. — Egypte, 22, 26, 27, 28, 36, 37, 38, 46, 120, 148, 285. — Equateur, 64, 65. — Enfield, 120. — Elbeuf, 175, 176, 177, 178, 247, 292, 322. — Esclavonie, 310.— Espagne, 54, 77, 333. — Essen, 314. — Elberfeld, 316. — Etats-Unis, de 93 à 114, 22, 68, 75, 121, 126, 133, en n., 138, 148, 149, 157, 164, 253, 285, 290, 321, 324, 355.— Euphrate, 55.—Europe, de 115 à 340, 15, 28, 29, 33, 35, 37, 39, 41, 47, 50, 54, 58, 63, 75, 76, 78, 96, 99, 100, 110. — Evreux, 128.

Fairbairn, 299. — Falaise, 128. — Ferté-Macé (La), 128. — Finistère, 145, en n. — Firming, 267. — Fives-Lille, 256. — Flandre, 116, 126, 133, 264, 318. —Flers, 127, 138. — Florence, 335. — Fontainebleau, 57, 197. — Fourchambault, 267. — Fourvières, 154. — Fraisans, 267. — France, 115 à 275 et *passim*.

Gabon, 82. — Galashiels, 292. — Galles (Nouvelle) du Sud, 73, 79,— Gallicie, 312. — Gand, 319, 320. — Gange, 49, 51, 53. — Gard, 150. — Gênes, 335. — Genève, 322, 323. — Gibraltar, 293. — Gien, 229. — Gisors, 127. — Gladbach, 316. — Glaciale (mer), 327. — Glasgow, 290, 298. — Graffenstaden, 256. — Grèce, 333, 334. — Grignon (école de), 253. — Guadeloupe, 82. — Guebwiller, 128, 133, 265, en n. — Guyanes, 63. — Guyane française, 82.

Habra (l'), 89. — Haïti, 64, en n. — Halifax, 292. — Holluin, 145, en n. — Hanovre, 317. — Havre (le), 16. — Hawaïen (Etat), 76. — Hesse (grand-duché de), 318. — Hilla, 55. — Himalaya, 51. — Indoustan, 48. — Hollande, 307, 318, 324. — Hollande (Nouvelle), 43, 73. — Honduras, 64. — Hongrie, 311, 312. — Horn (cap), 66. — Huddersfield, 287, 291. — Hyde-Park, 305.

Illinois, 95, 96, 97, en n., 106, 355. — Illyriennes (provinces), 310. — Imphy-Saint-Seurin, 267. — Indes, 28 à 156, 285. — Indoustan, 46. — Indret, 256. — Indus, 53. — Irlande, 289. — Isère, 176. — Italie, 169, 234, 251, 310, 333, 335.

Jamaïque (la), 76. — Japon, 27, 28, 41, 58, 118. — Jassy, 20, en n. — Jouy-en-Jonas, 132. — Jumma, 50, 51. — Jura, 266.

Kabylie, 86. — Kalouga, 329. — Kansas, 96. — Kars, 34. — Kentucky (Etat du), 103. — Koniah, 32. — Krupp, 314. — Kutachia, 34.

Ladegaardso, 253. — Laghouat. 87. — Lahore, 44, 53. — Laon, 363. — Laval, 128. — Leeds, 148, 289, 291, 298. — Liancourt, 253. — Liban, 30, 32, 36. — Lille, 127, 134, 144, 145, 239, 248, 249, 258, 265, 319, 365, 367. — Limoges, 226, 227, en n., 365. — Limousin, 226, 228, en n. — Lisieux, 145, en n. — Liverpool, 274, 285. — Locle, 322. — Loire, 16, 266, en n. — Loire (Haute-), 128. — Loiret, 221.

Londres, 10, 15, 21, en n., 41 à 75, 151, 152, 187, 209 à 288, 302, 366. — Lorraine, 264. — Louisiane, 96. — Louviers, 175, 176, 178, 265, en n. — Lowel, 100, 101. — Lyon, 150 à 165, 173, 203, 217, 239, 246, 248, 265, 294.

Macclesfield, 294. — Mâcon, 20, en n., 328, 329. — Madras, 52. — Magellan (détroit de), 63. — Malines, 319. — Malte, 76. — Manche (la), 52, 124, 290, 297. — Manchester, 47, 100, 101, 129, 285, 288, 294 et 298. — Manissa, 34. — Mans (le), 144. — Marcq-en-Barœul (Nord), 367. — Marne (Haute), 266, 269. — Maroc, 27, 28, 38. — Marquises (îles), 82, 83. — Marquise, 267. — Marseille, 239. — Martinique (la), 82. — Massachusetts, 96, 100, 102, en n., 103. — Maubeuge, 267. — Maurice (île), 76. — Magotte, 82. — Mayenne, 128. — Mazamet, 175, 178. — Mecque (la), 34. — Méditerranée (la), 35, 36, 124, 151. — Melbourne (Australie), 20, en n., 75. — Méru, 42. — Metz, 234. — Meurthe, 229. — Mexique, 62, 63.

Michigan, 95. — Michigan (lac), 103, en n. — Milan, 335. — Miquelon, 82. — Mirzapour, 53. — Missouri, 96, 107. — Montataire, 267. — Montereau, 229. — Montbéliard, 363. — Mont-Luçon, 234, 267. — Moravie, 312 et appendice. — Morez, 192. — Moselle, 266. — Mozambique, 77. — Mulhouse, 128, 161, 203, 248, 287, 363, 367. — Munster, 128.

Nancy, 128. — Nanterre, 248, en n. — Nantes, 253, en n. — Natal (île), 76. — Neuchâtel, 322. — Nevada, 96, en n. — Nevers, 229. — Newcastle, 298. — Newhampshire, 100. — New York, 95, 96, 100, 102, 103, 253. — Nicaragua, 64. — Niederbronn, 267. — Nijni-Novogorod, 329. — Nil, 26, 37. — Nîmes, 203, 248. — Nogent, 266. — Noire (mer), 36, 327. — Nontron, 266, en n. — Nord, 124, 144, 247, 249, 254, en n., 258, 263, 293. — Normandie, 116, 126, 133, 144, 233, 264. — Norwége, 253, 331, 332, 336. — Nossi-bé, 82. — Nottingham, 135, 288. — Nouvelle-Zélande, 75, 76. — Nuremberg, 20, en n.

Océan, 73. — Océanie, 82. — Ohio, 96, 100. — Oise, 221. — Oldham 99, 287, 288. — Or (Côte-d'), 82. — Oran, 89. — Orient, 25, 29, 33, 36, 39, 41, 59, 62, 123. — Orléans, 253, en n., 263. — Ottoman (empire), 22, 28, 29, 34, 35, 38, 120.

Pacifique (Océan), 63, 66, 103, 109. — Panama, 120. — Paraguay, 64, — Paris, 10, 15, 19, 20, en n., 26, 29, 57, 67, 75, 109, en n., 128 à 211, 226, 244, 246, 248, 256, 262, 266, 273, 274, 278, 287, 309, 312, 356, en n., 358, 360, 363, en n., 365, 367. — Pas-de-Calais, 170. — Pays-Bas, 325. Pensylvanie, 96, 100, 101, 102, en n., 106. — Périgord, 356. — Pérou, 64, 69. — Perse, 22, 28, 41, 55, 58. — Persique (golfe), 36, 55.

Philadelphie, 100, 108, en n. — Philippines (îles), 77. — Picardie, 138. — Pittsburg, 101, 103, en n. — Plata (la), 252. — Poitiers, 144. — Pont-Audemer, 128. — Pontificaux (États), 33. — Porto, 20, en n., 334. — Portugal, 77, 333, 334, 336. — Preston, 287. — Providence, 100, 267. — Prusse, 21, en n., 253, en n., 253, 307, 308, 314, 315, 316, 317, 355, 358. — Puy-de-Dôme, 138, 266. — Pyramides, 39.

Queensland, 73.

Reichemberg, 312. — Reims, 175, 248, 292. — Rethel, 175. — Réunion (île de la), 82. — Rhin (Bas-), 256, 266, 313. — (Haut-), 137, en n., 167. — Rhode Island, 100. — Rhône, 154, 363, en n. — Riga, 20, en n., 90. — Rio de Janeiro, 20 en n., 69. — Rive-de-Gier, 267. Roanne, 128. — Rocheuses (montagnes), 109. — Rodez, 363. — Rome, 82. Roubaix, 127, 134, 170, 171, 172, 173, 203, 248, en n., 288, 292, 293, 294. — Rouen, 127, 135, 161, 203, 248, 258. — Rouge (mer), 36. — Roumanie, 333, 336. — Royaume-Uni, 134, en n. (V. Angleterre, Grande-Bretagne). — Russie, 15, 326, 327, 328, 329, en n., 330.

Saint-Claude, 192. — Saint-Clément, 229. — Saint-Cloud, 197. — Saint-Etienne, 116, 166, 167, 266, en n., 294. — Saint-Gall, 323. — Saint-Gobain, 234. — Saint-Laurent, 76, 95, en n. — Saint-Louis (Sénégal), 20, en n. — Sainte-Marie de Madagascar, 82. — Sainte-Marie-aux-Mines, 170, 171. — Saint-Pétesbourg, 253, 329, en n. — Saint-Pierre, 82. — Saint-Pierre-lez-Calais, 134. — Saint-Quentin, 127, 134, 138. — Sahara, 90. — Sandwich (îles), 76. — San-Salvador, 64. — Saône, 154 — Sarreguemines, 229. — Sarthe, 145, en n.
Saxe (royaume de), 226, 226, en n., 315, 316, 317, 355. — Scandinavie, 332. — Scandinaves (États), 330. — Schaken, 256. — Sedan, 175, 176, 177, 179, 247, 202. — Seine-et-Marne, 224. — Seine, 221, 247, 266. — Seine (Inférieure), 258. — Sénégal, 82. — Senonnes, 128. — Sèvres, 225, 226, 228. — Sharp, 298. — Sheffield, 267, 296, 298. — Siam, 28, 41, 58. — Silésie, 233, 312, 314, 316, 317. — Sig, 89. — Smyrne, 30, 247. — Somme, 144, 170. — Stockholm, 20, en n. — Stuttgard, 20, en n. — Styrie, 313. — Suède, 253, en n., 253, 326, 331, 332, 355. — Suez (canal de), 39, 109. — Suisse, 20, en n., 21, en n., 36, 194, 254, 307, 308, 318, 322, 323.

Tahiti, 82, 83. — Tarare, 128, 138. — Tarn, 178. — Teniel-el-haad, 87. — Terre-Neuve, 76. — Thabor (Mont-), 160, en n. — Thiers, 266, 267. — Thisy, 128. — Toula, 329. — Tourcoing, 145, en n., 171, 203, 292. — Tours, 166, 167, 203, 239, 365. — Transylvanie, 313. — Trieste, 311. — Tunis, 26, 28, 37. — Turquie, 26, 27, 29, 30, 31, en n., 33, 34, 35, 36, 38, 49, 55, 251. — Tyrol, 310.

Udine, 335. — Uni (Royaume-) 297. — Uruguay, 65, 67.

Valenciennes, 256. — Vaujours, 363, en n. — Vénézuéla, 64, 65. — Versailles, 132, 273. — Verviers, 321. — Victoria, 73, 75. — Vienne, 175, 266, 312, 313. — Vierzon, 253, en n. — Vire, 175. — Virginie, 96, 113. — Vladimir, 329. — Vosges, 171, 266.

Welland (canal du), 95, en n. — Westphalie, 316. — Wesserling, 128, 133. — Wisconsin, 96. — Wolverhampton, 296. — Wurtemberg, 318, 368.

York, 293. — Ypres, 319.

Zornof (le), 369. — Zurich, 323.

TABLE DES MATIÈRES

PRÉFACE.. Pages. 5
Notions préliminaires................................. 9

PREMIÈRE PARTIE.

Les pays orientaux et l'antique méthode du travail............ 25
CHAPITRE Ier. — Génie traditionnel des pays orientaux. — Leur
rôle dans la production générale. — L'empire ottoman. — La
vice-royauté d'Egypte. — Tunis et le Maroc.................. 25
CHAPITRE II. — Les Indes orientales. — Le travail indigène. —
Les cachemires indiens et les cachemires français. — La part de
l'industrie européenne aux Indes. — La Perse, la Chine, le Japon,
Siam. — L'intérêt économique de l'Europe en Orient. — Influences morales et progrès matériels...................... 41

DEUXIÈME PARTIE.

*Le Nouveau-Monde et les colonies européennes. — La production des
matières premières*................................... 60
CHAPITRE Ier. — Les républiques de l'Amérique centrale et de
l'Amérique méridionale. — Rôle économique actuel et conditions
d'avenir. — Les habitudes pacifiques, la liberté et le progrès
social. — L'empire du Brésil : ressources, produits, voies de communication, etc. — Le problème de la population et les solitudes
du Nouveau-Monde.................................. 60
CHAPITRE II. — Les colonies des pays étrangers. — Le monde
austral. — Les possessions anglaises, espagnoles, portugaises. —

Pages.

L'accroissement de la production en fait de matières premières et le renchérissement général des produits.................. 72

CHAPITRE III. — Les colonies françaises. — L'Algérie.......... 80

TROISIÈME PARTIE.

Les Etats-Unis de l'Amérique du Nord. — Développement industriel et production de matières premières...................... 93

CHAPITRE Ier. — Différents aspects du génie industriel aux Etats-Unis. — Expansion générale des forces productives. — La richesse territoriale : produits minéraux et produits agricoles. — La vie des fermiers de l'Ouest...................... 93

CHAPITRE II. — Richesse industrielle : essor des manufactures. — Le coton et la laine; la construction des machines. — Les villes de fabrique : Lawell, Providence, Cohoes, Philadelphie, Cincinnati, Pittsburg, etc. — L'esprit d'invention aux Etats-Unis. — Politique commerciale et tarifs douaniers.................... 98

CHAPITRE III. — Bases morales de l'établissement industriel aux Etats-Unis. — Développement de la valeur individuelle : l'école et l'instruction. — Les institutions sociales; les grandes entreprises d'utilité publique. — Le chemin du Pacifique. — Rôle des Américains du Nord dans la civilisation........................ 105

QUATRIÈME PARTIE.

La France. — La grande industrie manufacturière.............. 115

CHAPITRE Ier. — Rôle de la France. — Traits caractéristiques de la grande industrie. — Principales branches de la fabrication. — Les inventions contemporaines et la part du passé. — Le tour de France industriel..................... 115

CHAPITRE II. — L'industrie du coton. — Epreuves traversées depuis 1860. — Inventions mécaniques; perfectionnements de l'outillage. — La détresse cotonnière et les traités de commerce. — Aspect de nos différents groupes de fabrication : la Flandre, la Normandie, l'Alsace, etc. — Le rôle des machines et la valeur morale des individus........................ 126

CHAPITRE III. — L'industrie du lin et du chanvre. — Transformations accomplies; progrès du tissage mécanique. — Le groupe des filateurs du Nord. — Effets de la crise cotonnière et de la concurrence anglaise sur l'industrie du lin.................. 142

CHAPITRE IV. — L'industrie de la soie. — La fabrique de Lyon, ses dernières crises, son état et ses besoins; sa place dans le mouvement commercial. — Conditions d'avenir.............. 150

CHAPITRE V. — Industrie de la soie (suite). — Saint-Etienne et la rubanerie; les articles de Tours. — Le métier Jacquart et les nouvelles inventions........................ 166

CHAPITRE VI. — Les tissus mélangés de soie. — Paris, Roubaix, Sainte-Marie-aux-Mines. — L'industrie roubaisienne et la concurrence anglaise........................ 170

CHAPITRE VII. — L'industrie des laines. — Types principaux : le drap et le mérinos. — Elbeuf, Sedan, Louviers, Mazamet, Vire, Vienne, Bischwiller, etc.; Reims, Le Cateau, Amiens, Rethel.—

Pages.

Les individualités marquantes et le progrès.................. 175

CHAPITRE VIII. — L'art industriel en France et les industries parisiennes. — Histoire de l'art appliqué à l'industrie. — Salutaire influence des femmes sur le goût public; exemples. — Nouvelles influences et tendances fâcheuses............................. 184

CHAPITRE IX. — L'ébénisterie parisienne. — Meubles de luxe et meubles d'utilité. — Deux écoles : fantaisie et style. — Etat économique et moral de l'ébénisterie. — Un exemple à citer. — Commerce extérieur.................................... 190

CHAPITRE X. — L'industrie des bronzes et ses variétés. — Les fontes d'art. — L'orfévrerie et ses caractères en France. — Une individualité marquante. — Les ouvrages destinés au culte.— La Joaillerie, la bijouterie, le groupe des industries diverses. — L'utilité et le bon marché 204

CHAPITRE XI. — Les arts céramiques. — Récents progrès. — Les porcelaines, les faïences, les cristaux, les glaces, etc.— Mouvement des échanges internationaux......................... 225

CHAPITRE XII. — L'esprit inventif dans les arts chimiques. — Influence sur l'essor de l'industrie. — Distinctions entre les services rendus par la chimie et ceux qu'on doit à la mécanique, entre les progrès des arts chimiques industriels et des arts chimiques alimentaires 236

CHAPITRE XIII. — Les arts chimiques (suite). — Les produits chimiques industriels. — L'éclairage, les couleurs, etc............. 241

CHAPITRE XIV. — Les arts chimiques (suite). — Applications concernant les substances alimentaires. — Le sucre, les conserves, les extraits de viande, etc.............................. 248

CHAPITRE XV. — La métallurgie et les machines. — Le progrès dans les constructions mécaniques : moteurs; matériel de la navigation et des chemins de fer; mécanique industrielle. — Questions économiques. — L'esprit inventif et les principaux sujets offerts à ses recherches............................... 255

CINQUIÈME PARTIE.

Les pays étrangers. — La grande industrie manufacturière....... 276

CHAPITRE Ier. —Les Etats européens.— Observations générales.. 276

CHAPITRE II. — L'Angleterre. — Traits caractéristiques de l'industrie britannique. — Ses avantages par rapport à l'industrie des autres pays................................... 278

CHAPITRE III. — L'Angleterre (suite). — Classification de l'industrie anglaise. — Les articles de grande consommation et les articles de luxe ; la politique industrielle de l'Angleterre. — Les métropoles de l'industrie textile.................... 282

CHAPITRE IV. — L'Angleterre (suite). — Les industries d'art. — L'établissement commercial de la Grande-Bretagne........... 301

CHAPITRE V. — Le continent européen. — L'Europe centrale : l'Autriche, la Prusse, les Etats allemands, la Belgique, la Suisse, la Hollande............................... 307

CHAPITRE VI. — L'Europe septentrionale. — La Russie, la Suisse, la Norwége, le Danemark......................... 326

CHAPITRE VII. — L'Europe méridionale. — L'Italie, l'Espagne, le Portugal, la Grèce, la Roumanie..................... 333

Pages.

SIXIÈME PARTIE.

Les progrès de l'industrie et le progrès social. — Enseignements éco-
nomiques. — Conclusions.. 341

CHAPITRE Iᵉʳ. — Comment se trouve rempli le programme tracé
au début de cet ouvrage.— Derniers traits à dégager au point de
vue du progrès social et du résultat des expériences économiques... 341

CHAPITRE II. — Le progrès de l'industrie et le progrès social. —
Institutions destinées à améliorer la condition physique et morale
de la population. — Peut-on trouver là une base pour une classification des produits? — Quels éléments utiles peuvent au
moins s'y rattacher... 344

CHAPITRE III. — Les industries ayant trait à l'instruction publique : L'enseignement des enfants et des adultes. — Matériel et
méthodes ; travaux d'élèves. — Imprimerie et librairie. — Les
bibliothèques populaires et les sociétés libres. — Spécimens de
maisons pour les familles ouvrières................................. 350

CHAPITRE IV. — Le système des traités de commerce, les conventions de 1860 et la liberté commerciale. — Véritable sens des
témoignages fournis par l'observation. — Situation actuelle, intérêts économiques de la France et nécessités qui en résultent. 370

CHAPITRE V. — Enseignements économiques à déduire de la lutte
industrielle. — Concours universel de 1867. — Le système suivi
jugé dans son application. — Le monopole et la cherté. —
L'économie politique et la morale. — Conclusions............. 381

Appendice. — Documents bibliographiques et notes diverses concernant l'industrie universelle..................................... 394

Index géographique.. 409

Paris. — Typ. E. PANCKOUCKE et Cⁱᵃ, quai Voltaire, 13.

LIBRAIRIE CAPELLE

MICHEL CHEVALIER
MEMBRE DE L'INSTITUT, SÉNATEUR.

Cours d'économie politique, fait au Collège de France. 3 forts
et beaux volumes in-8. — Seconde édition, refondue et considéra-
blement augmentée. Réunion de tous les discours d'ouverture. 31 fr.
Le PREMIER VOLUME ne se vend pas seul.
Le DEUXIÈME VOLUME, traitant de **Questions diverses**, se
vend séparément. . . . . 9 fr. 50
Le TROISIÈME VOLUME, 1866, traitant entièrement de LA MON-
NAIE, se vend séparément. . . . . 12 fr.
De la baisse probable de l'or, des conséquences commerciales et
sociales qu'elle peut avoir, et des mesures qu'elle provoque. 1 très-
fort et beau volume in-8. . . . . 8 fr. 50
**Histoire et description des voies de communication aux
États-Unis**, et des travaux d'art qui en dépendent. 2 très-beaux
volumes gr. in-4°, avec Table séparée. . . . . 50 fr.
Des Intérêts matériels en France, 6e édition. 1 volume
gr. in-18. . . . . 3 fr. 50
Lettres sur l'organisation du travail. 1 fort vol. in-18. 4 fr. 50
Essais de politique industrielle 1 vol. in-8°. . . . . . . 6 fr.
L'Isthme de Panama avec carte. 1 vol. in-8°. . . . . 4 fr.
De l'Industrie manufacturière en France. in-18. . . 50 c.

A. AUDIGANNE

Les Ouvriers en famille, 7e édition, très-augmentée. Couronné par
l'Académie française; adopté pour les bibliothèques scolaires. 1 vo-
lume gr. in-18 jésus. . . . . 4 fr. 25
Les Populations ouvrières et les Industries de la France,
2e édition, entièrement refondue, avec des additions considérables.
Adopté pour les bibliothèques scolaires. 2 beaux vol. in-8°. . . 15 fr.
Les Chemins de fer aujourd'hui et dans cent ans chez tous
les peuples. Histoire financière, économique, politique et morale
des voies ferrées. 2 beaux volumes in-8°. . . . . 15 fr.
L'Industrie contemporaine, ses caractères et ses progrès chez
les différents peuples. 1 fort volume in-8°. . . . . 8 fr.
François Arago, ses écrits et son influence. Adopté pour les
bibliothèques scolaires. 2e édition, sous presse. 1 vol. gr. in-18. 1 fr. 25
**Les Ouvriers d'à présent et la Nouvelle économie du
travail**. Adopté pour les bibliothèques scolaires. Édité par Eug.
Lacroix. 1 fort volume in-8°. . . . . 6 fr.
L'Économie de la paix et la Richesse des peuples. Édité
par Lacroix, Verbœckhoven et Ce. 1 volume gr. in-18. . . . . 3 fr.
L'Industrie française après la révolution de Février, et l'Exposition nationale de l'Industrie en 1849. Édité par Guillaumin. 1 vo-
lume in-18. . . . . 4 fr.
De l'Organisation du travail. 1 vol. in-18. . . . . 2 fr.